おもしろサイエンス

飲料容器の科学

松田晃一［著］

B&Tブックス
日刊工業新聞社

まえがき

本書は「おもしろサイエンス　飲料容器の科学」というタイトルです。じゃあ、今なぜ飲料容器なのか？まず、固形物を包装している食品の容器に比べて、飲料容器は、ビールなどの高い圧力の液体や水分活性が高いもの（食品が含んでいる水のうち、雑菌などの微生物が自由に利用できる水の多いもの）を扱うため、より完全な密封性・滅菌性が要求されます。しかも、産業的な見地からいいますと、飲料工場ではより低コストでより短い時間のあいだになるべく多く作ること（高い生産性）が要求されます。低コストで生産するとは、味が良くて安価な原料を使うとか、軽い容器や肉厚の薄い容器でも十分な強度を持った容器を使用する、などといったことです。また、高い生産性とは、与えられた設備・作業員数で、単位時間当たりどれくらい多くの飲料を製造できるかということです。場合によっては高い生産性を追求するがために、現在、皆さんがよくコンビニの棚などで見かける容器の形や機能になったといえるものもあります。例えば、観光地などでは、たいへんユニークな形をしたペットボトル飲料が販売されているのを見たことがあると思います。こういったユニークなデザインのボトルは軽量化が難しく、また、高速でボトルを作ったり、中味を充填したりすることが難しいため、生産性を高くできない場合も多いのです。そのため商品の値段も高くなる傾向にあります。１本３００円もするペットボトルのミネラルウォーターもあります。これに対して通常のコンビニで販売されているペットボトルなどは、できるだけ洗練された形状を維持しながらもなるべく短時間でたくさん生産することが必要なため、少しありきたりの形になってしまっているものもあります。こういったいくつもの高いハードルを乗り越えて、飲料は、それこそ目にも止まらぬ速さで製造されています。今、缶ビールの最速の充填ラインでは1分間に2000本もの缶ビールが製造されています。まさに目にも止まらぬ速さで製造されているのです。

そのため、この本ではガラスびん・缶・紙容器・ステンレス樽・ペットボトルなどの飲料容器自体の説明に加えて、その殺菌技術や充填技術、さらにいかにしてラインの高速化が実現できているのか、といったことも多く説明していきます。また、本書では物事を理解する上において、比較してものを考えるという方法を多くとりいれていきたいと思っています。読者の皆さんが日本の文化や習慣をより深く幅広く理解するためには、外国の文化や習慣（英語でcounterpartという）を学ぶことでより深く理解できるようになります。それと同じように、ペットボトルと缶や他の容器、それぞれの違いを意識して見てみるとたいへん面白いと思います。中味は同じコーヒーなのに、最近よく見かけるようになったペットボトルのコーヒーと昔からある缶コーヒーとでは何かちがいがあるのか、といったことなどです。読者の皆さんの理解が深まるように、少し難しい内容でもなるべく私たちの身の回りに見られる現象にたとえて説明したいと思っています。近年になって殺菌技術や充填技術の目覚ましい進歩のおかげで、驚くような技術が飲料製造に使われ、高い品質の製品が目にも止まらぬ速さで生産されるようになりました。

それでは「飲料容器の科学」の世界へようこそ。

２０１８年３月

株式会社　ティーベイインターナショナル
代表取締役　飲料ビジネスコンサルタント　松田晃一

目次

第1章 飲料容器の知られざる世界

第2章 ガラスびん　変わらない重厚感

第3章 スチール缶とアルミ缶　金属だからできる強度

第4章 紙容器とステンレス樽　すすむ機能向上

第5章 ペットボトル　最新技術のかたまり

第6章 飲料容器の用途拡大

第7章 飲料容器とサステナブル社会

Column

第1章

飲料容器の知られざる世界

1 飲料容器の元となった発明
―19世紀のルイ・パスツールの白鳥フラスコ―

まず最初に、本書で扱う飲料容器は、びんの王冠や缶の蓋、紙容器の密封部、ペットボトルのキャップなどの密封部分を開封すれば直ちに飲用できる製品に使用されている容器を扱います。生ビール用ステンレス樽はその注ぎ出し用のバルブ（スピアバルブ）の構造が、他の容器を考える上においてたいへん参考になりますので例外的に含めるとし、サーバー用の水に用いられるバグインボックス（Bag In Box）は対象外としました。

飲料容器については次の4つから中味（本書では液体飲料のみを対象とするため、「中味」と表現します）を防御する機能が要求されます。①物理的要因：破損、変形、熱、加湿、異臭、②化学的要因：酸化、紫外線による光劣化、酸やアルカリ、③人為的要因：悪戯、④生物的要因：微生物による腐敗、虫など。食品や飲料の容器は土器など、古代から人間の生活必需品として文化の発展とともに発達してきました。固形の食品では、保存容器としてはさほど厳密な密封性が必要ない場合も多いですが、液体飲料容器の場合、持ち運びも考えれば、中途半端な密封では使いものにならず、それなりに強固な密封性が要求されました。そのため、ガラスびんとコルク栓の発明によって液体密封容器が世間に広まったのは、やっと1650年頃のことでした。

ヨーロッパでは自分の家で育てたブドウで作ったワインを近所や親戚の家に運んで、そこで飲むことも可能になりました。しかし、ガラスびんとコルク栓の組合せで密封性が維持できるようになっても、保存中の微生物による変敗での品質劣化は原因不明の現象として長く人々を悩ませたものでした。当時は、ワインの上澄み液をびんにつめ、保存しました。その温度にもよりますが、長い期間の保存は難しく、充填後、次第に「おりもの」が発生して飲用できなくなることも多く発生していました。こういった現象はワインだけではなく、日本においては日本酒にも見られました。いわゆる「火落ち菌」による日本酒の腐敗です。今ではこの原因は微生物によるもので、乳酸菌の一種であると解明されています。

このように先に説明した4つの要因のうち、一番最後までその問題解決ができなかったのが④生物的要因です。というのも19世紀以前は生命自然発生説といった説があり、物や食品にはもともとその中で生命が自然発生的に生じて腐敗に至ると考えられていました。この問題の解決に取り組んだのがフランスの科学者ルイ・パスツール（1822−95）でした。彼は図のような形をしたガラス製のフラスコ、いわゆる白鳥フラスコ（パスツールコルベン）を考案し、これを用いて通常のフラスコと比較実験を行いました。彼は全長の比較的長い丸底フラスコに肉汁を入れ、その後、ガラス細工を行うときのようにフラスコの先端部をバー

パスツールの実験

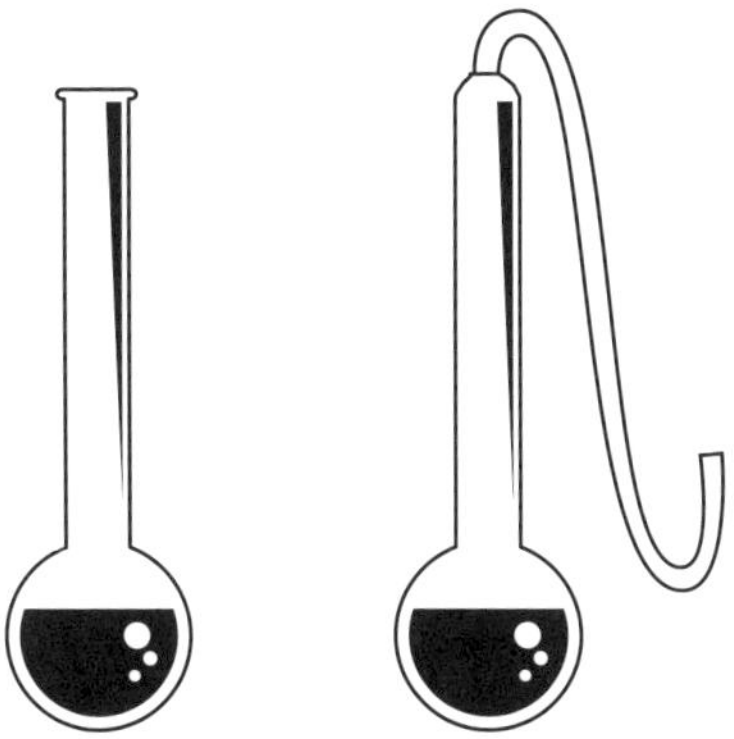

一口メモ

現在、飲料工場で糖の濃度測定に頻繁に使用されているブリックス糖度計。その元となる光学異性体による偏光現象の最初の発見者は、実はルイ・パスツールです。パスツールさんに感謝！

ナーであぶりながら伸ばしていき、右図のような形のフラスコを作りました。他方、通常の丸底フラスコにも同様に肉汁を入れ、両方のフラスコ内の肉汁を煮沸しました。それぞれ放冷後数日、この両方のフラスコを観察した結果、通常の丸底フラスコ（左）では3日後に肉汁が濁って嫌な臭いを放ったのに対し、白鳥フラスコ（右）ではそのようなことはおこりませんでした。

この現象は今では次のように解釈されています。空気中に存在する微生物が白鳥フラスコの先端の入り口から空気の流れにのって、肉汁方向に向かっていく途中、S字カーブを通り抜けていく間に管の内壁に付着してしまい、最後の肉汁まで到達できないため肉汁は腐敗しないと。つまり、私たちの身の回りには微生物がいたるところに存在するが、密封された容器の中の食品や飲料は、熱などによる殺菌処理を一度行えば、腐敗することがないという、いわゆる非生命自然発生説を証明することになったのです。もちろん、後の章で述べますが、地球上に存在する微生物のうち、100℃で死なない微生物は多数存在し、ルイ・パスツールの実験で行った煮沸による殺菌では不十分な部分もありますが、当時の実験としては十分有効でした。密封された容器の中にある食品や飲料を一度、熱などにより完全に殺菌を行い、外気などの混入（いわゆるコンタミネーション、略してコンタミ）を遮断すれば腐敗することがないということを証明したのです。このパスツールの非生命自然発生説は、その後の科学の進歩や食品と飲料の殺菌技術、保存技術の進歩に大きな貢献をしました。今でも、ガラスびんや缶につめたビールを60℃以上に上げて殺菌する処理をパスツール処理と呼び、その設備をパストライザーと呼んでいます。

一口メモ

日本酒に入り込むと濁りを生じ、酸化させ、また臭みを帯びさせる火落ち菌。乳酸菌の一種で、コウジカビが生成するメバロン酸（通称「火落ち酸」）が大好きのようです。

2 中味pHで大きく違う殺菌条件
―100℃でも死なないボツリヌス菌―

開封すれば直ちに飲用できる飲料は充填前は常に、当然ながら充填後も常に腐敗の危機にさらされています。それでは一体、どういった条件があると腐敗しやすいのでしょうか？　皆さん直ぐに想定できると思いますが、冷蔵庫の中で一度開封したら腐敗しやすいものとして牛乳や果汁の入った飲料が思いつくことでしょう。一方、ミネラルウォーターや無糖茶などは腐敗しにくいものと。実は腐敗のしやすさは次の因子によっておおよそわかります。①水分活性、②栄養分、③温度、④pH、⑤炭酸の有無、⑥カテキンなどの抗菌成分の有無などです。これらの条件を勘案して、食品衛生法では熱による殺菌条件が細かく定められています。1つずつ説明していきましょう。

まずは①水分活性ＡＷ（Water Activity）：これは食品中の自由水と呼ばれる水の割合を示す指標であり、自由水はその食品中を自由に移動できる水のことです。自由に移動できるため、食品や飲料が一度、開封された状態では蒸発したりもするし、バクテリアや酵母などが存在するとこれら微生物によって自由水は取り込まれ、増殖して腐敗に至ります。イカの塩漬けやジャムが腐敗しにくいのは高濃度の塩分や糖分のため、自由水の割合が少なく、ＡＷ値が低い（0・7～0・8）ためです。しかし、通常の飲料の場合、ＡＷ値は1・0であり、腐敗を抑制する効果は期待できません。②栄養分：糖分やたんぱく質などの多い飲料が最も腐敗しやすいです。③温度：一般に微生物は、栄養細胞と呼ばれる普通に細胞として存在している状態では、その菌固有の死滅温度があり、D値とZ値という値があります。

④pH：飲料製造時に最も重要な指標になります。pH

4・6が1つの大きな境目になっています。これは指標菌であるクロストリディウム・ボツリナム菌（ボツリヌス菌）という、土壌由来のバクテリアで偏性嫌気性菌といって酸素の無い環境で増殖する微生物の存在がその理由です。pH4・6よりも低い酸性領域ではボツリヌス菌は増殖できません。しかし、この菌の最も恐ろしい性質は毒素を産生することです（ボツリヌストキシン）。この毒素は地球上で最も毒性が高い毒素の1つといわれており、致死量は体重70kgに対してわずか0・7～0・9μgです。過去にもこの毒素が生じた食品を食べて死亡に至った悲しい事件の例がありま す。もう1つこの菌の厄介な性質として、周りの環境が悪いときや自身の菌体が高い温度にさらされたときに、芽胞を形成することがあります。芽胞は自身の細胞の外側に硬くて断熱性の高い殻を形成し、中の菌体を熱や酸から守る働きをします。これを芽胞形成能と呼び、熱に強いといわれる菌（耐熱性菌）の多くが芽胞形成能を持っているといわれています。

ではボツリヌス菌はどのくらいの温度にまで耐えることができるのでしょうか。芽胞の状態では、なんと

清涼飲料水の製造（殺菌）基準

製造基準			保存基準
殺菌を要しないもの	二酸化炭素圧力が20℃ 1.0kgf/cm^{2}以上で、植物又は動物の組織成分を含まないもの		なし
殺菌を要するもの	pH4.0未満	中心温度を65℃で10分間、又は同等以上	なし
	pH4.0～4.6未満	中心温度を85℃で30分間、又は同等以上	
	pH4.6以上で水分活性が0.94を超えるもの	中心温度を85℃で30分間、又は同等以上	10℃以下
		120℃、4分間、又は同等以上 発育しうる微生物を死滅させるのに十分な効力を有する方法	なし

出所：食品衛生法　厚生省告示第213号　（1986年）

100℃ではビクともせず、完全な死滅には120℃で4分以上の処理が必要です。これが先ほど見た食品衛生法における殺菌条件の最重要項目になっているのです。この菌はどこにでもいるというわけではなく、普段は土の中などの酸素のない条件下で存在しており、また、クロストリディウム属の菌の特徴として、偏性嫌気性で増殖が大変遅いという性質があります。そのため、商業的に飲料を長期間常温で保管することなどがない場合、通常特別な対応は必要ありません。

このボツリヌス菌以外のバクテリアや酵母、カビといった腐敗や品質の劣化を及ぼす可能性のある微生物の多くが、飲料中で生育できるpHが異なります。また、近年、飲料や食品における微生物の研究が進む中、殺菌するだけでは不十分な事例も多数、報告されています。ボツリヌス菌以外にも枯草菌（バチルス属）、フラットサワー菌（バチルスコアギュランス）など、今後も未知な微生物の存在も想定され、飲料各社の品質管理担当者は注意が必要です。

⑤の炭酸については、高い炭酸ガス濃度は微生物の増殖を抑える効果がありますが、酵母や乳酸菌ではそういった環境下でも増殖できる菌種があります。⑥のカテキンなどの抗菌物質は、これも微生物に対する抑制効果はある程度は期待できますが、絶対的なものではありません。一般にコーラが腐敗に対して最も耐性が高い理由は低いpH（おおむね3以下）と高い炭酸ガス圧（2ガスボリューム以上）のためといわれています。一方、牛乳は生物に対する栄養分も多く、pHも中性、炭酸ガスや抗菌成分もないため、最も微生物のアタックを受けやすいといえます。そのため、チルド状態で売られている牛乳などは賞味期限内に飲み終えることはもちろんのこと、一度、開封したら残りは必ず、冷蔵庫に保管し、なるべく早く飲み干すようにしましょう。

芽胞の構造

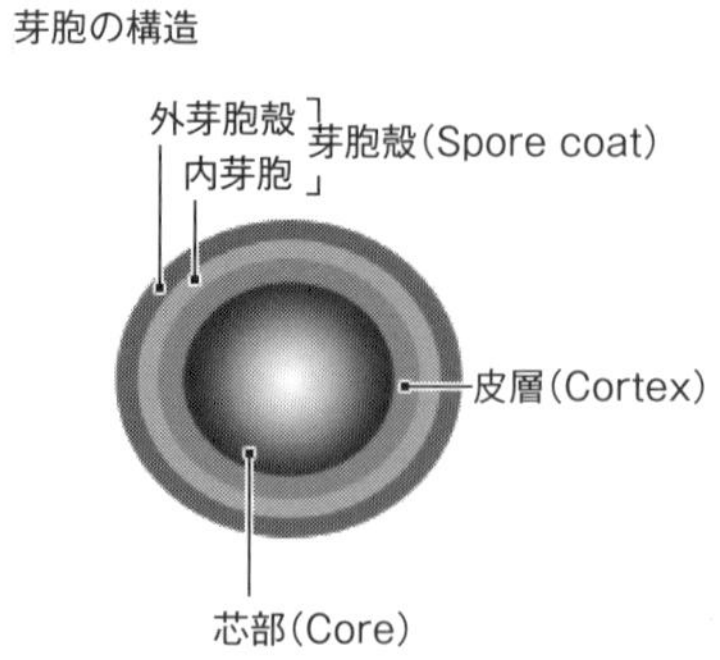

提供：キリン株式会社

飲料の pH と生育可能な微生物

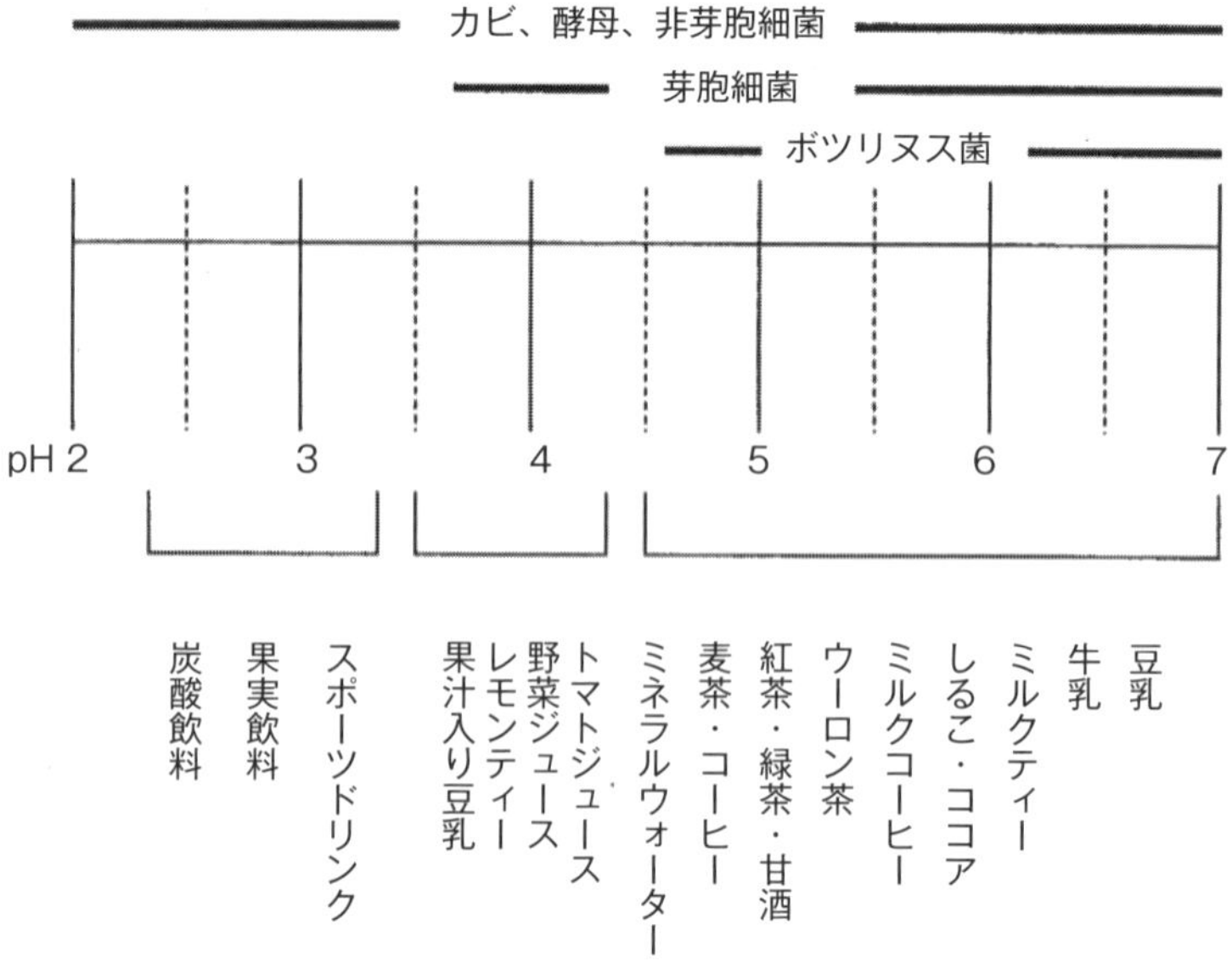

3 微生物の熱殺菌理論 ―D値・Z値・F値・PU値ってナニ？―

飲料の殺菌を考える場合に最も有効な手段が加熱による殺菌です。生物は外部から加熱されると、その微生物が死滅する温度以上で一定の温度をかけた場合に、生菌数は時間の経過とともに減少していきます。これは放射線による微生物の殺菌や薬剤殺菌などの場合においても同様なパターンが見られます。このグラフのことを微生物の温度死滅曲線（Thermal Death Temperature：TDT曲線）と呼びます。図では横軸が時間（秒または分）、縦軸が生菌数（細胞数）になっています。ここで縦軸が対数となっていることに注意が必要です（右の図）。つまり、微生物はその加熱殺菌では時間に対して対数的に死滅していくということです。

さて、こういった微生物の耐熱性、どの程度その微生物が熱に強いか、を表す指標としてD値とZ値というものがあります。その定義は「ある一定の温度で生菌数が10分の1に減少するために必要な時間（分）をD値（Decimal Reduction Value）」とします。例えば、80℃の温水中で1分で生菌数が１００万から10万にまで下がった場合、「80℃でのD値は1分」という言い方をします。さらにこのD値を1／10の時間にするために必要な温度上昇値をZ値といいます。Z値とはD値の10倍の変化に対応する温度変化です。Z値が大きいと温度上昇による殺菌効果が小さく、その微生物の耐熱性が高いということになり、またZ値が小さいと温度上昇による殺菌効果が大きく、耐熱性が低いということになります。Z値が小さい危害微生物の加熱殺菌は、加熱時間を長くするよりも加熱温度を上昇させる方が効果が大きいことになります。

このD値・Z値はその微生物のかなり特徴的な値に

微生物の温度死滅曲線

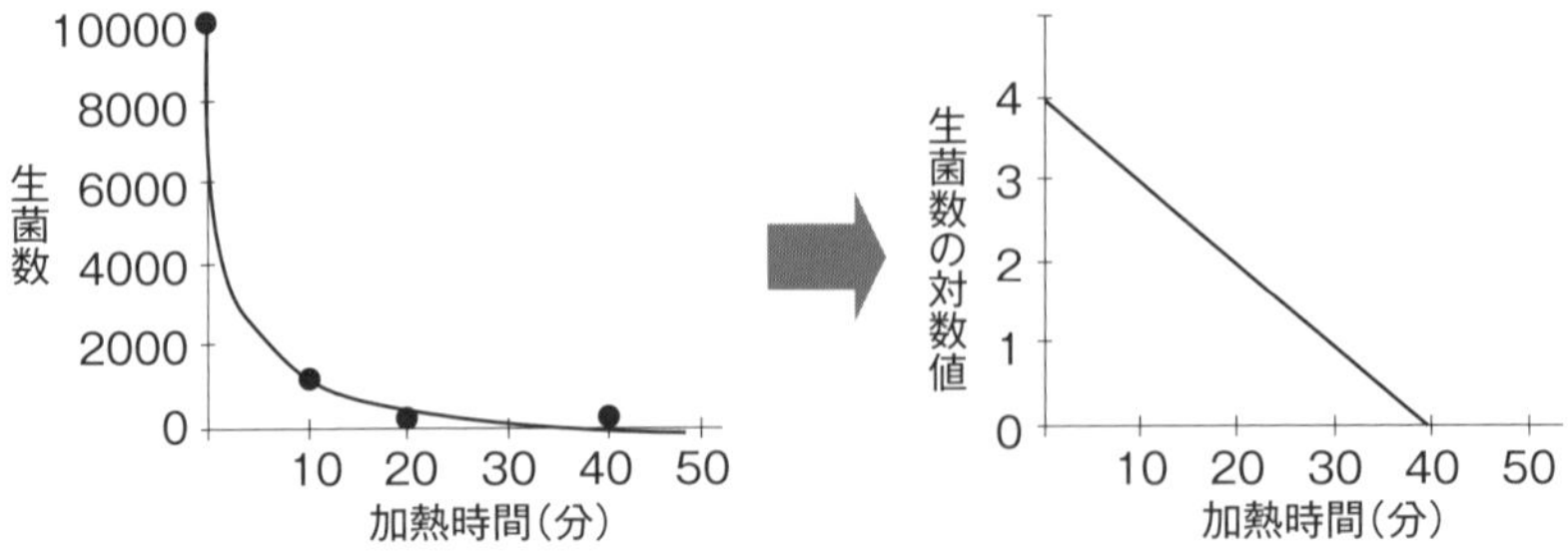

・一定の温度で加熱すると、微生物は時間の経過とともに対数的に減少する。
・縦軸の生菌数を対数に変換すると、生菌数対数値と加熱時間は直線（比例）関係になる。
　つまり微生物の死滅速度は常に一定である。

出所：芽胞形成細菌の耐熱性の求め方　中西弘一　ナノ・マイクロバイオ研究所

耐熱性（熱死滅時間）曲線

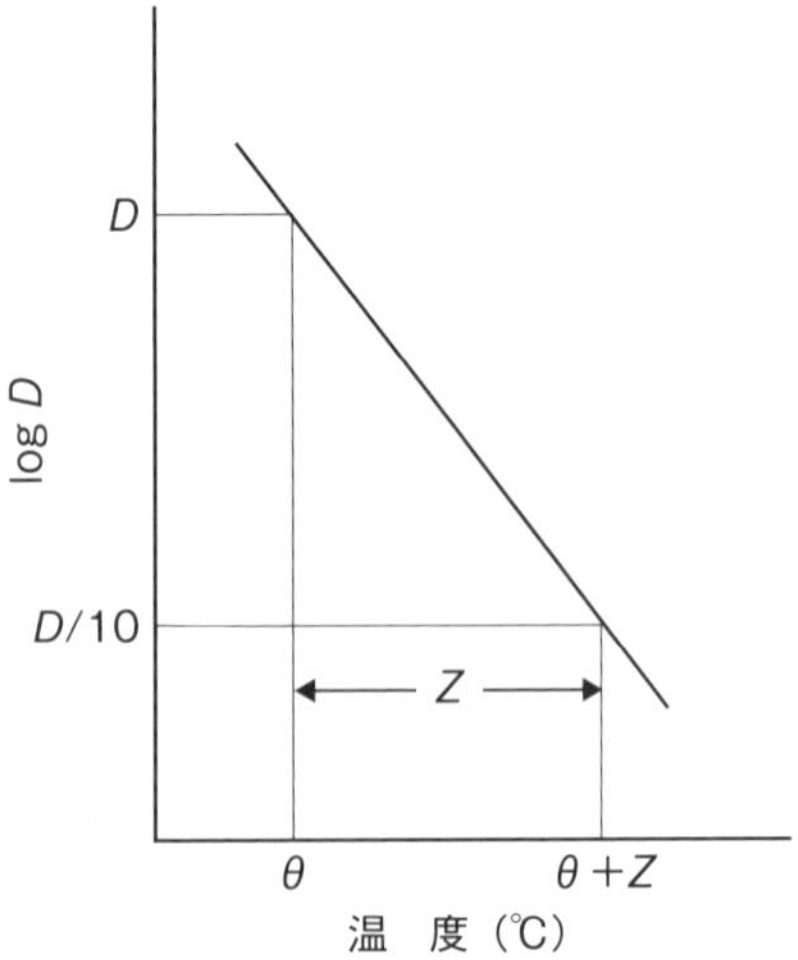

出所：排水の不活化方法及びシステム　鹿島建設株式会社　佐藤進　公開特許　WO2013-054390

なります。しかし、実際の飲料製造現場から検出された微生物の耐熱性（TDT曲線）を測定する場合、その微生物が殺菌剤にさらされていたり、栄養分の少ない環境下で生き残っていたりした場合など、人間に例えれば病後に体力が低下した状態になっている微生物では、耐熱性のデータであるD値が小さくなる場合もあります。そういった状況の微生物を損傷菌といいます。そのため、実際の製造における熱殺菌の条件はTDT測定で得られたD値・Z値から設定できる殺菌条件よりも、非損傷菌がいる場合も想定して高い加熱殺菌条件を定める場合もあります。

飲料工場では、その製品がレトルト対象商品ではない場合では、過去の製品の微生物検査や工程の拭き取り検査などで検出された微生物のD値を求め、D値の高い菌のデータを元に殺菌条件を定めている場合が多いようです。この条件を利用して元の飲料の初発菌数と熱殺菌後の微生物レベルから（多くの場合10万分の1となるように）殺菌条件を定めます。

ルイ・パスツールとクロード・ベルナールによって、ワインの殺菌法として最初に導入された低温殺菌法（パストリゼーション）は、高温殺菌法（摂氏100℃以上で行う）と対比してこう呼ばれます。パストリゼーションは、微生物を完全に死滅させることではなく、害のない程度にまで減少させることを目的としており、この方法を用いると、素材の風味を損なわず、ビールやワインに含まれるアルコール分を飛ばさずに行うことが可能となります。高温殺菌法と比較して、熱変性などによる品質・風味の変化が抑えられる利点があります。日本では、パスツールに先立つこと300年も前の1560年頃に、日本酒において同じ方法が経験的に生み出され、以来、「火入れ」として行われてきました。後に牛乳にも応用され、牛乳の風味を損なうことが少ないとして多く採用されていま す。この方法で殺菌された牛乳はパスツールにちなんで一般に「パスツリライズド牛乳」と呼ばれています。

加熱していくと、耐熱菌を除いて微生物は死滅していきますが、通常、その殺菌の温度は60℃で10分間ほどで行う場合が多いようです。パストリゼーションによる熱殺菌強度をパスツールユニット（PU）といい、殺菌の温度（60℃以上）と時間から計算されます。

4 飲料容器究極の殺菌システム
―過酸化水素ガスによる無菌充填「アセプティック充填」―

飲料の充填方法には大きく分けて、温度の高い飲料（80～93℃、ホット充填法）、室温（常温充填）、低温充填の飲料があります。このうち、ホット充填と常温充填は常温流通、低温充填のものは牛乳などのようにチルド流通（低温流通）品が大部分です。飲料の性質（栄養分、pH、炭酸の有無、抗菌成分など）次第ではホット充填することも可能です。古くから日本ではこの微生物的な心配の少ないホット充填法が主流で行われてきました。中味をほぼ完全に熱殺菌した後、温度が高いまま充填する方式です。基本、充填の際には中味の殺菌と容器の殺菌が重要です。容器や充填機周辺の殺菌に、古くから次亜塩素酸ナトリウム溶液が殺菌剤として用いられてきました。この薬剤は一般家庭における力ビ除去剤として汎用されています。その後、過酢酸と過酸化水素という、より殺菌効果の高い殺菌剤が使用されるようになりました。これら薬剤は微生物が通常、活動している状態である栄養細胞だけではなく、硬い殻を形成した芽胞の状態にも浸透して殺菌効果の高いことが確認されています。もちろん、これら殺菌剤は全て食品添加物として認可され安全性が十分確認されたもので、使用した薬剤はその後の工程、たとえばリンサーという水洗浄システムで完全に除去されています。使用方法は過酢酸または過酸化水素溶液内にシート状の紙を通過させたり、成型した紙容器やカップ、ペットボトル、キャップに過酸化水素液を噴霧し、乾燥させたりする方式です。これらは1970年頃から開発が始まり、無菌充填方式（アセプティック充填方式）と呼ばれています。

その多くは液体殺菌剤としての使用でしたが、1994年頃になり、液体の殺菌剤の使用と並行して過酸

紙容器成形無菌充填機

提供：四国化工機株式会社

無菌充填システム

提供：三菱重工機械システム株式会社

化水素ガスミスト方式が考案されました。この方式ではミスト化した過酸化水素をさらに加温することで完全にガス化した過酸化水素を作り、飲料容器の殺菌したい部位へ、たとえばペットボトルの一番底の部分であるとか、複雑な形状をしているネジ口部分の溝の一番奥の部分などを含む全面に到達させ、殺菌する方式です。外部とほぼ完全に遮断し、陽圧化した小部屋（無菌チャンバー）の中に充填機などを入れて、充填機の回りの雰囲気の殺菌もこの過酸化水素ガスミスト方式で行い、容器と充填機回りの雰囲気をさらに高いレベルの無菌状態で充填する方式が考案されました。この過酸化水素ガスミスト方式ではその温度がきわめて重要です。過酸化水素による殺菌効果は30℃と60℃では大きく異なり、60℃では通過時間約10秒で10のマイナス４乗程度の殺菌効果（1万の細胞が10細胞以下になるレベル）という高い殺菌効果が得られることがわかりました。過酸化水素ガス方式でも液体の殺菌剤が必要な部位、たとえば充填機の回転シャフトと無菌チャンバーの境界部分などには液体の過酢酸を使用します。このように、液体の薬剤と気体の薬剤を適材適所

過酸化水素殺菌における温度の影響

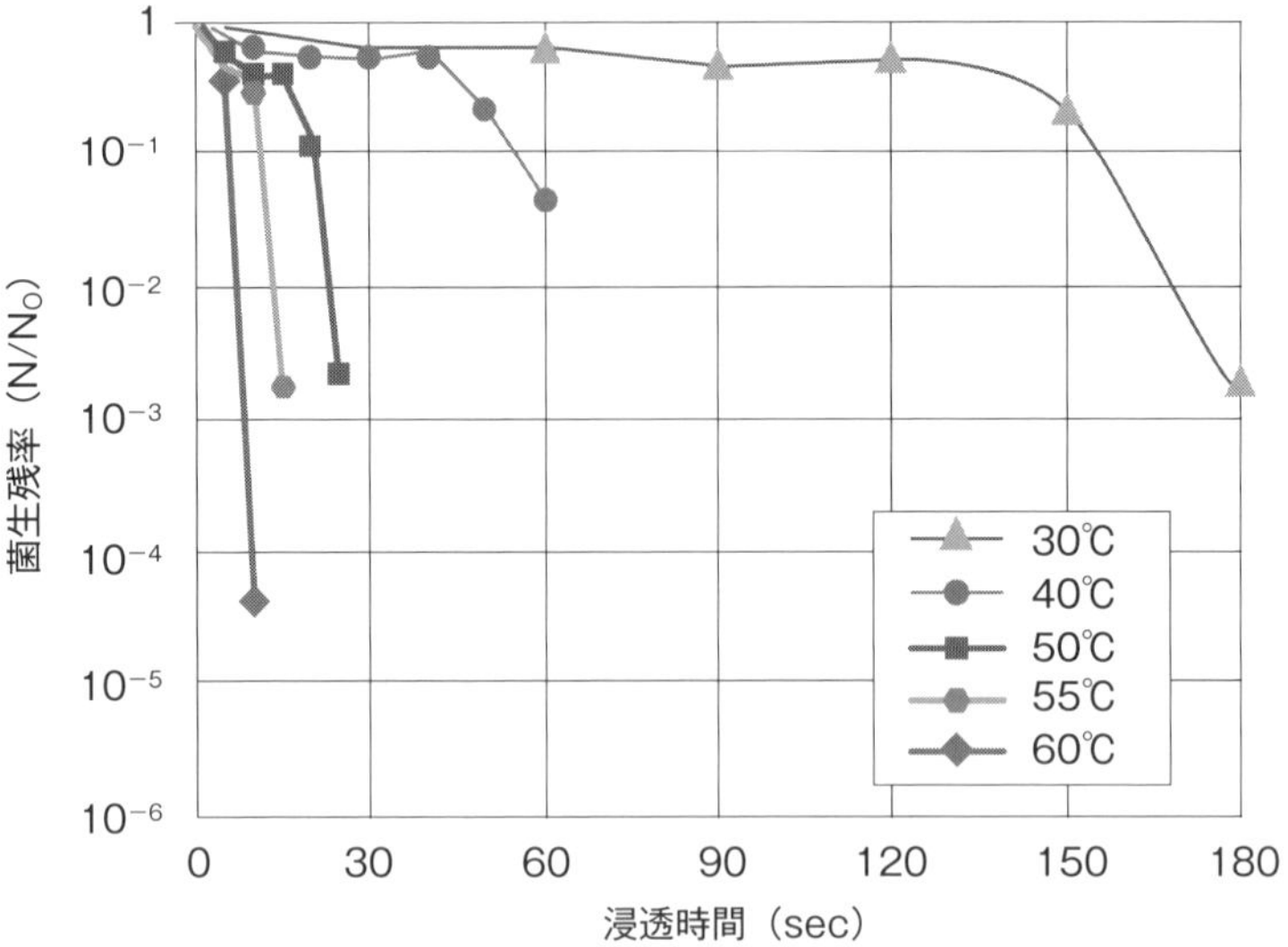

温度の上昇により殺菌効果は大きく向上

提供：株式会社アセプティック・システム

で使用することにより、空容器や充填機周辺を高いレベルの無菌状態として飲料を充填できるようになりました。最終的にこの方式により元の菌を10のマイナス6乗まで減少させるレベルを、6D保証レベルと呼んでいます。

これはある意味、センセーショナルな出来事でした。それまでは充填機前の工程で中味殺菌を行っても、容器や充填機まわりでのボツリヌス菌や芽胞性耐熱性菌の存在を完全に排除できなかったため、常温充填かつ常温流通品としてミルク入りコーヒー・果汁飲料の製造は難しいとされていたからです。この6Dレベルの充填方式によって、これら常温流通可能飲料の出現は、非常に画期的な現象でした。このように中味pHが4・6以上や栄養分リッチな飲料などの常温流通可能品の実現、容器内製化によるコストダウン、二酸化炭素排出量の抑制といった理由で、過酢酸または過酸化水素ガスミスト方式による無菌充填技術が全世界の飲料業界に急速に普及していきました。

5 壮絶なコンビニ棚の獲得バトル
—年間の新商品飲料数はなんと1400SKU—

初めに清涼飲料の売上についてですが、基本、景気の動向とはあまり関係がなく、また、日本の総人口は2011年から減少していますが、ここ5年間、清涼飲料の販売量は全体として増加しています。また、中味別にその伸び率でみると、ミネラルウォーター類(ペットボトルやサーバーなど)の伸びが4・2%と最も高くなっています。容器別でみるとペットボトルが4・3%、構成比では2011年の65・3%から2016年の72・0%へと増加しています。この理由として、①水道水にかわって、ペットボトルのミネラルウォーターやサーバーの水を飲む人が増えた、災害時の備蓄用にペットボトルのミネラルウォーターを購入する人が増えた、②毎年のように猛暑日が続き、夏場の水分補給のため手軽な飲料の需要が増えたなどが考えられます。一方、酒類業界は人口減と若者などの酒類離れなどのせいか、市場は減少傾向です(伸び率はマイナス0・7%)。また、その容器別構成比はビールで缶が67・7%と最も多くなっています。

このような清涼飲料の量の拡大と同様に新商品の発売数も多く、年間、1400SKU以上です。ここでいうSKUとはStock Keeping Unitの略で、中味・容器・容量を1つずつ数える方法です。例えば、ある飲料会社が中味の新商品を開発し、ペットボトルで350mL、500mL、1Lで発売したとすると3SKUと数えます。量の拡大の続く飲料業界ですが、年間1400SKUの新商品というのは相当な数です。

なぜ、こんなにも多数の新商品が発売されるのでしょうか? 消費者調査の結果によると、コンビニ店頭に行くまでは具体的にどの清涼飲料にするかを決めずに店舗に立ち寄り、棚に陳列してある商品の中味の成

清涼飲料中味別CAGR
（2011～2016年）

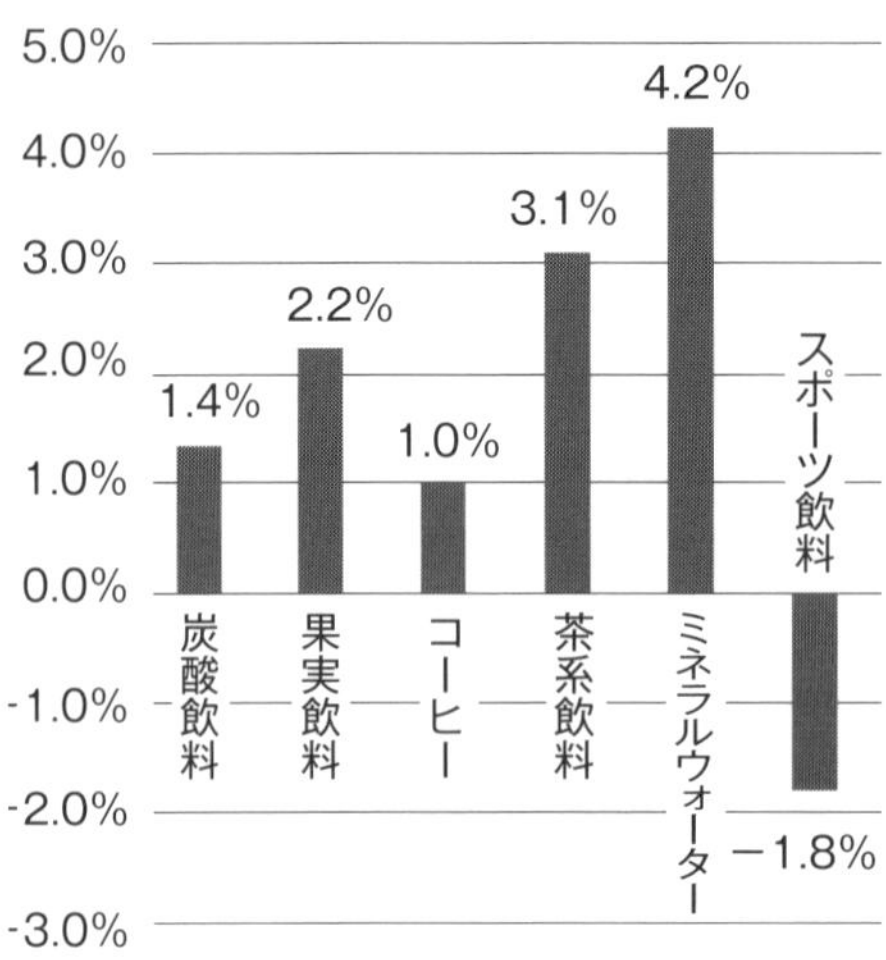

清涼飲料容器別CAGR
（2011～2016年）

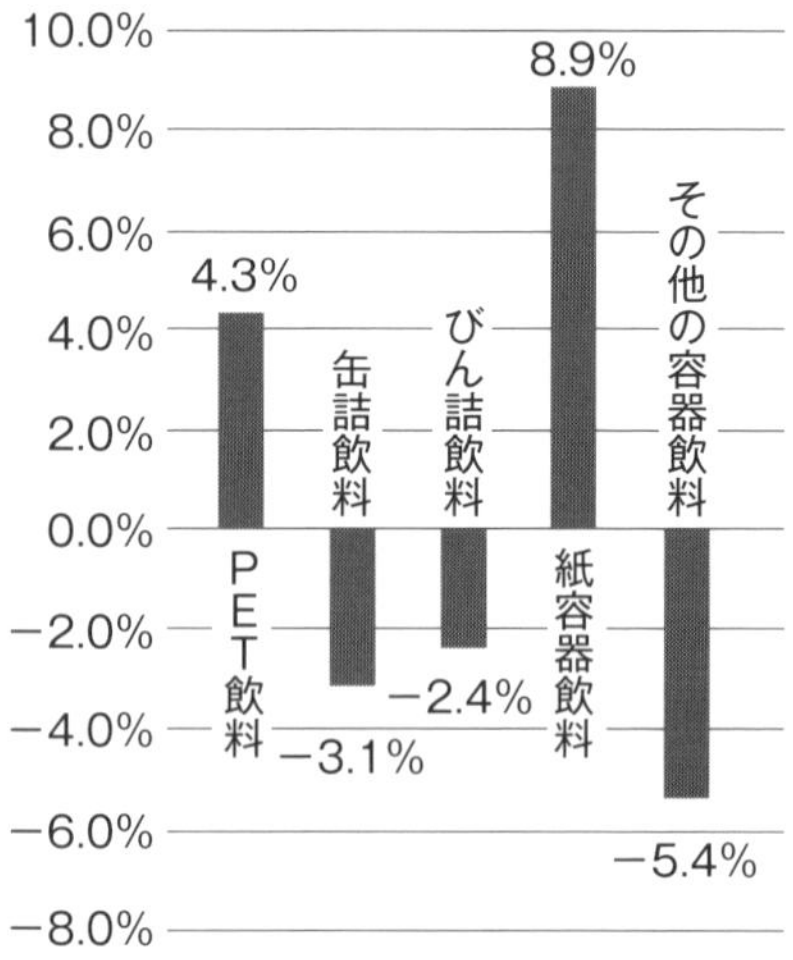

分表示やラベルやボトルデザインで選ぶ消費者が多いこともその理由です。コンビニ店頭の清涼飲料の棚は限られたスペースであり、この棚には定番商品と非定番商品があります。非定番商品では新商品によって、頻繁に商品が入れ替わります。ここで飲料メーカーは新商品を出さずにいれば、競合他社の新商品に棚を占有されることになります。こういったある意味、過当競争があることも、毎年の新商品販売数がＳＫＵで１４００を超える状態になっている理由の１つなのです。

実はこの流れ、もう１つ大きな影響を与えているビジネス領域があります。飲料の生産量の約半分近くが、いわゆるパッカーによってＯＥＭ生産されていることです。日本の各地域には農協や、地元の果汁充填工場が点在しています。こういったパッカーの多くが大手飲料メーカーのＯＥＭ生産を請け負っており、この多ＳＫＵの生産はパッカーにとっても大きな負担となっているのです。

6 飲料の基本充塡原理
―高速充塡のために必要な要素とは―

飲料容器の製造では生産性を上げるために、いかに高速で充塡するかということがたいへん重要です。充塡スピードに大きな影響を与える要素として2つあります。1つは、飲料容器の形、特に容器の肩やネック（首部）の形状です。ビールびんやペットボトルはまさしくボトルネックと呼ばれているように、この形状が高速化にとって不利となります。もう1つが、密封状態で充塡するか、開放状態で充塡するかということです。密封状態というのは充塡するバルブ（フィリングバルブ）と飲料容器が密着しながら、飲料液の注入と容器の中に残存している気体がちょうど、入れ替わるように充塡していく方法です。牛乳の広口ガラスびんの充塡ではびん口が大きく、開放状態で充塡する場合、充塡は瞬時に終了します。ここではボトルネック形状の飲料容器を充塡する際、高速充塡するにはどういった要素が必要であるかを説明します。通常、充塡機には容器1本1本を詰めるための充塡バルブがあり、これが円形状に配置されており、公転しながら1本1本の飲料容器に中味を充塡します。電磁流量計を使ったいわゆる定量充塡式でない従来型の充塡機では、中味飲料の溜めタンク（フィラボウル）が充塡バルブの上方に位置しており、充塡は主に重力落下を利用します。充塡バルブと飲料容器が密着状態で充塡する際、液の落下注入ルートと容器内に残存したガスが容器の外へ排出される経路（ベントガスライン）の構成には2種類あり、ベントガスラインが飲料容器口部の周辺にあり、液の注入ルートが飲料容器の中央にあるタイプ（ショートチューブ方式）と全くその逆のタイプのもの（ロングチューブ方式）があります。最近の充塡機はほぼ全てがショートチューブ方式です。

注入ルートとベントガスライン

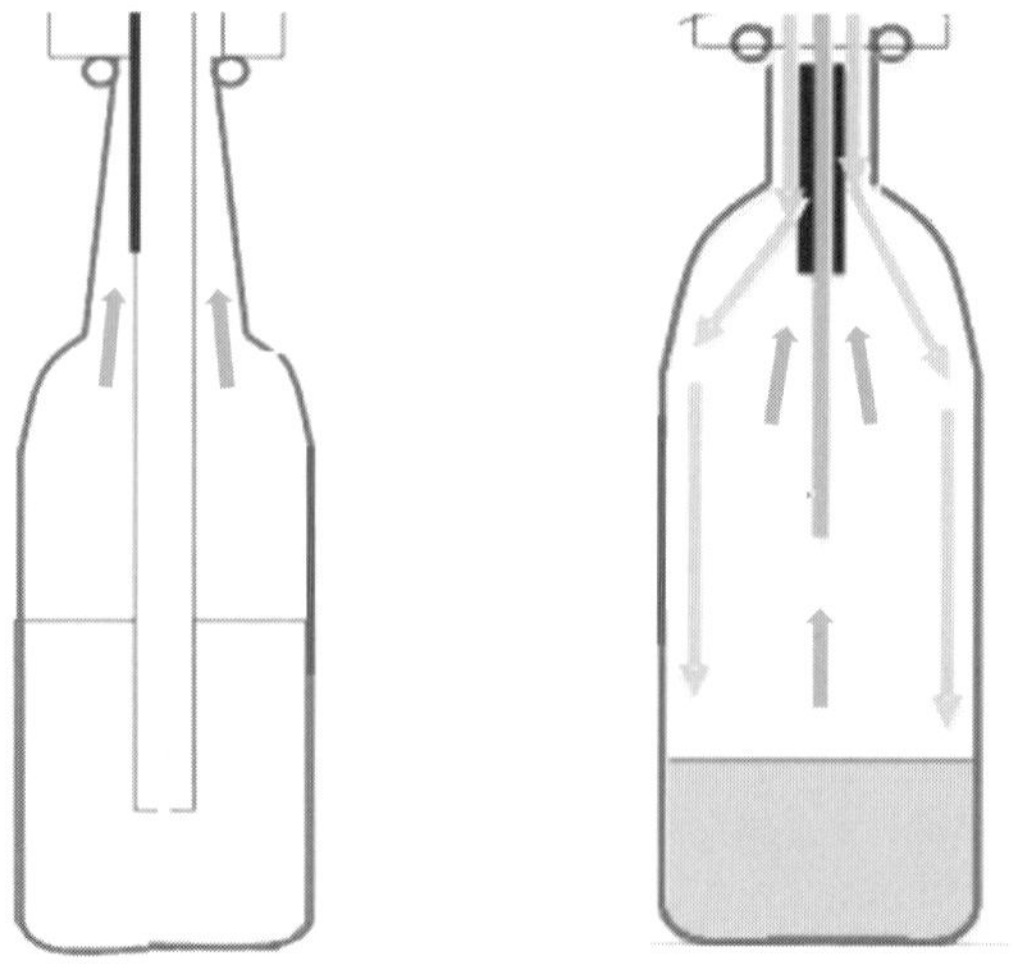

ロングチューブ方式　　　ショートチューブ方式

提供：Coors College Filler Valves and Tubes

充填中の流量変化の概念図

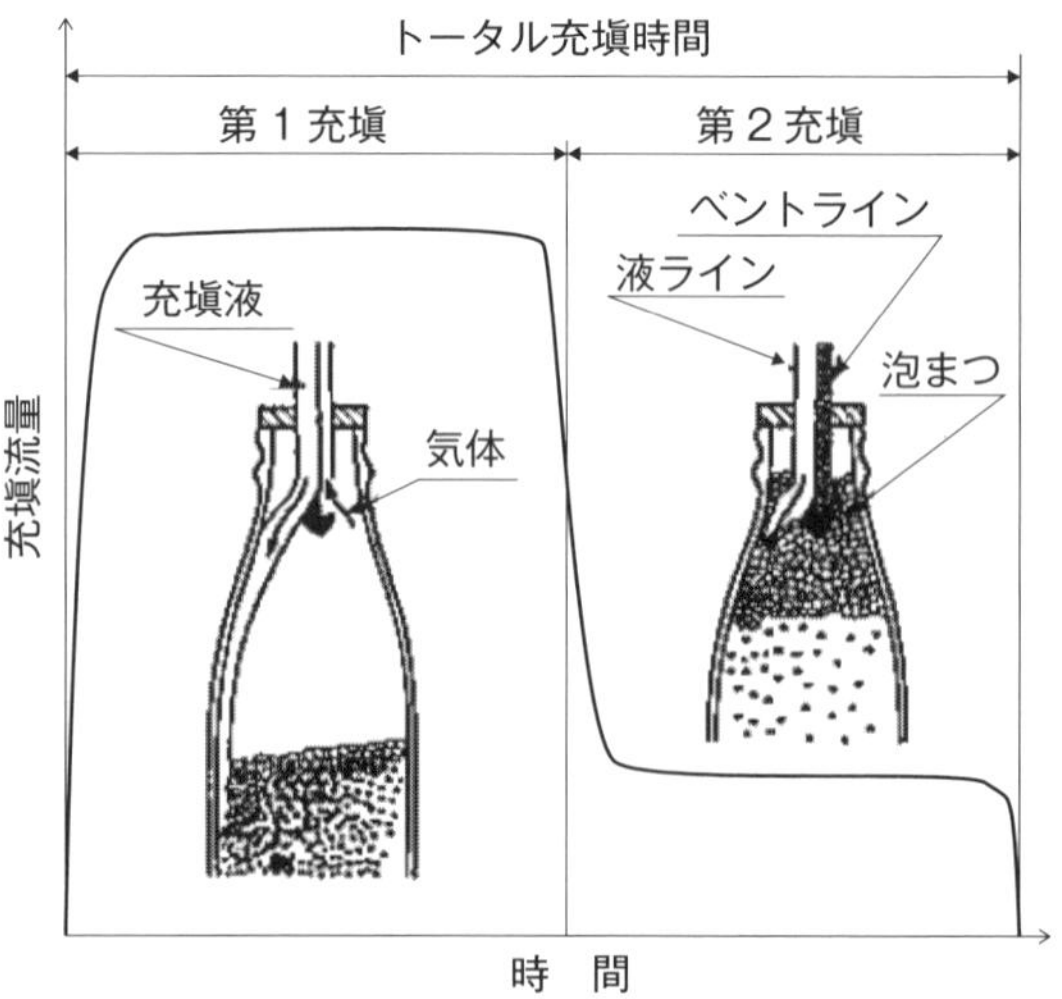

提供：三菱重工機械システム株式会社

充填中の液の流量変化は、充填を開始して直後に急激に増加し、しばらくしてグラフが水平になります。この部分（第1充填）では充填スピードがほぼ一定で、液面上昇中には泡がほとんど存在しない状態です。その後、今度は流量が急激に低下します（第2充填）。ここでは充填中の液揉めにより泡（泡まつ）が発生している状態です。これは液体表面と容器の内面の粘度由来の摩擦が、液面に泡がないときは小さく、液面に泡まつが生じると大きくなることに由来します。このように、高速充填を行うには液面に泡を生じさせないことが重要です。以前は、飲料容器内に導入する飲料そのものが、いわゆる揉めにより少し乱流気味に落下する充填機が多かったですが、最近の電磁流量計により入味量を決めている充填機では、液の流れが乱れの少ない層流で落下してくるため、液面の泡発生がかなり少量になっています。

横軸にベントラインのチューブの直径と縦軸に充填時間をとったグラフを見ると、ベントチューブの直径は5～6㎜のときに最も充填スピードが速いことがわかります。その理由は、ベントラインの断面積が小さい場合は、泡まつ流動すなわち第2充填時間が長くなり、また、ベントラインを大きくすると液ラインが小さくなって第1充填時間が長くなり、トータルとして長くなる、というように最適なベントラインの断面積が存在するからです。また、同じ要領でフィラボウルの液量、いわゆるヘッドの量（充填バルブの上方に位置しているフィラボウルの液深）を増やしたときの充填スピードの変化の結果をみると、ヘッドを400㎜～600㎜へと増やしていくと充填スピードが速くなっていくことがわかります。

ベントライン内径とトータル充填時間の関係

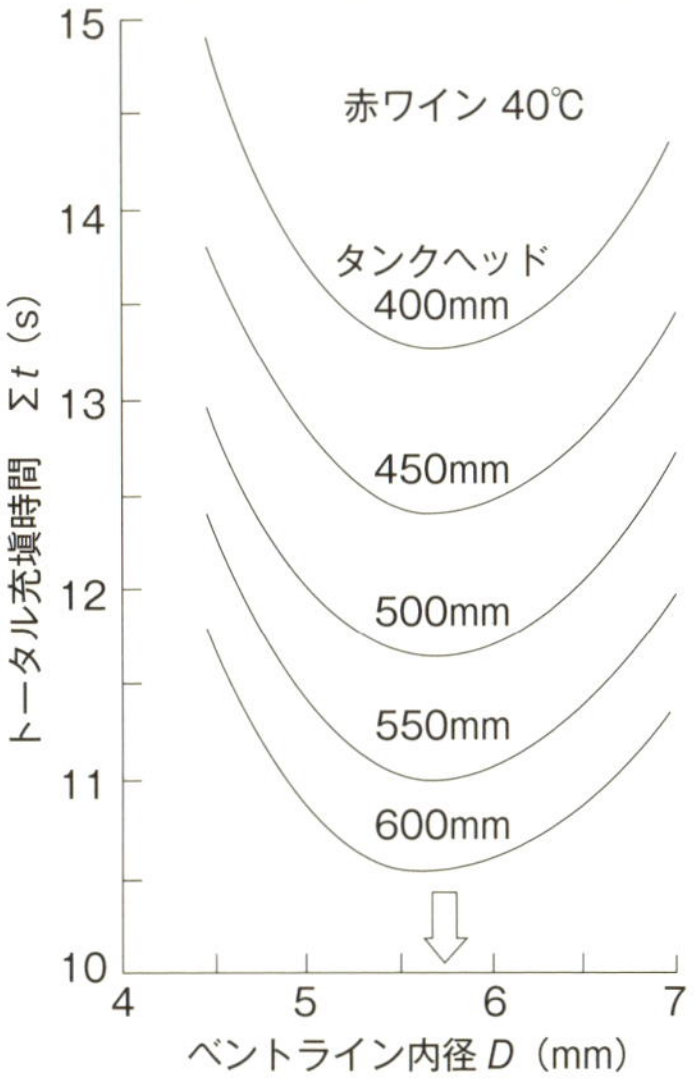

提供：三菱重工機械システム株式会社

Column

飲料有用成分が劣化しない高温短時間殺菌

微生物は加熱殺菌により、生菌数が指数関数的に減少していきます。搾汁を終えた生乳には10,000 ～ 30,000 cells/mL程度の微生物が存在するため、熱殺菌を行います。生乳には栄養分として重要な成分が多く含まれ、その中には加熱により失われるものもあり、その代表格が酸化型ビタミンC（酸化型アスコルビン酸）です。こういったビタミン類も熱殺菌の際、同時に失われていきます。微生物の温度—死滅曲線とビタミン類の温度—消失曲線をグラフに示します。一般的に、微生物とビタミン類は熱に対する性質の違いでグラフのとおりとなります。傾きに注目してください。横軸は処理温度、縦軸は微生物が10分の1に減少するために必要な時間であり、また、ビタミンが10分の1まで消失するために必要な時間です。グラフからわかるとおり、100℃付近を境に、100℃以上の温度では微生物の方がビタミン類と比べて、より早く10分の1になる、つまり死滅が短時間で起きます。この温度を利用するのが牛乳における超高温瞬間殺菌（UHT：120～150℃で数秒）です。高温かつ短時間で殺菌を行うことで殺菌効果が高く、ビタミン類の消失量が少なくなります。

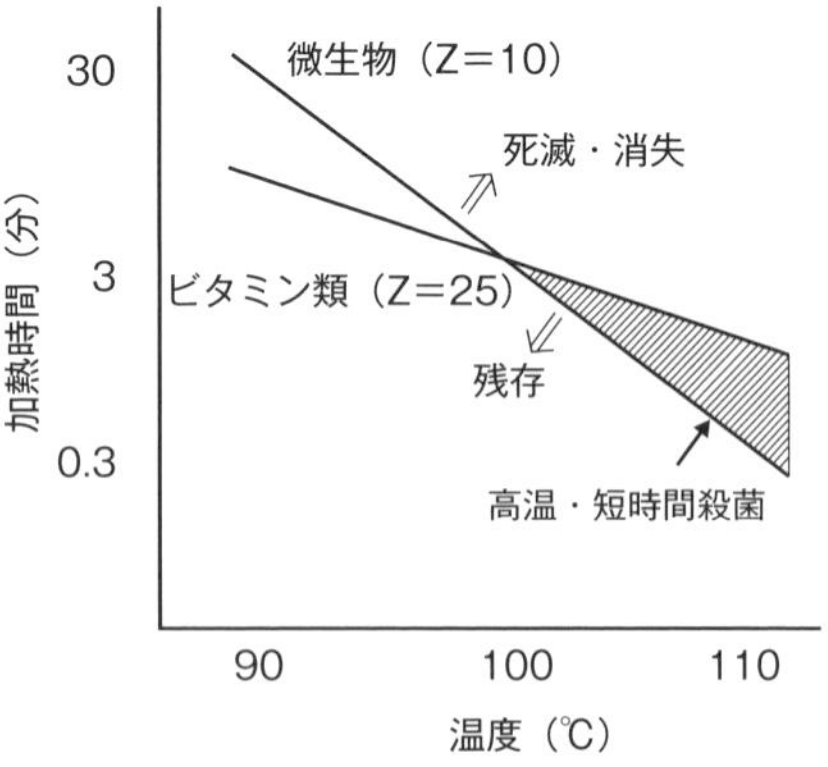

出所：University of Guelph, Food Science

第2章

ガラスびん
変わらない重厚感

7 飲料容器最古の歴史をもつガラスびん
―ブローブロー成型とプレスブロー成型―

ガラスの歴史は極めて古く、今から5000年ほど前に人類がつくった物質で、古代人が珪砂、珪石を含む土の上で焚き火をしたとき偶然できたのが最初のガラスともいわれています。日本におけるガラスびんの歴史のスタートは、江戸時代に遡ります。長崎でオランダとの貿易が盛んになされていたことから、そこでガラス製造の技法が日本に伝来しました。

現在のガラスびん自動製びん機における製造方法を説明します。ガラスびんの原料は珪砂・石灰・ソーダ灰といった天然に存在するものを使用します。これを溶解槽に導入し、ガスバーナーで加熱し、1500℃程度で溶かします。その後、温度調整を行い、1150℃程度でびん1本分のゴブ（溶融したガラスの塊）にカットされます。ゴブは金型に供給され、パリソンと呼ばれるびんの原形に成形されます。パリソンはびん形状をした金型に移され、高圧空気でびん形状に膨らませます。このゴブの成型以降、現在では大きく分けて2つの方法があります。

1つめのブローブロー成型という方法はガラスの塊のゴブを落下させ、プランジャーという部品で受けた後、下部から加圧エアーを送り込み、いったん細長いパリソンというガラスびんの前形のようなものを作ります。その後、このパリソンを反転専用のアームでブロー成型用の金型内に正立させます。さらにガラスびんの口部から高圧エアーを吹き込み、成型を完成させます。この方式は主にビールびんなどの細口のびんを成型する方法です。

2つめのプレスブロー成型という方法はガラスの塊のゴブをプランジャーという部品の上に落下させ、天面を部品で押さえた後、プランジャーを上方に突き上

ブローブロー成型

パリソンを高圧空気で膨らませる成形方法で、ビールびんなどの一般に細口といわれているびんに用いられます。

提供：東洋ガラス株式会社

プレスブロー成型

下方からプランジャーと呼ばれる棒状の金型で突き上げてパリソンを成形する方法です。通常はジャムなどの口部の広いびんに用いられます。

提供：東洋ガラス株式会社

げてパリソンを成型します。その後、このパリソンを反転専用のアームでブロー成型用の金型内に正立させます。さらにガラスびんの口部から高圧エアーを吹き込み、成型を完成させます。この方式はブローブロー方式よりもパリソンの成型寸法が正確になり、最終製品の肉厚分布がより均等なものとなります。この方式は主にジャムのびんなどの広口のびんを成型する方法です。また、この方式はペットボトル用のプリフォームを成型する工程と大変良く似ていると思います。このように成型したガラスびんは明治以降、盛んに飲料容器に用いられるようになりました。その後、１９９０年代後半になってアルミ缶が主流となっていく以前のビール業界では、その大部分をリターナブルのガラスびんが占めていました。ガラス容器の特性として、

(1)化学的安定性（酸アルカリなど耐薬品性）が最も優れている
(2)無味無臭で食品香味の保存性に優れている
(3)空気や水分を透さず耐通気性や耐湿性が強い
(4)透明性が高く、着色性もあり、かつ成形性が良く自由な形状の容器が成形できる
(5)適度の耐熱性を持ち、原料のリサイクル性が良い

といった利点があります。

近年、重いとか、割れやすいといったガラスびんの弱点を改善するため、軽量びんというものがキリンビール社と日本山村硝子社によって開発されました。キリン社は、包装容器の開発を専門に担当する「パッケージング技術研究所」でびん類の軽量化なども進めてきました。ガラスびんの軽量化は、びん表面にセラミックスコーティングを施し、傷に強くさせることで、びんの肉厚を薄くしても利用できるようにしたのが革新の技術です。この技術は、厚さがわずか０・１マイクロメートル（１マイクロは１００万分の１）のセラミックスコーティングを、コーティング時の温度を制御することなどで安定的にガラスびん表面に施すことができるようにしました。その結果、従来の大びん（６０５ｇ）より21％軽くした軽量大びん（４７５ｇ）を導入しました。20本入り１ケースでは約２・６kgも軽くなっており、１パレットでは90kg以上も軽くなり、輸送効率が上がり、二酸化炭素排出量の削減にも大きく寄与しています。

8 究極の酸素除去技術 ―ダブルプリエバキュエーションによるビール充填―

　ボトルネック形状をした容器における充填プロセスはすでに説明しました。ここでは主に、ビールをガラスびんに充填する工程について説明します。ビールはとてもとても酸化に弱い飲料です。酸化により酸化臭と呼ばれる独特のオフフレーバー（カードボード臭と呼ばれるダンボールのような臭い）が生成し、色も濃くなり（褐変）、濁りも発生します。そのため、ビールの充填時には、空気（酸素）を徹底的に排除する方法がとられます。

　まず、空のガラスびんは充填機に導入され、①充填バルブと密着します。その後、真空ポンプのラインとベントラインがつながり、空のガラスびん内は減圧されます（第1プリエバキュエーション）。②次にベントラインから0・2～0・3MPa程度の圧力の炭酸ガスがガラスびん内に吹き込まれます。③再び減圧されます（第2プリエバキュエーション）。④炭酸ガスがガラスびん内に吹き込まれます。

　その後、フィラボウル（充填機上方ビール溜め）とガラスびんが同じ圧力（0・2～0・3MPa）になると、フィラボウルからビールが重力により落下し、⑤ビール充填がはじまります。⑥ビールの液面がベントチューブ下面に到達すると充填が終了し、⑦スニフトと呼ばれる工程でベントラインが大気圧に開放されます。

　その後、充填の終わったびんビールは、打栓機という機械で上から王冠をかぶせられ、力をかけて密閉します。

　では、このダブルプリエバキュエーション（2回脱気）システムでどの程度、酸素量は減少できるのでしょうか？　その状況を表した図をみるとV_1→V_2→V_3→V_4のように空気量は減少していきます。実際にどの

ダブルプリエバキュエーション

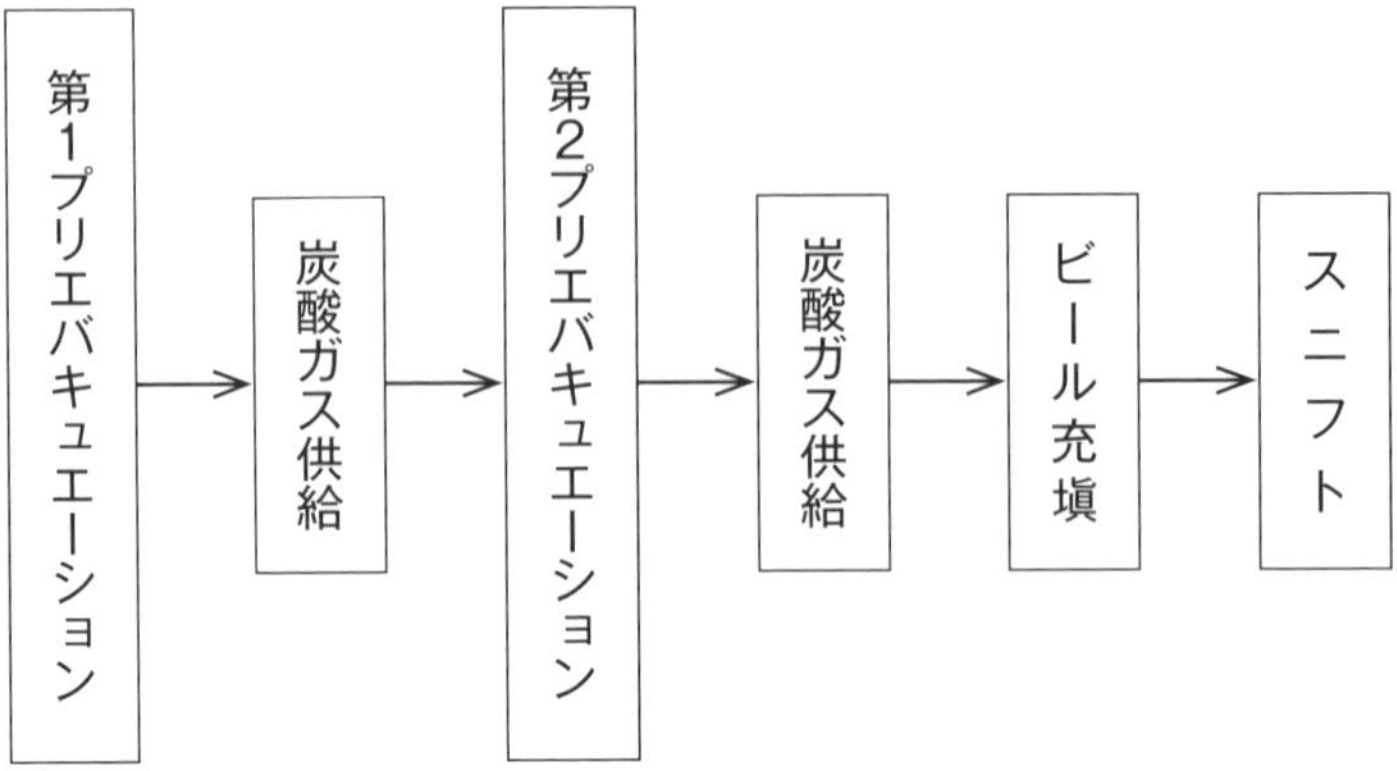

程度、減少できるかは充填の脱気能力、炭酸ガス圧力によって値が異なりますが、たとえば1回の脱気・炭酸ガス給気によって90%の空気が除去できる場合はV_2＝0・1V_1、V_3＝0・1V_2となり、結局V_3＝0・01V_1となり、初めの空気量の約1%にまで減少できることになります。最終的には若干の戻りガスの影響がありますが、ほぼV_3≒V_4と考えてよいと思います。

ガラスびんのビール充填は空気量（酸素量）を減少させた状態でビールを充填しています。缶ビールでは、充填時に脱気工程を行うと空缶が変形しますので、密閉した状態で脱気は行わずに、炭酸ガスを給気して空気を放出する方式（ノンシールガッシング）や、密閉して炭酸ガスを給気しベントガスラインから空気を排出する方法（シールガッシング）などを組み合わせて、容器内の空気をなるべく減少させてから充填しています。ペットボトルにおいても、ペットボトルは脱気により変形してしまいますので、このガッシングを一部導入して、ペットボトルに炭酸飲料を充填しています。

ビール充填の工程

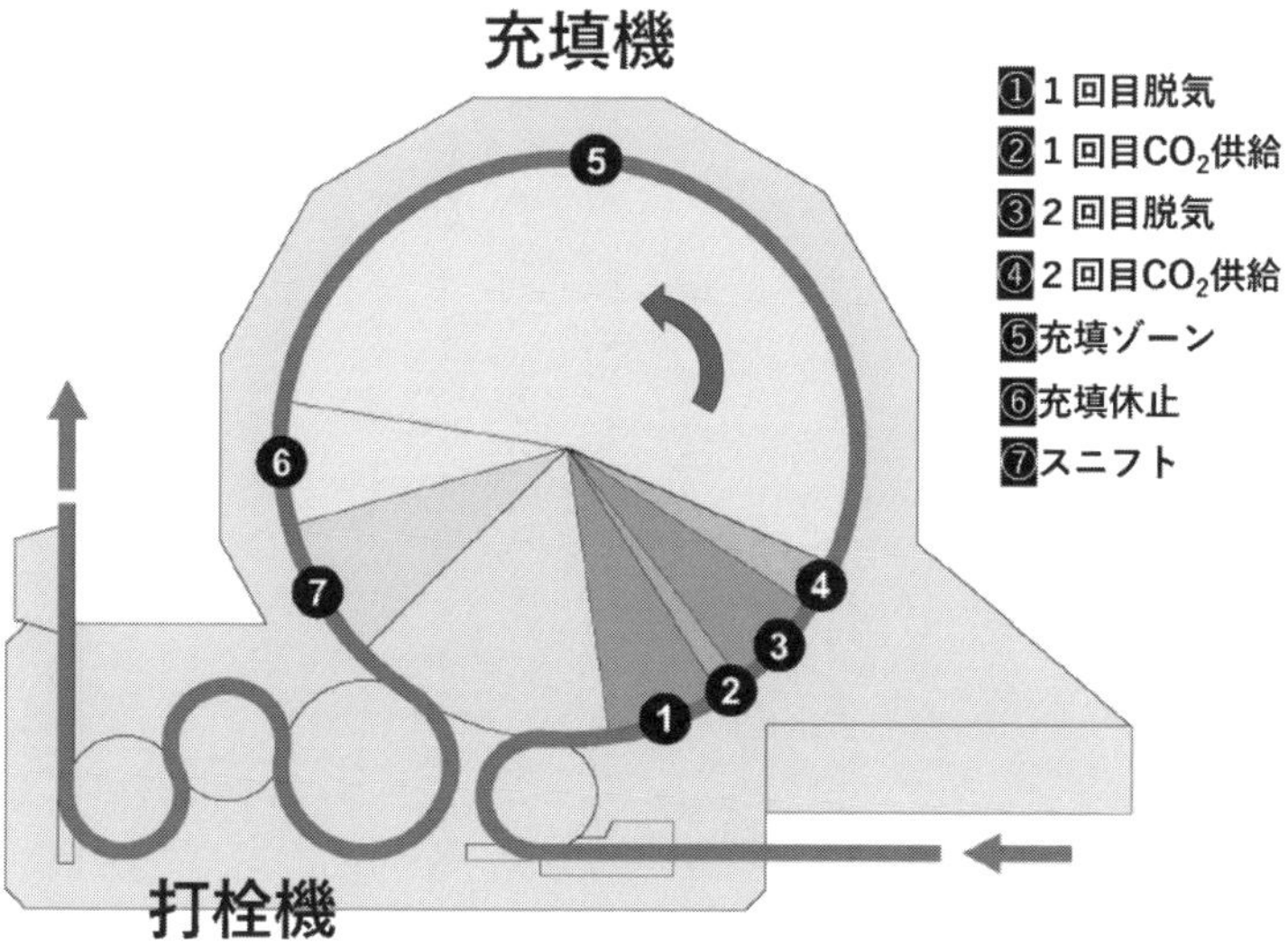

提供：日本クロネス株式会社

空気量の減少

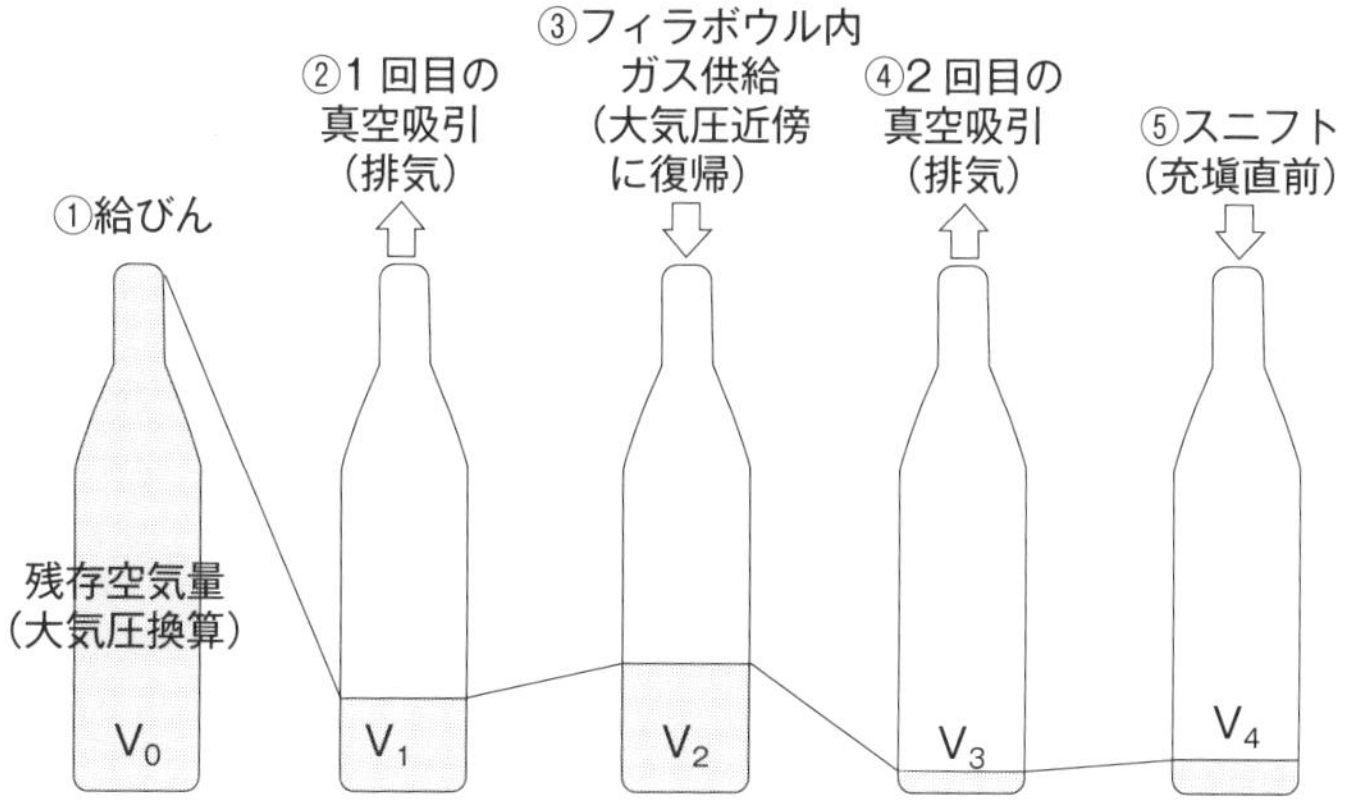

提供：三菱重工機械システム株式会社

9 茶褐色のビールびん
―目的は日光によるホップ成分の劣化低減―

ビールびんは、なぜ茶褐色なのでしょうか？　多くの医薬品と同様、日光や紫外線が当たると中味が劣化することはご存知の方も多いと思います。その原理は次のように考えられています。ビールにはホップというビールを作るためだけに栽培されている農産物があり、これをビール製造の麦汁工程で添加し、煮沸します。このホップ、ビールにとってとても重要な役割をはたしており、苦味成分やビール独特の香りを付与したり、ビールを清澄化したり、雑菌のアタックを防ぐ役割もあります。そのホップ由来の成分で、イソα酸類の中のイソフムロン類といった物質が、ビールの苦味の中心物質です。この物質は劣化しやすく、日光の中でも特に波長400～500㎚の光が当たると3-メチル-2-ブテン-1-チオール（MBT）という物質に変化して異臭（日光臭）を生成します。海外ではスカンク臭と呼ばれていますが、日本人の筆者はスカンクの臭いを体験したことがありません。個人的には魚油の臭いに似ていると思っています。茶色のガラスびんはこの波長を含む日光を遮る効果があります。

海外の各社のビールびんを用いて各波長における光の吸収率を測定した結果をみると、茶色のびんが日光臭発生の原因である400～500㎚の光の吸収率が高いのに対して、グリーンびんではその吸収率が低くなっています。このことから、やはりビールの保存には茶色のびんが適しているといえます。

近年、遮光性を付与したグリーンびんにビールを充塡して販売している例もあるようです。海外ではこの日光臭が生成するのを避けるためにイソフムロンの二重結合の部分をあらかじめ水素原子を結合させて（還元処理）イソフムロン類をヘキサハイドロフムロンといった物質に変化させ、このビールを透明びんやグリーンびんに充填して販売しています（コロナビールなど）。現在、飲料も含めて、茶色以外のびんがファッション性を重視して増えているように思います。

日光臭の生成

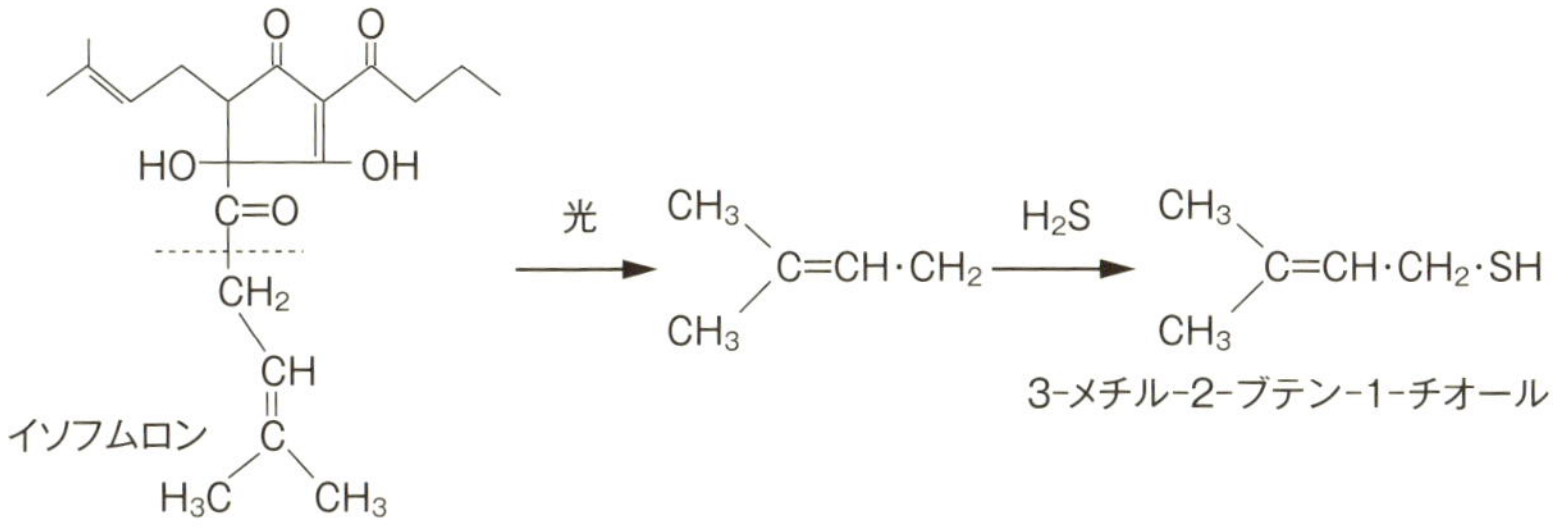

出所：日本醸造協会誌　1997年　第92巻　7号　橋本直樹　「ビール科学の進歩」

ビールびんの光の吸収率

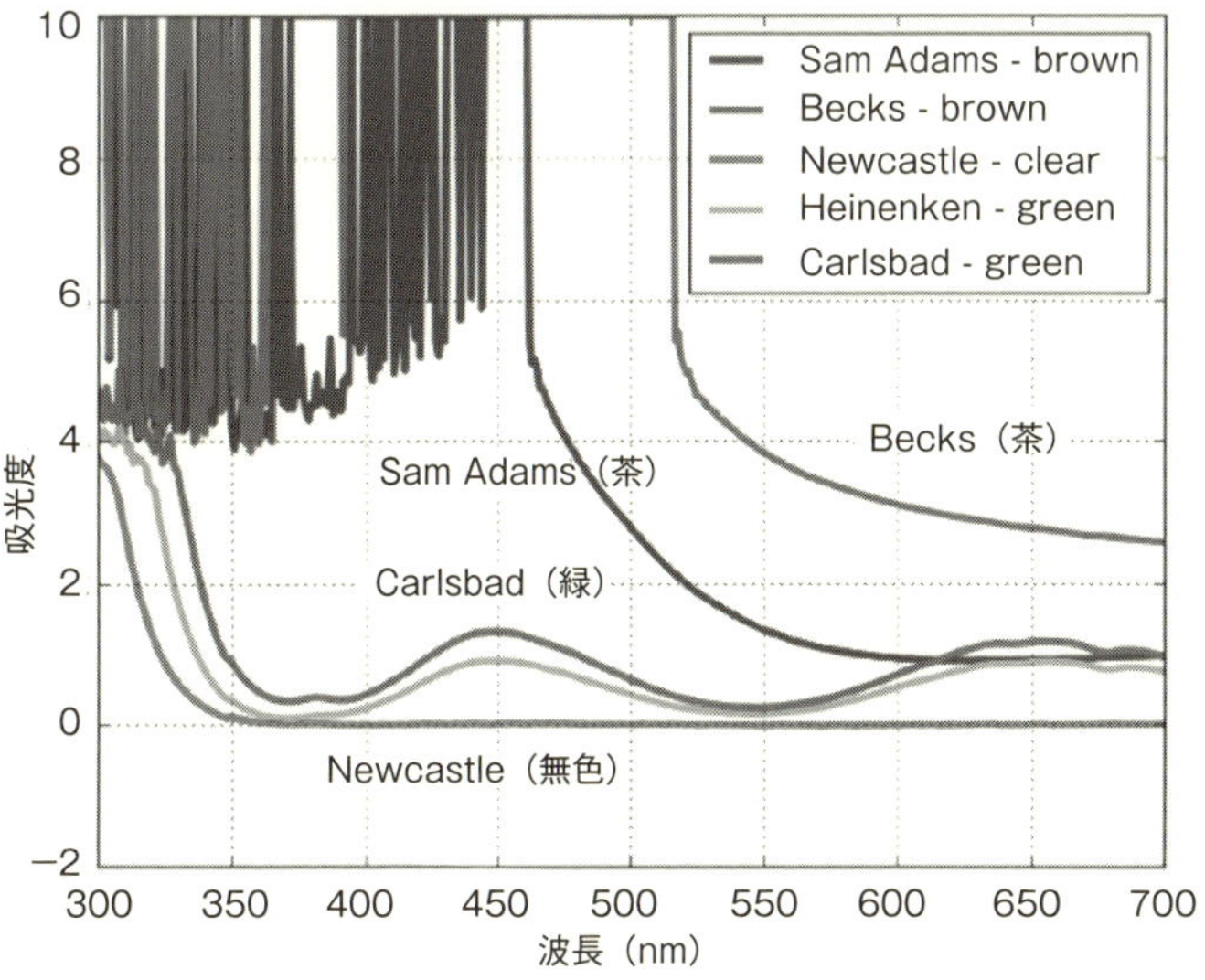

出所：beer sensory science

10 驚きの瞬間充塡ビール技術
―ドイツdrinktec2017で初お目見え―

ドイツのミュンヘンで4年に1回、drinktecという展示会が開催されています。これは飲料ビジネスに関連する企業・団体にとっては、4年に1度のオリンピックなのです。ドイツは、古くは1165年にライプツィヒという都市で開催された展示会を出発点に、以降もずっとイベント大国を自負してきました。東京ビッグサイトの約4倍〜5倍もの面積を有するイベント会場が、ミュンヘンの他、ハノーバー、フランクフルトなど多数あり、名実ともにイベント大国といえます。近年になり、イベント開催回数や参加企業数ではアメリカ、中国に抜かれることとなりましたが、技術立国ドイツとしてのイベント、そしてdrinktecは新規技術のお披露目という点ではダントツNo・1の印象があります。特に地元の利を活かして、ドイツやEUの企業の展示には目を見張らされます。その幾つかを紹介しましょう。

びんビールの充塡ステップは、第1充塡と第2充塡の2つのプロセスに分けて考えられ、それぞれ高速化が必要です。第1充塡では液体であるビールの流速、第2充塡ではベントガスの排気スピードのそれぞれを高速化することが重要です。充塡が終了したびんビールは、通常は次の工程として王冠を被せて密封する機械（打栓機）に送られます。通常は充塡機と打栓機は全く別物ですが、ドイツのクロネス社が今回、drinktecで披露したDynafillという方式はナント、充塡機と打栓機が一体となったものでした。

通常は充塡バルブはびんの真上に位置しますが、Dynafillの場合、打栓機構がびんの真上に位置し、充塡バルブが充塡機の内周方向に位置します。また、充塡と打栓の全ての工程が終了するまで、びんの中とフィリングバルブ・打栓機構のゾーン全体をビールの充填時の圧力と同種同圧に維持する、いわゆるシーリング（密封機構）も維持しなければいけません。おそらくはびんのカブラ部付近をびんの両方から抑えて密封する機構を持たせることで、高い密封性を維持しているものと思います。この技術、何がスゴイかといえば、充填機に使用される充填バルブと打栓機能を一体化させる機械の構造やその部品の精度もさることながら、その効果として、酸素のコンタミを極小としながら、充填・打栓工程の大幅な時間短縮にあると思います。

通常の充填機では333mLの小びんの充填に最短でも約5秒程度はかかります。Dynafillの場合、66個の充填バルブを搭載したロータリー型充填機で、500mLガラスびんの充填時間がわずか0・5秒、全体の充填と打栓工程が5秒、ということなのでオドロキです。この0・5秒という充填時間は現在の充填機の約10分の1以下の時間となります。これは牛乳の充填工程なみに高速ですが、牛乳びんでは広口のガラスびんであることが充填時間の短縮の大きな理由の1つです。このDynafillは通常のビールびんのようなボトルネック

ロータリー式の充填機と打栓機

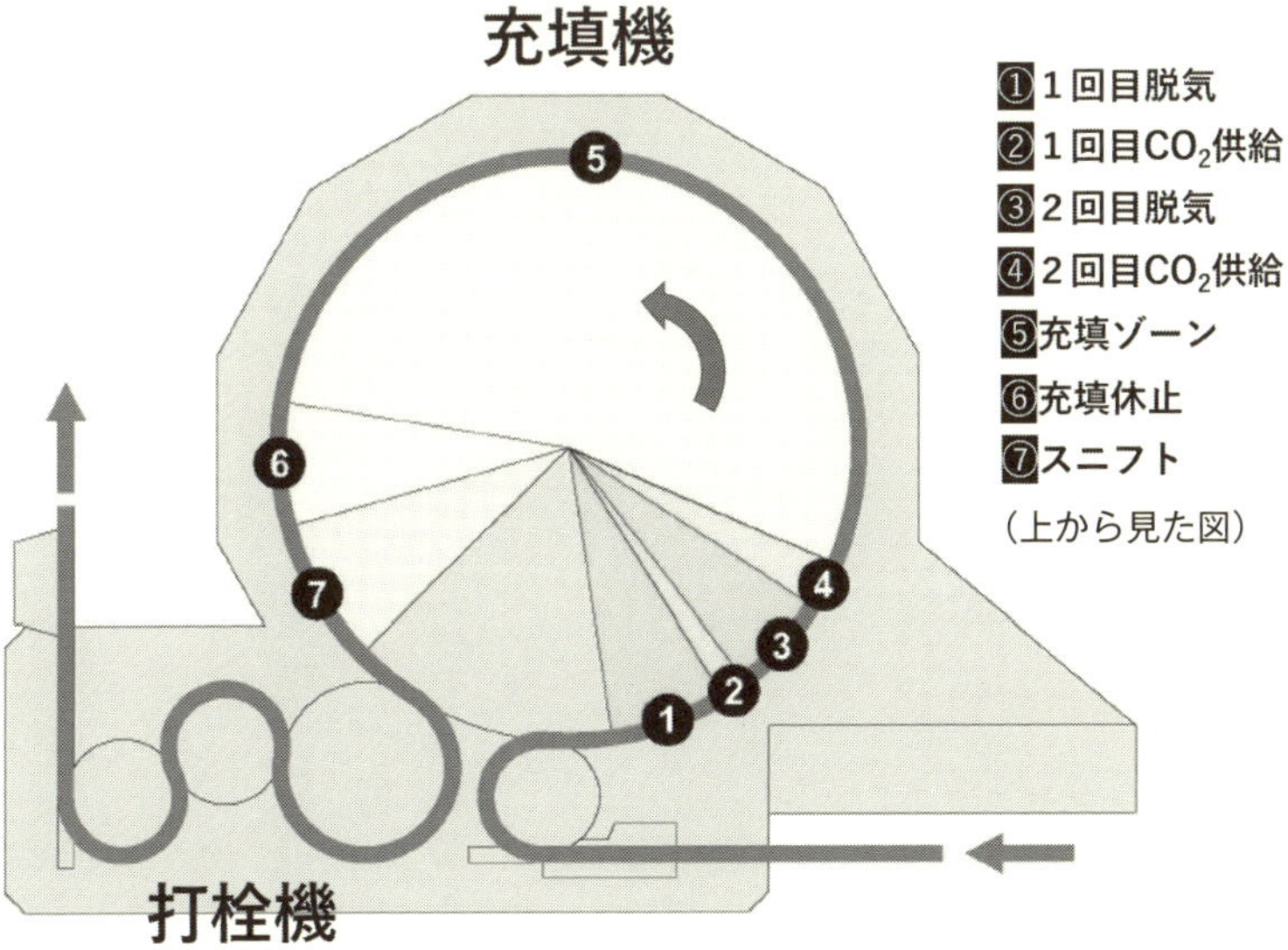

提供：日本クロネス株式会社

形状でもこれほどの高速を実現しています。また、充塡のみならず打栓まで行って5秒ということは、想像を絶するレベルともいえると思います。

この高速充塡の理由ですが、通常は液体を重力により落下させる方式ですが、Dynafillではボトル内で排気ラインを減圧しながら中味飲料を瞬時に容器内へ移動させている、といったことの効果が大きいと思われます。また、びんと充塡バルブの環境が常時、外部と隔離された状態で打栓してしまうため、スニフト工程が割愛できます。そのため、通常のスニフト工程で生じる液面の揺動などが一切、発生せず、充塡後に発生する吹きこぼれによるビールロスなども、全く生じないことになります。品質面では、通常は打栓工程前で起きてしまうヘッドスペースの生成による空気の混入が、全く発生しないということになります。設備的にも、当然、打栓機本体が不要となり、充塡機・打栓機トータルとして省スペースとなり、充塡機周辺全体がとてもコンパクトになるということがあります。さらに充塡温度が30℃のような高温でも充塡可能なため、通常は結露防止のために充塡機下流に必要な温水シャワー設備が不要となり、充塡機とラベラーの直結も可能となります。打栓機と温水シャワー設備の省略はライン全体の省設備・省スペースで大きなメリットとなります。

本機はすでにドイツのヴァイフェンシュテファンビール研究所とミュンヘン技術大学の試飲および品質確認が終了しているとのことです。この新しい発想と未知の技術に挑戦する気概に筆者はとても感動しました。

一口メモ

drinktecは4年に1回ミュンヘンで開催される、世界の飲料産業のいわばオリンピック。世界中で4年間、みがかれ、きたえあげられた世界最高技術の展示会。毎回、世界新に匹敵するオドロキの新技術が披露されます。

Dynafill の充填と打栓の拡大図

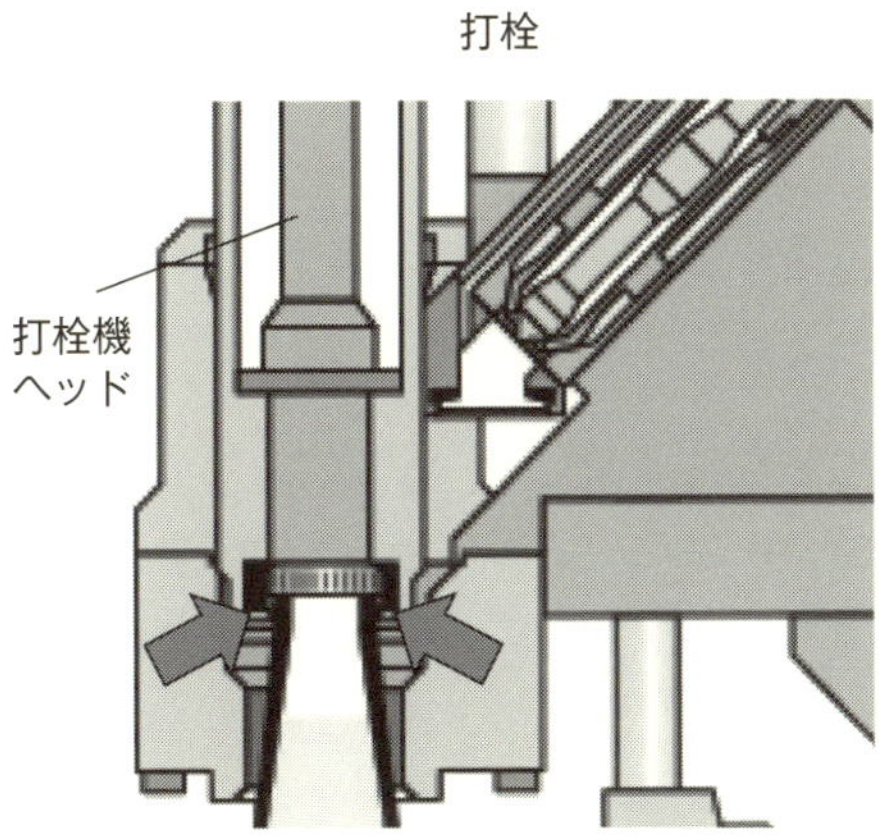

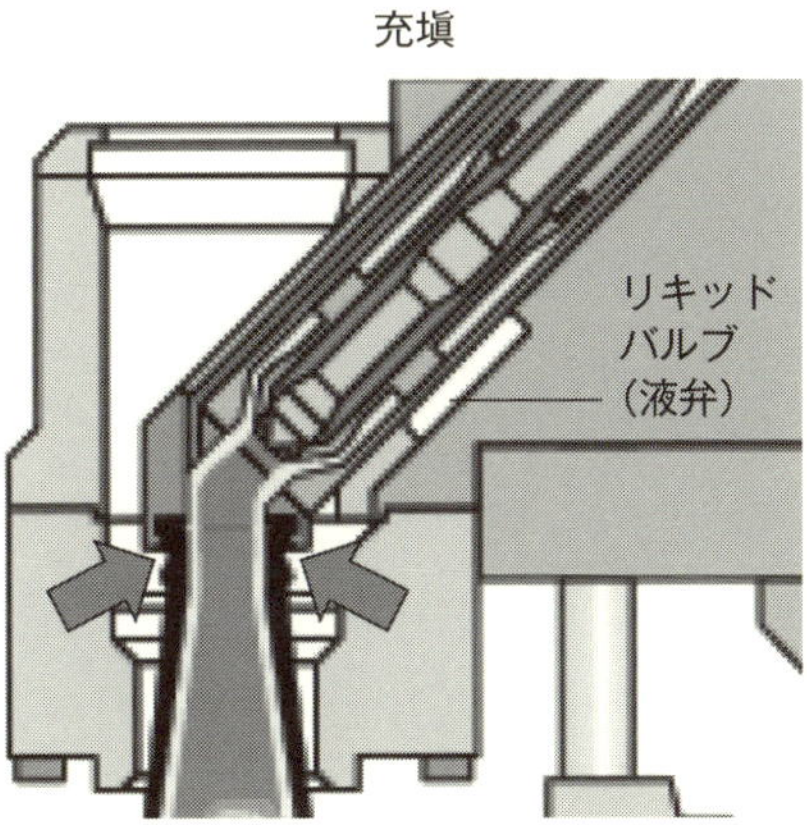

提供：日本クロネス株式会社

省スペース化

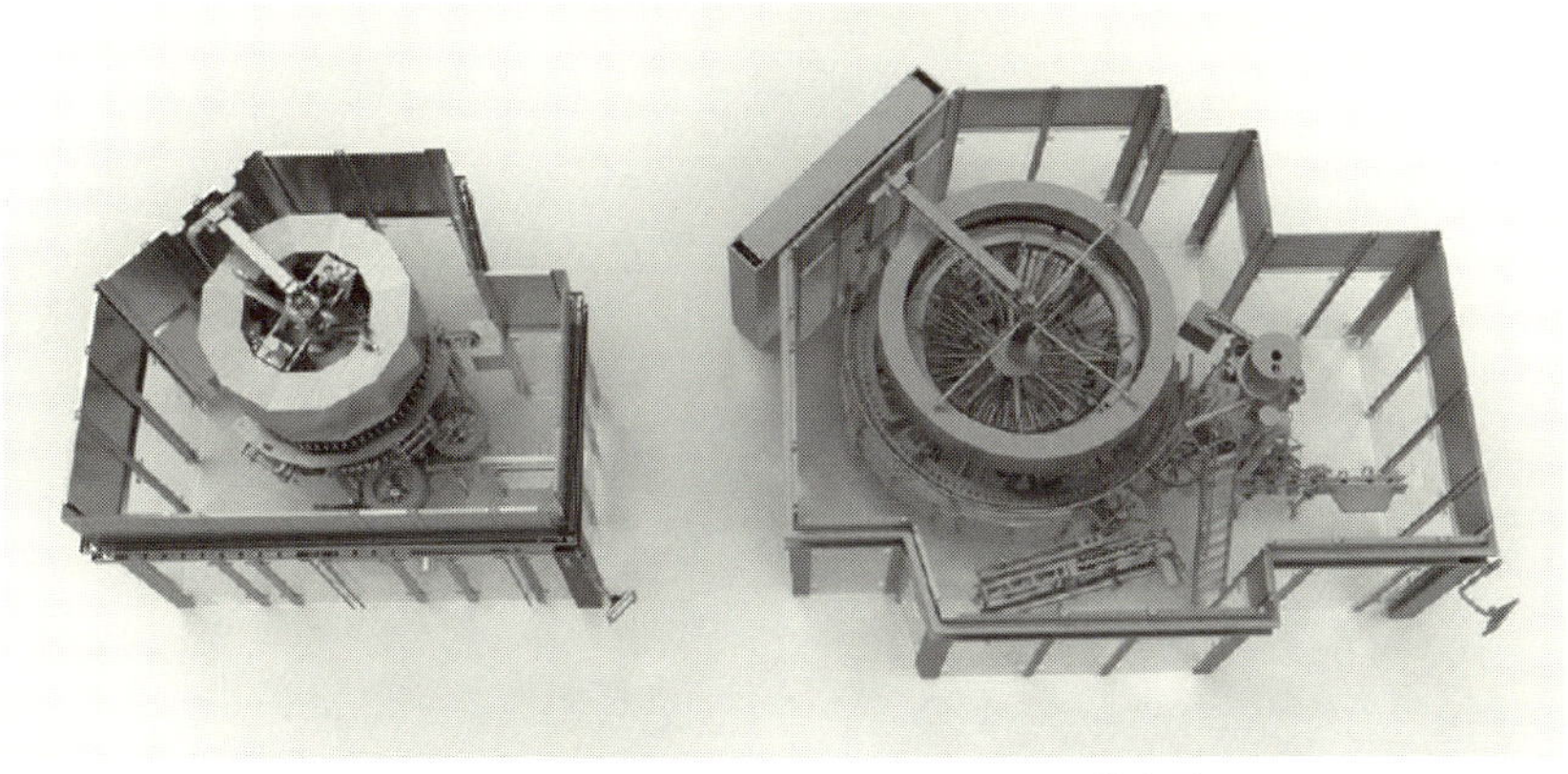

Dynafill　　従来型

提供：日本クロネス株式会社

Column

便利な中味量の測り方
マル正マークびん

ガラスびんは、古くからマル正びんというものが使用されてきました。正のマークがガラスびんの一番下の部分に刻印されています。マル正マークとは、昭和31年施行の計量法により、ある高さまで中味を満たしたときに、正しい量が確保された透明または半透明のびんであることを保証されたびんにのみ記されるものです。従って、充塡後の中味が規定の量、充塡されているかどうかは透明なガラスびんの液面の高さが決められた範囲にあるかどうかで判断できます。そのため、古くから製造ラインでは、いわゆる人による検びんで１本１本の入味高さを人間が見て、決められた範囲外の入味高さの製品を工程から除去することができました。計量法とは食品飲料、また食品以外では灯油など、容器につめられたものが、商品として十分な量または重さのあることを保証することを規定した法律で、飲料の場合、第１種量目公差として決められています。現在では、１本１本の充塡量を予め、充塡バルブに１個ずつ取り付けられた電磁流量計や重量測定機で計量してから充塡する機種が主流です。ガラスびんの充塡機でも電磁流量計方式の充塡機に変わりつつあります。このような充塡機では必ずしもマル正びんである必要はないのですが、従前と同様、製品の充塡量の最終チェックは人による検びんまたはCCDカメラを使った検査機で行われています。

出所：京都市ごみ減量推進会議　事務局

第3章

スチール缶とアルミ缶
金属だからできる強度

11 アルミ缶のネック加工
―スピンフロー成型と多段ネック成型―

飲料缶の年間の販売本数は294億缶で、そのうちビール類が101億缶、コーヒーが99億缶となっています。読者が通常、目にする飲料缶には大きく分けてアルミニウム材料の2ピース缶とスチール材料の3ピース缶があります。2ピース缶というのは胴の部分の缶胴と呼ばれる部分と、缶蓋と呼ばれる2つのパーツから構成されています。3ピース缶は薄い板状の材料を円筒形に丸め、溶接して円筒形にした缶胴と、底と蓋の3つのパーツから構成されているものをいいます。2015年の統計資料では全飲料缶294億缶のうち、アルミ2ピース缶が244億缶（83％）、3ピーススチール缶（溶接缶）が50億缶（17％）となっています。

それではアルミ2ピース缶（以降、アルミ缶）の缶胴や缶蓋はどのようにして作るのでしょうか。「Drawn and Ironed Can」、略してDI缶と呼ばれる方法が一般的です。まずは運搬に都合の良いようにコイル状になっているアルミの板をカッピングプレスという機械で円形に打ち抜き、その後、カッピングプレスという機械でカップ状に成型します。その後、①カップは潤滑剤をかけられ、②ボディメーカという機械で缶胴部分が縦方向に薄くどんどん伸ばされ、③トリマで不要部分をカットし、ウオッシャで潤滑油を洗い流します。④下地塗装・印刷・乾燥、⑤内面塗料を塗布・乾燥・焼き付け、⑥ネッカー・フランジャで缶口をしぼってフランジを形成し、⑦内面外観検査機で検査、⑧パレタイザでパレットに積み付け、シュリンク包装をして完成となります。

最終的な缶胴の底は、ビールなどの高い圧力の内容物を充填し、缶の巻締工程（飲料充填後、缶蓋と缶胴

国内金属容器市場 2015 年（東洋製罐調べ）

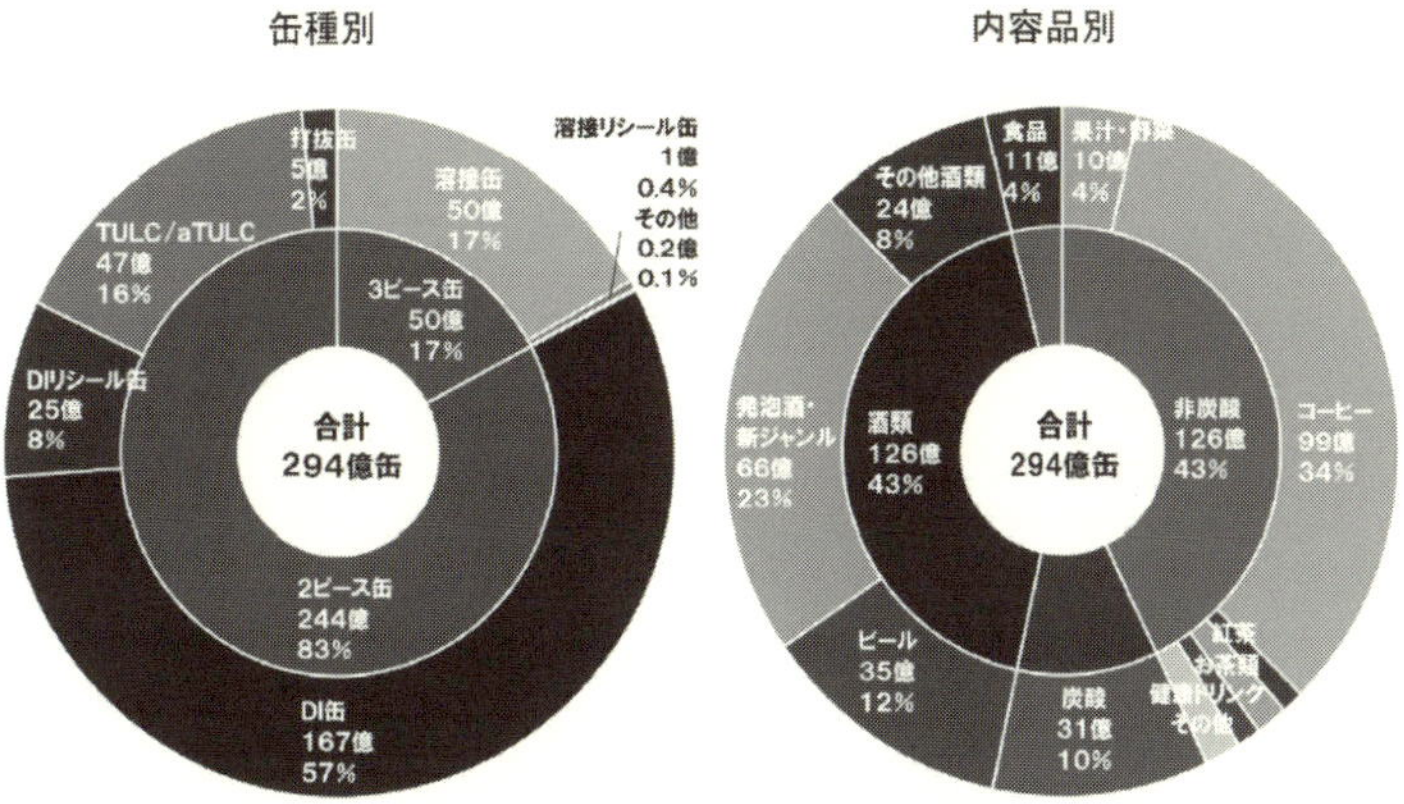

出所：軽金属　第67巻第3号（2017）、79-86　飲料用アルミニウム缶　高橋成也

DI 缶の製造工程

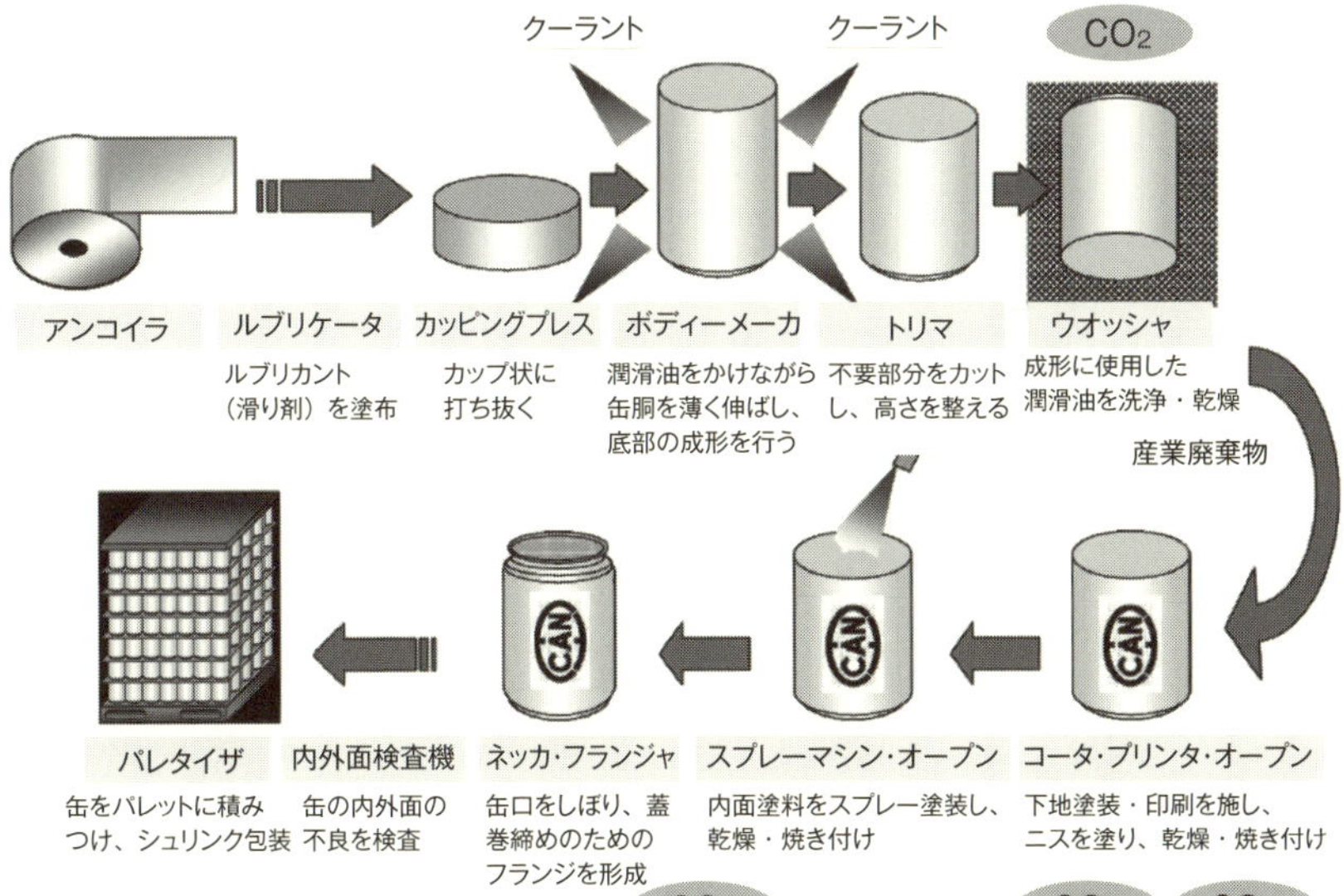

出所：軽金属　第67巻第3号（2017）、79-86　飲料用アルミニウム缶　高橋成也

を結合させる工程）を経て、消費者の手元に至るまでの温度変化や、消費者が誤って落下したときに容易に変形しないよう、たいへん工夫された形状になっています。

缶胴はさらにネック（肩）に近い部分の成型を行います。読者の皆さんもお気づきになったことがあると思いますが、ネック部には大きく分けて2種類の形状があります。スムーズダイ（多段）ネック、スピンフローネックと呼ばれるものです。缶の軽量化の際、缶蓋の直径に合わせた缶胴の先端部の直径はたいへん重要な要素になります。スムーズダイネックの成型方法ですが、これは缶胴成型のときと同様、基本DI法により成型します。ダイネック方式ではおおよそ4段程度まで圧延するのが、一般に広く使われる缶としては強度面で限界といわれています。スピンフローネックはこのスムーズダイを用いてネック部にフォームロールと呼ばれる高速で回転するネッカーによりさらに薄く延ばしていくことで成型していきます。したがって、より小さい缶蓋への対応はスムーズダイにて行います。

次に缶蓋の成型方法を説明します。1980年代頃まではEOE（Easy Open End）のなかでもプルタブエンドが主流でしたが、プルタブの飛散が環境面で問題となり、現在はほとんどがSOT（Stay On Tab）蓋となっています。缶蓋の一番外周側のフランジと呼ばれる部位の形状が重要で、先ほどの缶蓋のネック部と結合する部位になり、ビールのような高圧の飲料を保持しています。過去のさまざまな取り組みから、缶蓋の形状は現在のフルフォームエンドという形状になっています。

缶蓋材には、ビール・炭酸飲料といった内圧がかかる陽圧缶およびタブ材にはマグネシウムを4～5％含む5182材が、コーヒーなどの若干の負圧になっている陰圧缶にはマグネシウムを2・5％程度含む5052材が主に使われてきています。近年では強化元素としてクロムではなくマンガンに置き換えた5021材も使用され始めています。

アルミ缶の缶胴の成型工程

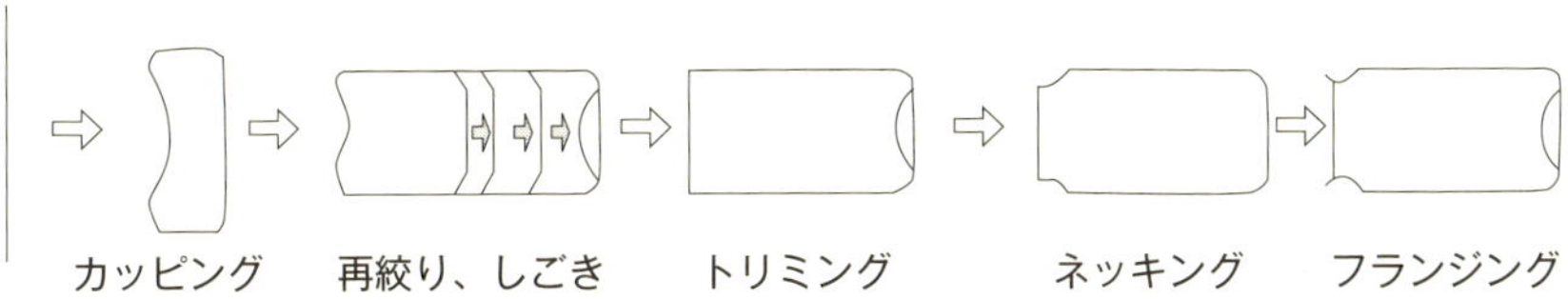

提供：株式会社UACJ

ネック形状

スムースネック

4段ネック

提供：ユニバーサル製缶株式会社

缶蓋の形状

プルタブエンド

SOT蓋

出所：軽金属　第67巻第3号（2017）、79-86　飲料用アルミニウム缶　高橋成也

フルフォームエンド形状

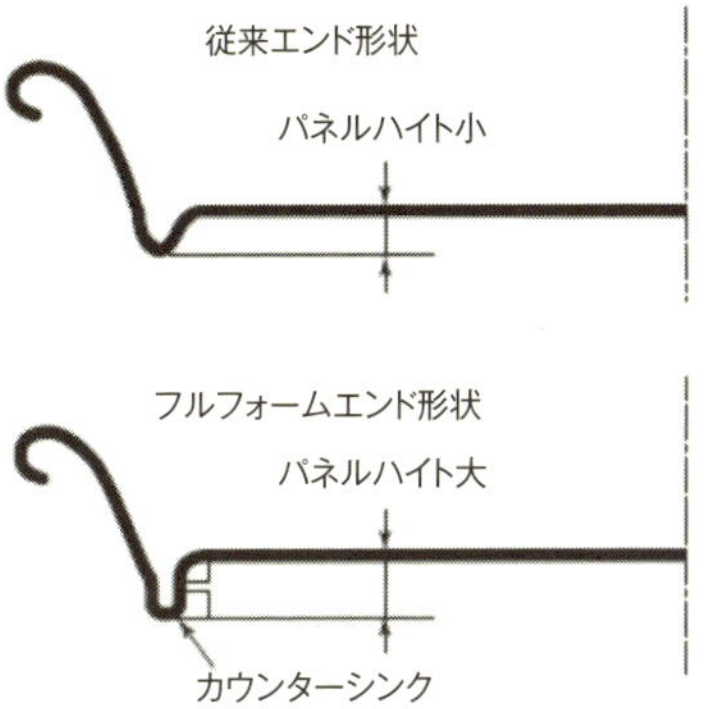

12 缶コーヒーといえばスチール缶
―実はアルミ缶でも製造できる―

コンビニや自動販売機で販売されている缶コーヒー、缶の材質としては主として2種類あります。スチール（鉄）とアルミです。この2種類の飲料缶、充塡方法が少し異なります。まずアルミ缶ですが、中味を充塡後は液体窒素を少量添加し、シーマーにて缶蓋を上方から缶胴の上に落として巻き締めします。その後、レトルト釜でレトルト処理を行い、倉庫に送られます。ここで、液体窒素を少量添加するのは、中味のコーヒーにはビールのような炭酸ガスの圧力がないため、内圧がありません。巻き締め後は内圧が無いと縦圧縮強度がとても小さくなってしまい、倉庫内での段積みや市場での荷扱いなどに耐えきれません。窒素自体は不活性ガスであり、中味に対する影響は全くなく、また、窒素の沸点は大気圧下でマイナス195・8℃であるため、缶コーヒー内では気体となって大気圧よりもわずかに高い圧力を保持しています。アルミ缶の缶コーヒーも缶ビールのようにSOT蓋を開封するまでは固い状態であり、缶底は凹んだ形状にすることで強度を維持しています。製造工程では缶胴や缶底、巻き締め部分に漏れなどの異常がないように、触圧検査機と呼ばれる検査機の中で、垂直に2本立てたロールの間をコンベアで搬送しながら1缶ずつ通して、缶胴の陽圧（大気よりも高い圧力）を検査しています。通常、異常のないアルミ缶は少し膨らんでいますので、触圧検査機の2本のロールを押し広げるように、触圧検査機を通過し、この押し広げようとする力を1缶ずつ検査します。

一方、スチール缶ですが、スチール3ピース缶は強度があり、液体窒素の添加は必要ありません。そこで、アルミ缶のような触圧検査機ではなく、打缶装置とい

打缶検査機

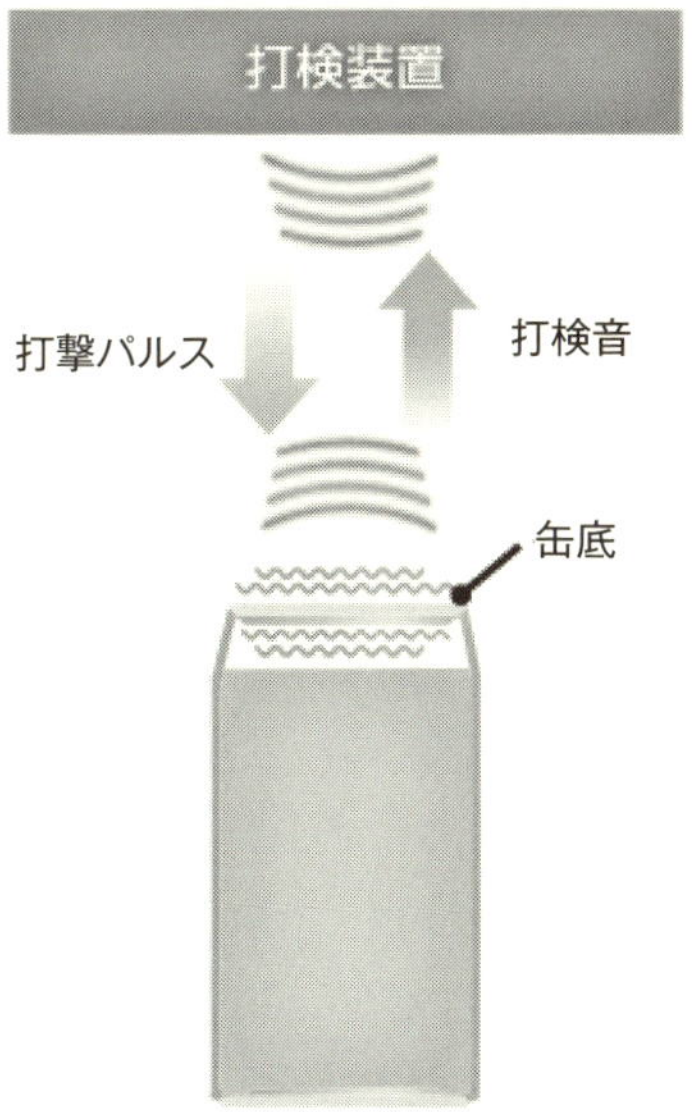

提供：東洋製罐株式会社

触圧検査機

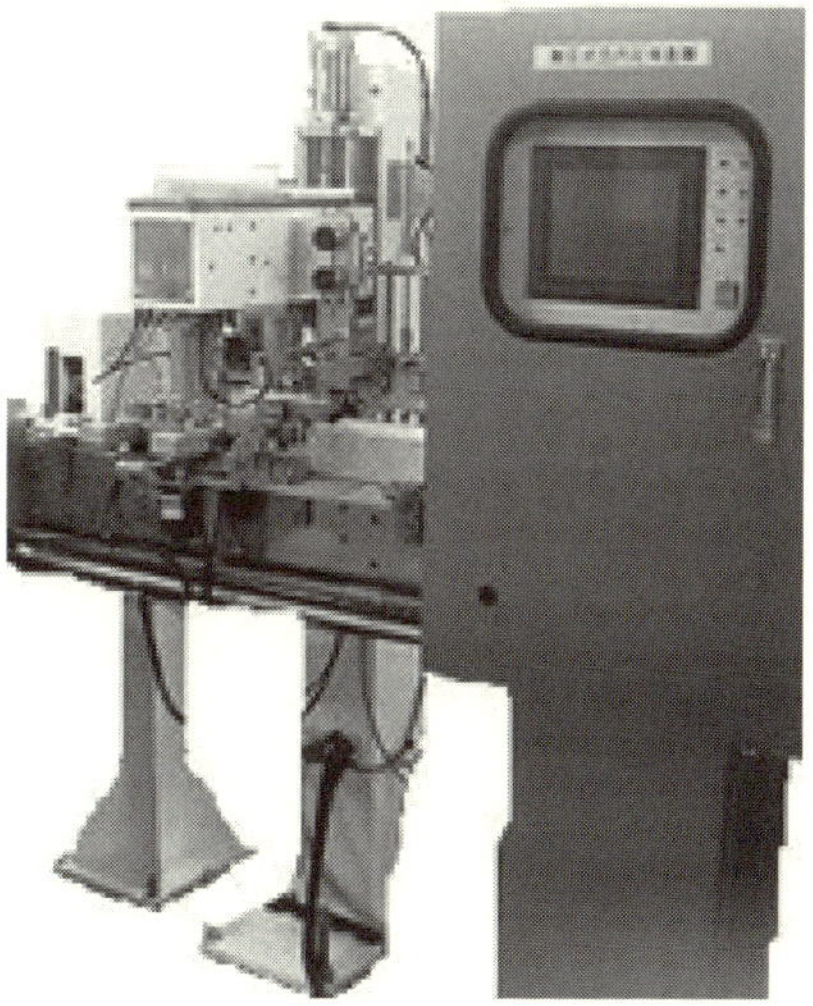

提供：大和製罐株式会社

って缶を1缶ずつ、缶底から小さな振動子のようなもので軽くたたいて、そのときの反射音をセンサーで検知します。この方法は、強度をもたせるために缶底が凹んだアルミ缶のような缶には、適用できません。

このように2種類の缶ですが、なぜ、ほとんど同じ機能を持った缶で使い分ける必要があるのでしょうか？　1つにはコストの問題があります。材料単価（円／g）×1缶当たりの重量（g）で計算したコストをみると、現在のアルミや鉄の材料としての市況であれば、アルミ缶の方が安価で製造可能なのです。現在、標準の内容量約190gではスチール缶が約30g、アルミ缶が約10gです。飲料製造ラインの制約、つまりアルミ缶での製造が可能であれば、基本、アルミ缶で製造した方がコストが低くてすみます。しかしながら、2014年頃まではアルミ缶の缶コーヒーはブラックコーヒーのみであり、ミルク入り缶コーヒーはほとんど製造されていませんでした（「鉄鋼新聞」2014年1月27日）。その理由は何でしょうか？

ミルク入りの缶コーヒーでは、アルミ缶での製造に対する制約がありました。それは1984年に日本缶詰びん詰レトルト食品協会（旧缶詰協会、以降、協会）が飲料会社に対する自粛として定めた「ガス封入陽圧低酸性食品缶詰の製造自粛の要望（缶詰旬報１２７０号１９８４年7月21日）に始まり、２０１０年10月頃まで定めていた取り決めに基づいた結果です。これによると、もし、アルミ缶コーヒーのような陽圧缶に雑菌（例えばボツリヌス菌）が混入し、缶コーヒー内にミルクがあるため、また通常はpHが４・６以上であるために増殖しやすく、ガスを産生した場合は、消費者が飲用する際に缶が膨らんでいるのは窒素ガスによるものなのか、雑菌が生成したガスのためなのかが判別できないというものです。缶コーヒーのＳＯＴ蓋を開封後、直接、口から飲用する場合は中味が雑菌で混濁していても気づきません。そのため、原則、アルミ缶によるミルク入りの缶コーヒーの製造は自粛されていました。

しかし、近年になって、飲料メーカーから自粛緩和の要請がありました。つまり、この取り決めは30年以上も前に定められたものであり、現在では多くの場合、全体の製造工程、特に微生物の管理レベルは飛躍的に良くなっており、当時の殺菌・滅菌・巻締・検査技術と現在のそれには格段の差がある、というものです。そこで、協会では２０１４年にこの取り決めを見直し、次の条件をみたすことでアルミ缶でのミルク入り缶コーヒーの製造を緩和することとしました。その条件とは要約すると、当該工場では①ＩＳＯ２２０００もしくはＦＳＳＣ２２０００の承認を得ていること、②密封状況の確認のため殺菌直後および出荷前に缶内圧を測定し十分な内圧を保持していることを確認すること、また、協会の指定する全数検査または抜き取り検査を実施すること、③ボツリヌス菌を危害原因物質として殺菌工程をＣＣＰ工程とし管理すること、他、有資格者やそれに準ずる者を配置することなど、といった内容です。これにより、現在ではアルミ缶においてもミルク入りの缶コーヒーの製造が事実上、行われることとなりました。この動きは一般の消費者にはさほど影響のないことですが、缶コーヒーの年間販売数は99億缶もあり、スチール缶からアルミ缶への移行が進行するようなことになれば、材料メーカー、飲料工場などに大きな影響を与える可能性があります。

13 ビール用アルミ缶のさらなる軽量化1
―缶胴を薄くする―

現在、缶ビールに使用されている缶は、アルミ2ピース缶と呼ばれるもので、ここではビール充填後の缶蓋と缶胴を結合させる工程から説明します。この工程は2重巻締工程と呼ばれており、缶胴と缶蓋の2つのパーツをシーマー（巻締機）で結合させます。「2重」という言葉は、第1ロールと第2ロールと呼ばれる機械部品で2回の巻締動作を行うところからきています。まず、ビール充填が終了した缶胴はシーマーの中に導入され、缶胴の上に缶蓋が落とされ、チャックと呼ばれる機械部品で缶胴と缶蓋がスリップしないように強く上から押さえ込みます。第1ロールが、自転させている缶の缶蓋の外側からせりよる形で、缶蓋のフランジ部分に缶の中心に向かって力を加えます。その結果、缶蓋のフランジと缶胴のフランジが内側に狭められ、第1巻締めが終了し、第1ロールは缶から離れていきます。次に同じように第2ロールが同様に缶蓋と缶胴にせりよりながら、やはり缶蓋のフランジ部に力を加え、最終形状まで巻締め、チャックが缶の上方向に離れていき、2重巻締工程は完了します。巻締中にはシーマーが公転していることにより缶全体に遠心力がかかることと、ロールが缶にせりよってきたときに缶がロールに押されてロールの接触している面の180度の向きに缶が逃げようとする力の、主に2つの力が作用します。この2つの要因に抗して缶が振られたり逃げたりしないよう、シーマーにはチャックと缶台プレート（リフタ）で、缶蓋と缶胴をしっかりとはさみこんで把持することが要求されます。この力をリフター圧といいます。リフター圧は巻締中に変化し、巻締開始から終了までの間、それぞれのタイミングに必要なリフター圧がかかるようにシーマー本体の下部

缶蓋の成型

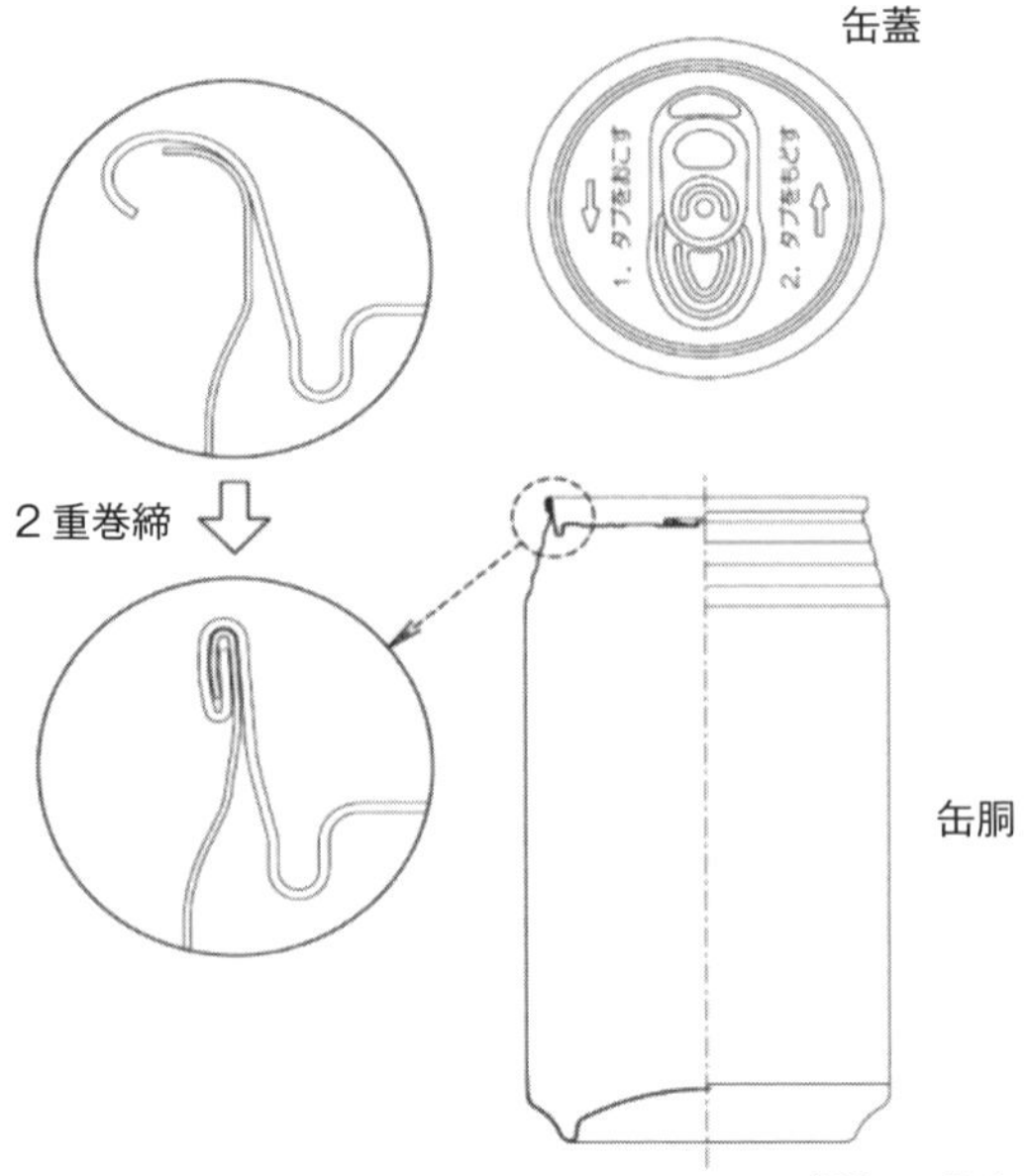

提供：三菱重工機械システム株式会社

巻締め加工の模式図

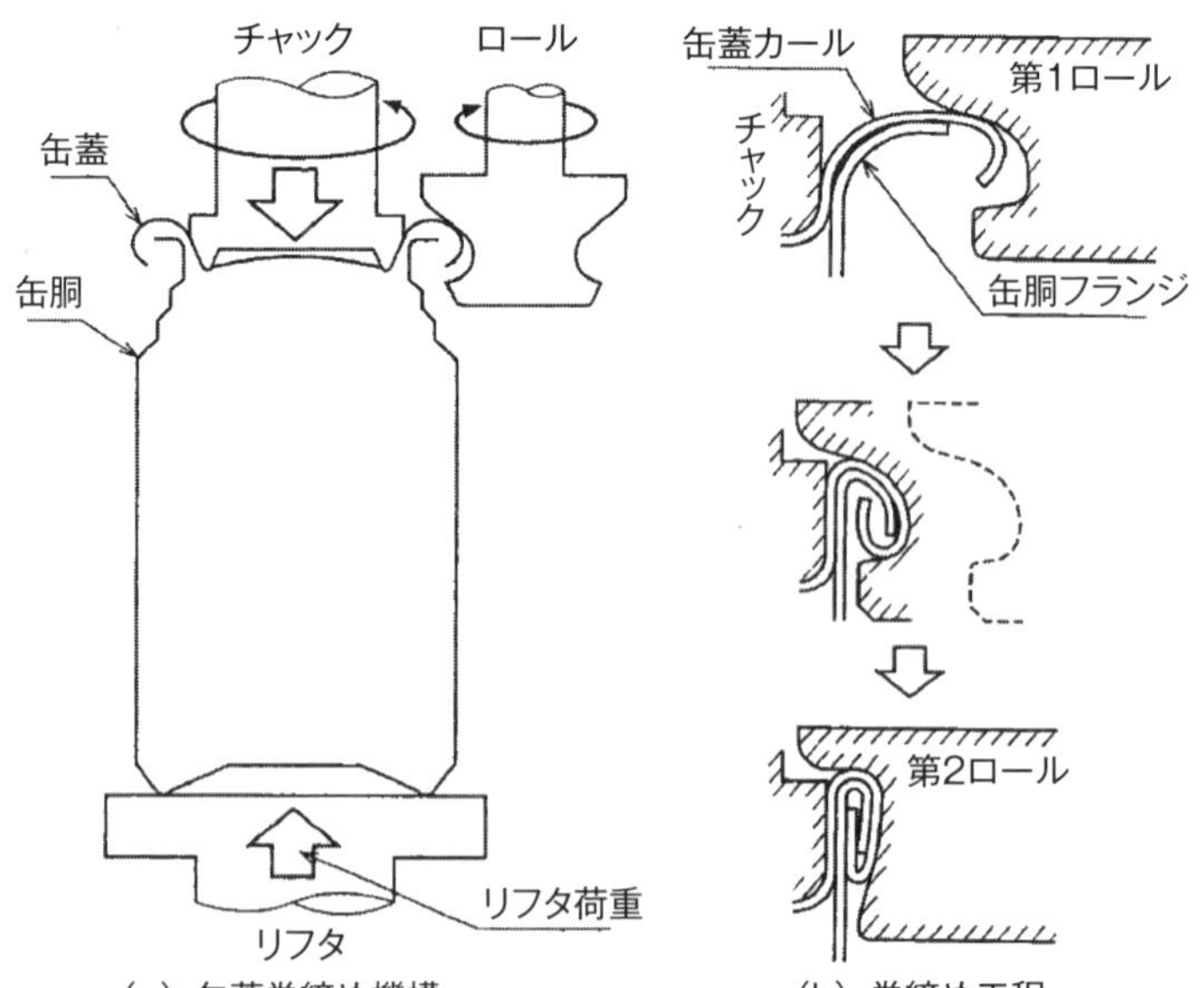

(a) 缶蓋巻締め機構　　(b) 巻締め工程

提供：三菱重工機械システム株式会社

にあるカムの形状によって設計・規定されています。

缶胴・缶蓋とも落下強度や突き刺し強度などがさほど変わらないのであれば、容器の重量は軽い方が、容器を作るのに必要な材料は少なくてすみ、コストダウンになります。また、環境面からみても、トータルで大気に放出する二酸化炭素量を低減できます。そのため、アルミ2ピース缶の技術開発の大部分は缶胴の薄肉化と缶蓋の縮径化の歴史といっても良いぐらいです。

缶胴の薄肉化を行うには、軽量化しても容器自体の強度が維持できるようにネックの形状やボトム(缶底)の形状を工夫することが必要でした。缶ビールの場合、充塡・巻締後はビールの内圧により、その強度や形状は維持されています。缶胴について強度が問題となるのは充塡機でビールが充塡された後、シーマーでリフター圧がかかった際に缶が座屈（缶が垂直方向の荷重によりひしゃげたようにつぶれる現象）するリスクです。ラインのスピードが高速になればなるほど、同じ巻締めヘッド数であれば、シーマーの公転スピードが速くなり、缶にかかる遠心力は大きくなります（シーマーの角速度の2乗)。したがって、シーマーの公転速度が速くなればリフター圧も大きくせざるを得ず、缶の座屈のリスクが高くなります。これに対して、高いリフター圧でも座屈しないように缶メーカーやビールメーカーでさまざまな取り組みが行われました。1979年当時の缶と1990年当時の缶の断面を比較した図をみると、ネック部は多段ネック、缶胴は底部に凹の部分をより深く中心部に入れることで強度がアップし、そのおかげで缶胴の薄肉化が達成できました。また、缶蓋についても缶蓋の円周部のへこんだ部分(カウンターシンク）の形状を見直すことで、缶蓋の強度を増すことができました。

これら缶胴缶蓋の軽量化に対してシーマーでの座屈防止対策も重要です。

各社シーマーの中にはロールを水平ではなく、少し傾斜させることでリフター圧を低減しようとする取り組みもあります。通常のシーマーは、ロールが垂直方向に自由回転します。ここで取り上げるシーマーはロールが3度程度、傾斜しており、業界では傾斜ロールと呼ばれています。それぞれ同じ肉厚の缶胴で巻締を

シーマー

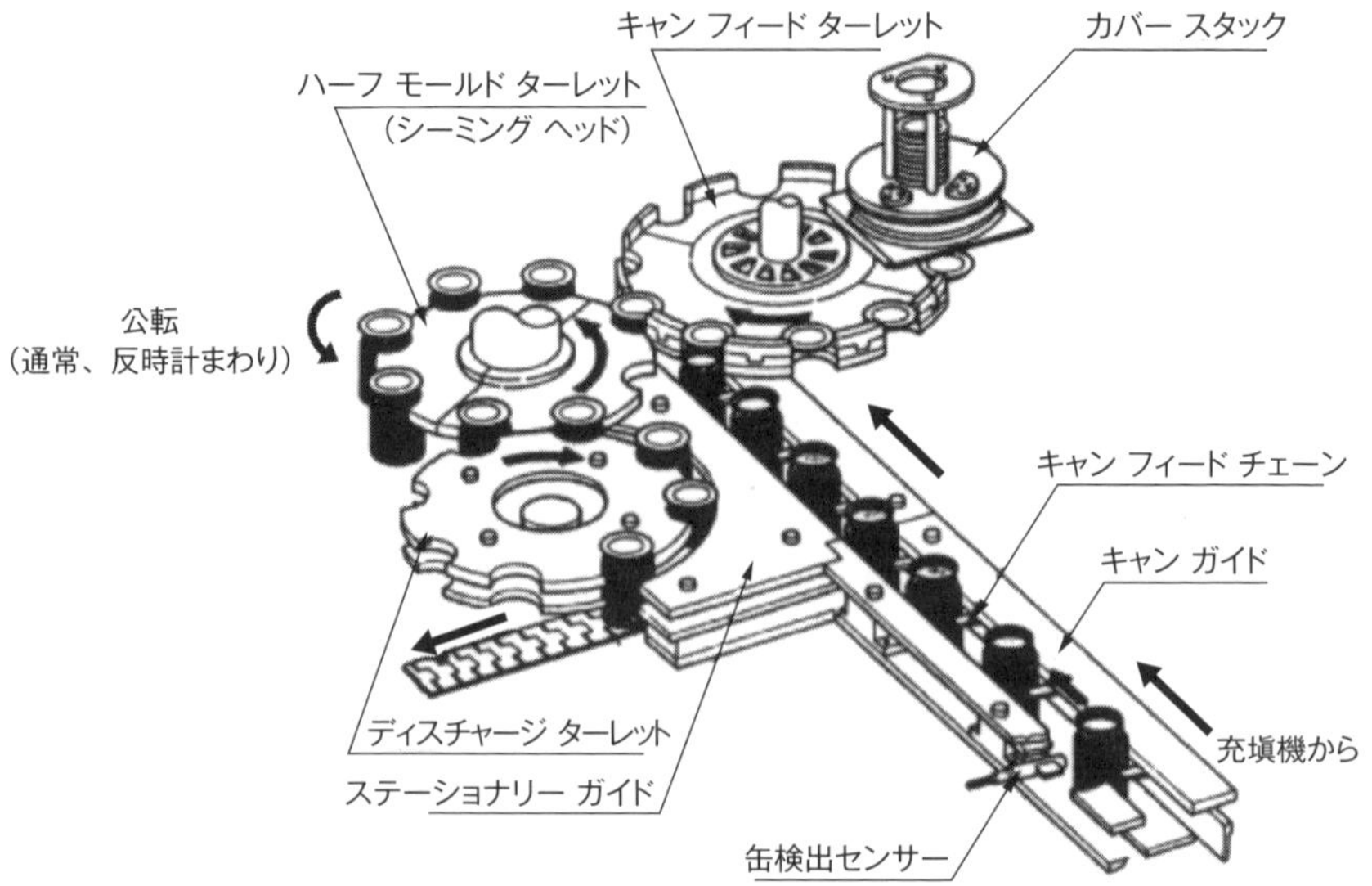

提供：東洋製罐株式会社

傾斜ロールと水平ロールの缶蓋との接触状況

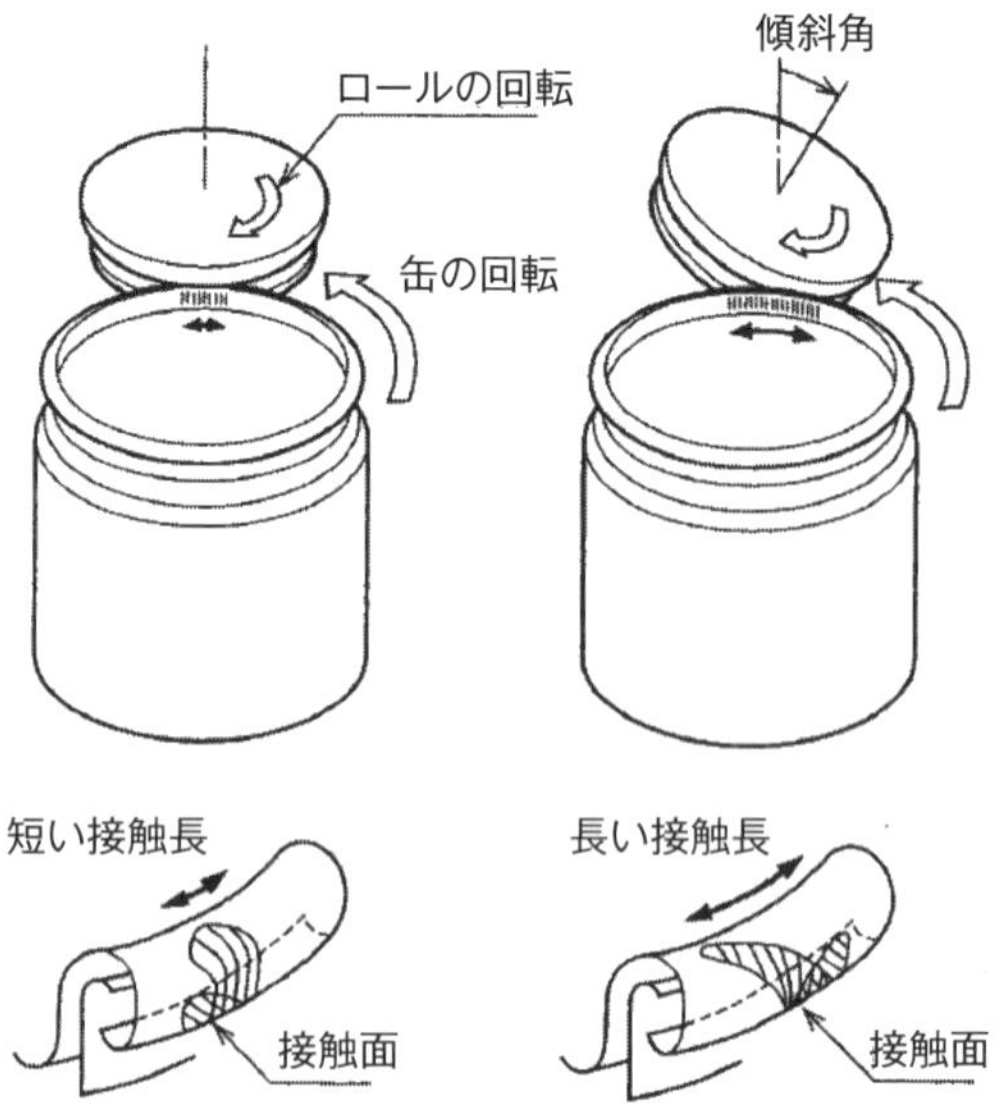

（a）水平ロール法　（b）傾斜ロール法

提供：三菱重工機械システム株式会社

行った実験では、必要なリフター圧が、水平ロールでは588N（ニュートン）であるのに対して、傾斜ロールでは392Nと33％も小さなリフター圧で巻締を完了することができました。これはなぜでしょうか？

その理由は次のとおりです。巻締中の缶のフランジ部分とロールの接触面をみると、水平ロールの接触面は垂直でその長さも短いのに対し、傾斜ロールでは接触面が斜めになっており、しかも接触面が長いことがわかります。時間的にも傾斜ロールが長い距離と時間をかけていることになります。巻締時間が長く、しかもロールと缶蓋のフランジの接触距離が長くとれるということで、最大リフター圧を低く抑えることができることになります。巻締時間の制約がなければ、リフター圧が小さければ小さいほど、缶に与える縦方向の力が少なくて済み、缶の座屈のリスクは低下します。

世界にはシーマーを製作販売している飲料機械メーカーが多く存在し、そのうち多くのメーカーのシーマーが、シーマー本体の公転と缶台の自転が同じ向きになっています。これに反してごく少数ですが、この2つの回転が逆方向になっているシーマーがあります。

では、この2つの向きがシーマーのリフター圧にどういった影響を与えるのでしょうか？　例えば、シーマーの公転が上から見て反時計回りのとき、缶台が自転する向きが同じく反時計まわりの場合は、缶自体にかかる水平方向の遠心力が、シーマーの公転による遠心力と缶の自転による遠心力が加算され（単純な足し算ではありませんが）、缶がシーマーの外側に大きく振られるようになります。そのため、缶が大きく振られないよう、シーマーではリフター圧を大きくとる必要が生じ、缶の座屈のリスクが高くなります。これに対してシーマーの公転が反時計回りであっても、缶の自転が時計回りだとどうでしょうか？　これは遊園地にあるコーヒーカップを想定してもらえれば想像がつくと思います。数人掛けのテーブル1ケ1ケの公転は、設備の下側にかくれているカムの軌跡によってあらかじめ決められています。ところが、テーブル自体はその中央にある回転板で自由に時計回り、反時計回りを選択できます。この際、テーブルの公転と同じ回転方向にテーブルを回転させると大きな遠心力がかかり、テーブルに座っている人がテーブルの外側に大きく振

Ferrum シーマー　F18

シーマー本体の公転と缶台との回転方向が逆

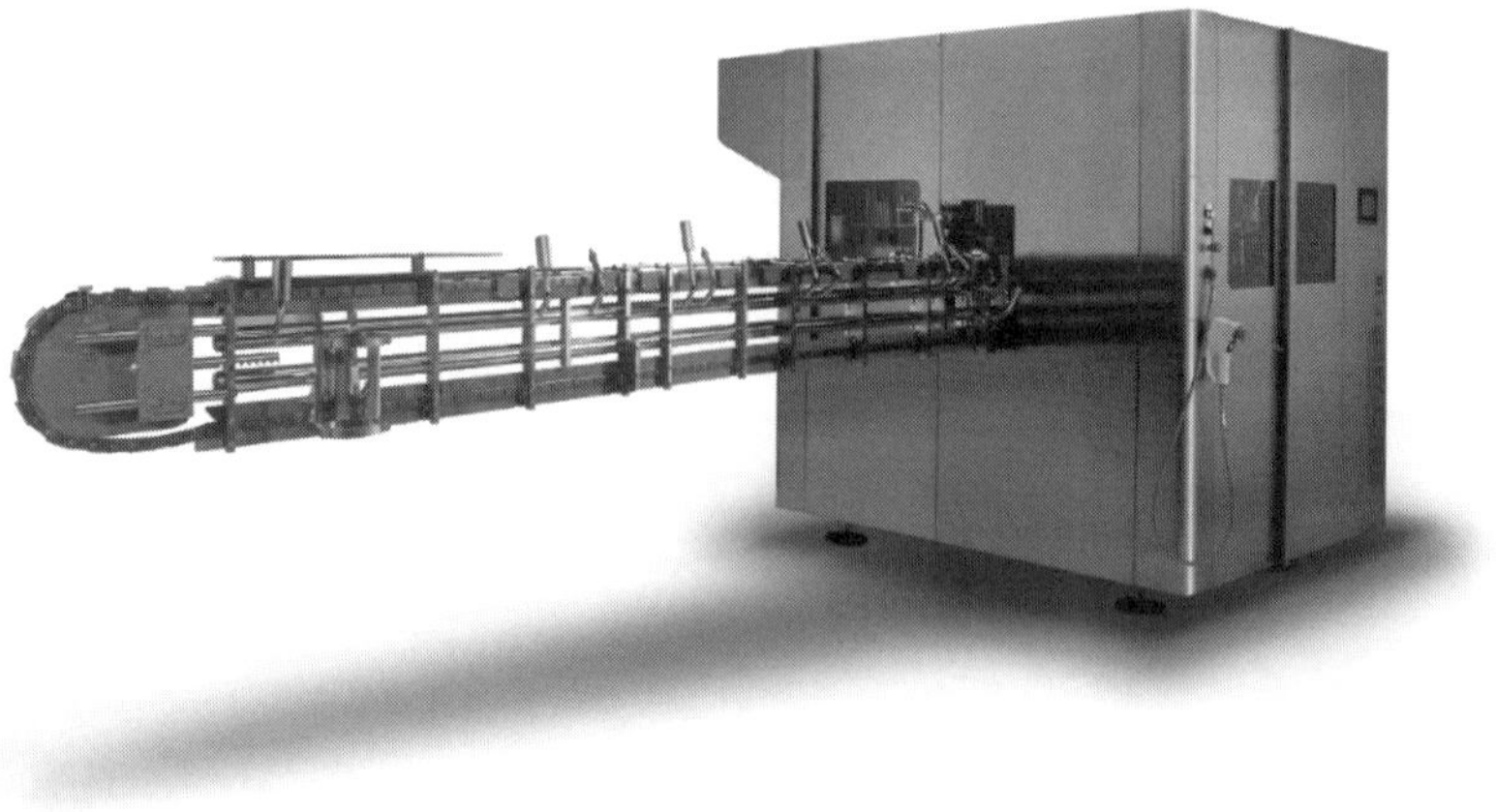

提供：松本金属工業株式会社

られるような感じを実感することになります。一方、回転板をその逆回転に回した場合は、外に振られる力は小さくなることを実感できます。このシーマー本体の公転と缶台の自転が逆向きになっているシーマーでは、缶のリフター圧が同じ仕様のシーマーのそれよりも約20～30％低いことが確認されています。

コーヒーブレイク

缶ビールは開封するまでは、まるで円筒形の積み木のように固い。だけど、アルミ缶の胴の最薄肉部分は厚さわずか0.1mm程度。よく、自転車の買い物カゴに缶ビールを入れて乗っている方を見かけますが、カゴの中に突起部分などがあると、時にはいとも簡単に破損してビールが噴出してしまいます。取り扱いは、どうか丁寧に。

14 ビール用アルミ缶のさらなる軽量化2
—缶の蓋を小さくする—

発売当初の缶ビールのアルミ缶は蓋の直径が209径と呼ばれる大きな面積のものでした。充填・巻締後の缶ビールには常にビールの高い圧力がかかっています。缶ビールとして必要なことは飲料容器として基本的な機能、つまり中味保護です。そのため、缶ビールは乱暴な扱いを受けたり、消費者の日常生活の想定範囲内で高い位置から落下させたときでも、中味を保護する機能が求められます。缶ビールにはその内容量の大部分を占めるビールの液体と、わずかに空隙（主として炭酸ガス）が存在します。この状態で缶を高い位置から落下させ大きな衝撃を受けた場合、液体のビール中に存在していた炭酸ガスが中味の急激な揺動により、気化しようとします。ビールに溶解している炭酸ガスの量はビールごとに異なりますが、ある日本のビールは炭酸ガス濃度が0・47％となっており、これは350㎖缶では、気体状態の炭酸ガスの容量として844㎖に相当することになります（1気圧、0℃としています）。さすがに強い衝撃があったからといって、液中の炭酸ガスの全量が気化することはありませんが、このように瞬間的に大きな衝撃を与えると液中の炭酸ガスが気化し、缶に大きな内圧がかかることになります。このような場合、多くは缶蓋の一部や缶底の一部が変形します。また、ときには2重巻締部分がデコイルされ破壊されます。これはパスカルの原理で、缶の内部に均等に強い圧力がかかるために起こります。

缶底はさまざまな凹み形状を工夫することで強度を上げてきましたが、缶蓋については平板な板のため、内圧に対する対策はあまりできず、基本的には材質と板の厚さによる強度維持しかできません。そのため、

ビール用軽量缶

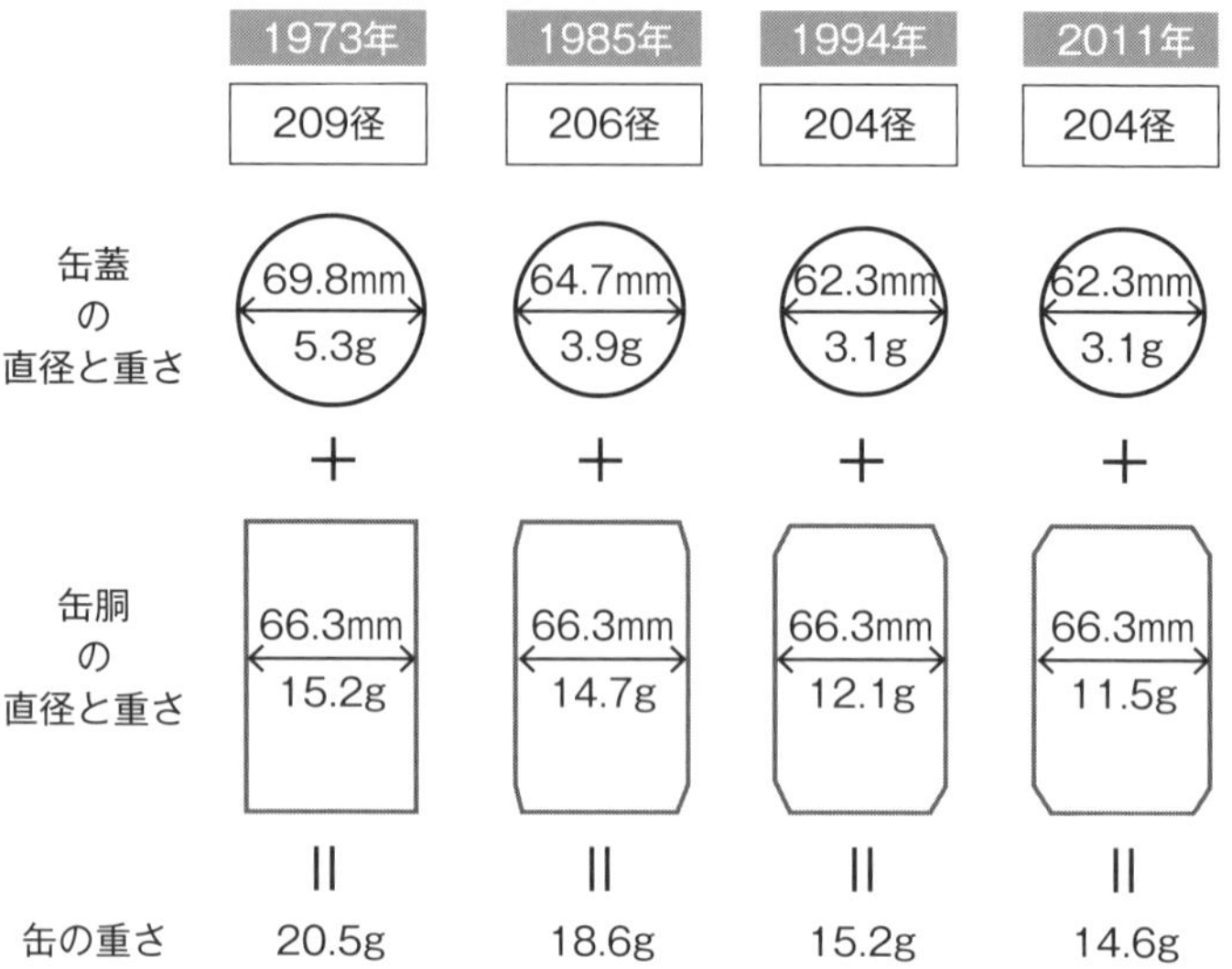

提供：キリン株式会社

缶蓋は缶胴のように薄肉化することが難しく、缶全体としては缶の直径を小さくすることで軽量化を行ってきました。これが缶蓋の縮径化による軽量化です。

　では缶蓋の縮径化でどの程度のアルミ使用量が低減できるのでしょうか？　206径缶の缶蓋と缶胴の合計重量は18・6g、204径缶のそれは14・6gなので、その差は4gです。1缶当たり4gは大したことがないと思われる方もいるかもしれませんが、ビール類だけでも年間101億缶程度が販売されており、より小さな缶蓋径で製造することが重要であることがおわかりいただけると思います。缶蓋の縮径化にはビールメーカーの製造設備に大きな投資が必要（主として充填機とシーマー）となり、費用対効果の視点での判断が必要です。アメリカなどではすでにさらに縮径の202径缶などが主流となっています。一方で、缶蓋の縮径化に伴い、一部の消費者から飲みにくくなったとか、飲み干した後に缶に残るビールの量が多いといった声もあり、202径缶が日本のビール市場で主流となっていくかどうか注視していきたいと思います。

15 缶コーヒーの新フレーバー
―アロマプロテクト®法とは―

缶コーヒーは通常、コーヒー豆から抽出した後、ホット充填し、充填後さらにレトルト殺菌を行います。レトルト殺菌温度は飲料のpHが４・６以上ならばボツリヌス菌を死滅させることが最低条件となります。一般に高い温度を飲料にかけた場合、何らかの品質劣化をおこす場合が多いようです。特に酸素が存在すると、酸化劣化反応を加速することが多いようです。また、飲料を熱殺菌する際に重要な要素としてpHがあります。緑茶では茶系飲料として重要な成分であるカテキンについて、１２０℃で20分の熱殺菌を行い、pHの違いによって残存するカテキンの量を測定すると、pH３から上がるにつれて残存するカテキンの量が減少し、pH６では80％も減少してしまいます。

コーヒーの抽出液でも同様な現象が起きます。コーヒーの抽出液のpHはだいたい5付近ですが、ミルク入り缶コーヒーではミルクの凝集や沈殿を防ぐためにpHを６・５程度に調整しています。通常、コーヒー抽出液とミルクを混合した後で熱殺菌が行われるので、pH６・５付近で殺菌されることになります。コーヒー抽出液を単独で加熱殺菌した場合の焙煎香気成分の残存量と、コーヒー抽出液とミルクとを混合した後、加熱殺菌した場合の焙煎香気成分の残存量を比較します。ミルク入りコーヒーでは、もともとコーヒー抽出液に含まれていた焙煎香気成分であるＦＦＡやＭＭＢＡが減少し、特にＭＭＢＦにいたってはほとんど残存していないという結果になっています。これが専門のコーヒーショップで飲むコーヒーと、ミルク入り缶コーヒーの違いになっています。

そこで、缶に充填する前のアロマ成分をなるべく残存させる目的で、充填前の殺菌としてコーヒー抽出液とミルクとpH調整剤を別々に殺菌する方法が大和製罐株式会社から考案され、アロマプロテクト®法と命名されました。この方法では焙煎香気成分の消失を低減することができ、特にスルファコンパウンドという、挽きたてのコーヒーの新鮮なロースト香に含まれる成分で香ばしさを高める効果がある物質が、多く残存していることが確認されました。アロマプロテクト®法は、コーヒーの焙煎香気成分の面からみると大変すばらしい製造方法なのですが、1つ課題があります。それは缶に充填する前の殺菌でこの方法を採用するのは良いのですが、この飲料もやはりpHが4・6以上なので、通常の缶コーヒーのホット充填方式ではボツリヌス菌の撲滅のために充填後、レトルト殺菌処理（120℃で20分）が必要となります。充填前の殺菌工程で、コーヒー抽出液とミルクを別々に殺菌して焙煎香気成分の消失をせっかく低減したのに、充填後にコーヒーとミルクが混合された状態でレトルト殺菌を行ってしまっては元の木阿弥です。そこで、缶コーヒー製造においてもアセプティック充填のような無菌充填方式が必要となります。

加熱殺菌時、pH の違いによるコーヒーの焙煎香成分の残存率

酸性域（pH5.0 付近）

中性域（pH6.5 付近）

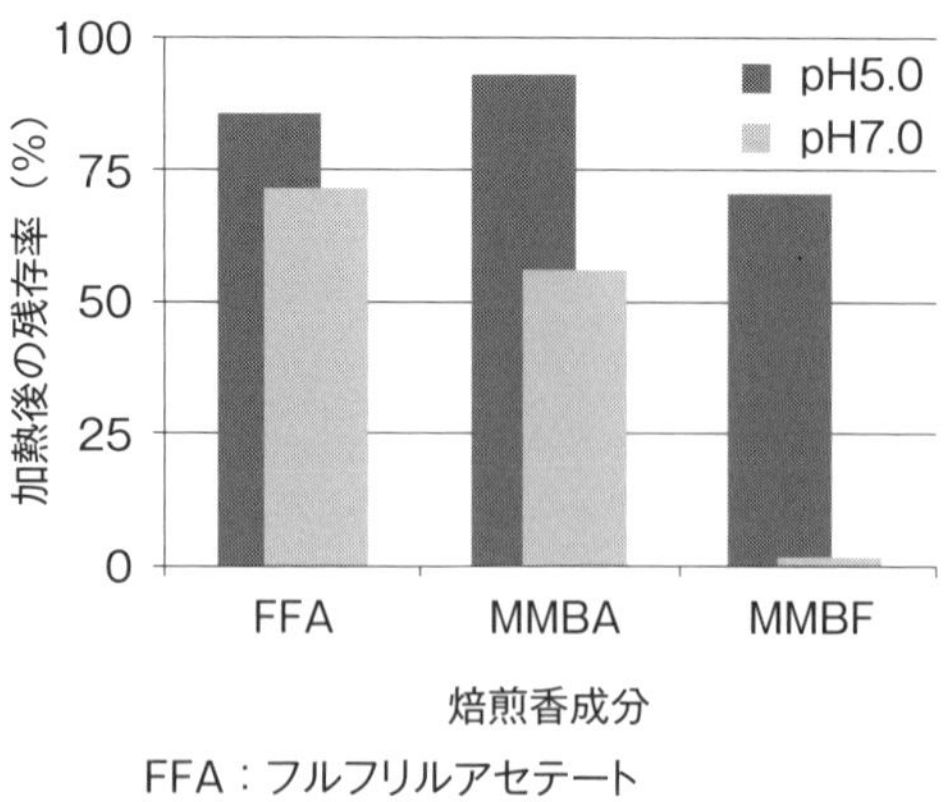

FFA：フルフリルアセテート
MMBA：メルカプトメチルブチルアセテート
MMBF：メルカプトメチルブチルフォーメート

提供：大和製罐株式会社

紙容器やペットボトルの場合、飲料工場内で容器の成型と並行して殺菌することで、アセプティック充填を実現しました。飲用缶の場合、その製造に相当な規模の製罐設備が必要であり、また、その成型技術も相当高いレベルであるため、飲料工場内で缶を製造するのは非現実的であるとさえいえると思います。そこで、少し以前の話になりますが、国内の飲料工場で缶の無菌充填方式が導入されました。この飲料工場では充填前の缶をスチームで殺菌する方法がとりいれられました。その後、大和製罐の技術指導で、三和缶詰天童工場、フレスコ群馬工場でこの缶コーヒーのアセプティック充填システムが導入されました。ブランドでいえばセブンイレブンのプライベートブランド缶コーヒーなどがありました。ここでは使用する薬剤（主として過酢酸と過酸化水素）を駆使して無菌充填方式を達成しました。

ここまで、缶のアセプティック充填の記述の部分は文末を過去形で表現しております。というのも、これら缶のアセプティック充填ラインは、いずれもその後の販売不振やコスト高のためにこの方式の維持継続を断念したのです。アロマプロテクト®法が広まらない理由は、缶コーヒーに対しては、もともと消費者の間にすっかりなじんでいるレトルト缶独特の重厚な感じのするフレーバーの印象と、アロマプロテクト®法の新鮮なフレーバーとのミスマッチが原因のような気がします。しかし、この技術は缶コーヒーでなくてもペットボトルやチルドカップなどの容器にも適用可能です。いずれにしてもこの技術がブランドを変えて私たちの前に新鮮な缶コーヒーなどの飲料を提供してくれる時代を、一消費者として楽しみに待ちたいと思っています。

一口メモ

アロマプロテクト法で製造した缶コーヒー、「UCC BEANS & ROASTERS SPECIALTY BLACK（2014年8月発売、10万箱）」は、今となってはまぼろしの缶コーヒーですね。

缶にコーヒーを無菌充填するシステム

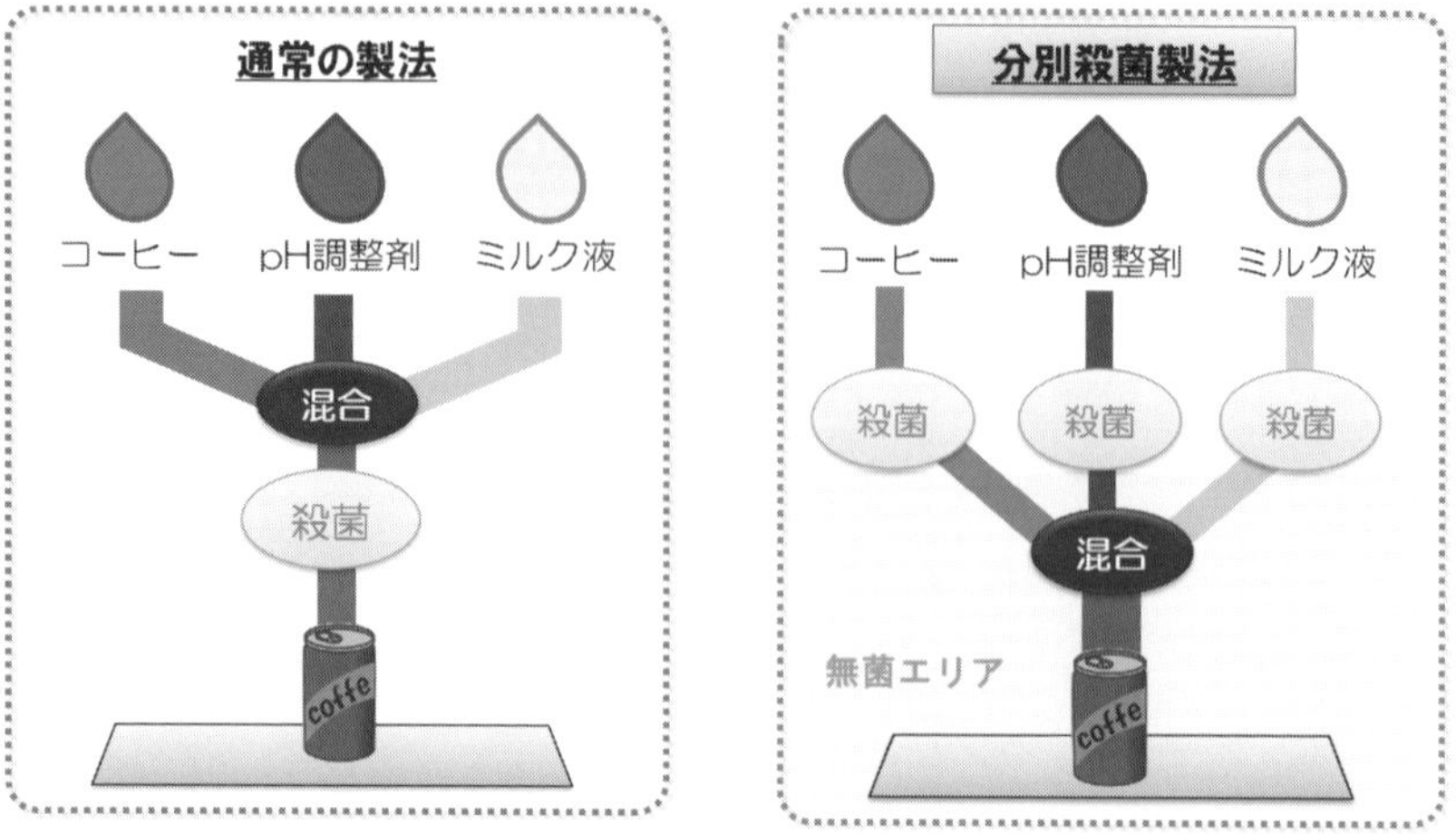

提供：大和製罐株式会社

熱から香りを守るための製法

コーヒーの焙煎香成分を殺菌による熱ダメージから保護し、より多くのアロマ**成分**を残す

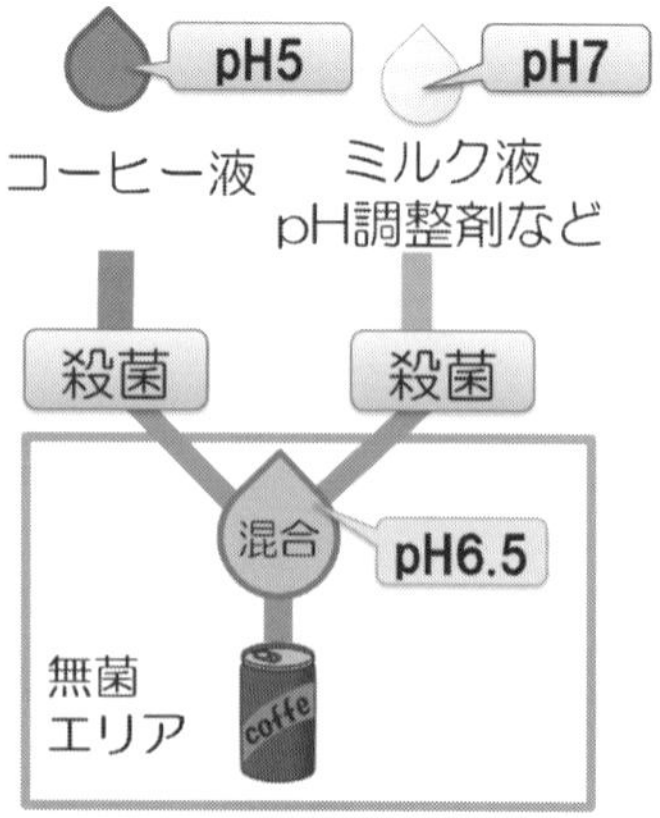

▶コーヒー液の殺菌時pHを、アロマ成分の安定性が高い低酸性域(pH5.0付近)とし、アロマ成分の加熱時の安定性を高める。

▶製品のpHはミルク成分の安定性が高いpH域(pH6.5付近)に調整する事が可能です。

アロマプロテクト®製法

提供：大和製罐株式会社

第4章

紙容器とステンレス樽すすむ機能向上

16 牛乳といえば紙パック
―ペットボトルで製造販売されない理由―

日本では大手乳業メーカーが製造販売するペットボトルの牛乳は見かけません。そもそも、ペットボトルはリシール性と呼ばれる機能、キャップを開封して口をつけて少し中味を飲んだ後、再度、キャップを装着できる機能があり、常温での持ち歩きにはたいへん便利です。しかしながら、口の中には多くの微生物が存在しており、キャップを開封して直接、ペットボトルの口から牛乳を飲んだ場合、人間の口の中の微生物が牛乳に入ることが想定されます。この状態で常温に放置されると、微生物が牛乳の中で容易に増殖することが想定されます。牛乳はpHが中性付近で炭酸ガスもなく、栄養価も高いことから、微生物がたいへん増殖しやすい飲みものです。そうすると、ペットボトル牛乳はたいへん危険な状態になります。もともとペットボトルが流通する前の古くから乳等省令（「乳及び乳製品の成分規格等に関する省令」昭和20年食安発第0603001号）といった政令があり、牛乳の流通容器にはいくつもの制約がありました。近年になってペットボトルの流通量が増えてきても、こういったリスクのため、乳等省令ではあいかわらずペットボトルの使用が認可されていませんでした。

ところが牛乳の販売量が減少する一方、他のペットボトル飲料の販売量がどんどん増加する中、乳業メーカーはペットボトルでの牛乳の製造販売を希望しました。その甲斐もあって、食品安全委員会が厚生労働省に提出した報告書によって2007年10月、乳等省令が改正され、ペットボトル入り牛乳の製造販売が認められました。これを受けて日本乳業協会（協会）はペットボトル入り牛乳に対して自主基準を設定しています。

これにより、その後の状況、特に乳業メーカーの対応はどうなったでしょうか？ もう10年が経ちますが、ペットボトルの牛乳が販売される動きは見受けられません。その理由の1つとして想定されるのが、製造ラインに対する投資額の問題です。ホット充塡設備はアセプティック充塡設備よりも少額で済みますが、牛乳は熱による劣化が大きく、牛乳独特のおいしさを維持することが難しい飲料です。充塡時に80℃以上になるホット充塡では、おいしさを維持できません。一方、アセプティック充塡ではどうでしょうか？ その際は大手飲料メーカーの高速ラインでは、おおよそ40億円以上の投資になります。投資したラインの償却をなるべく早くしたいため、そのラインでフルに生産すること（24時間操業など）を考えます。しかし、牛乳の場合、さほど品種の数は多くはありませんし、協会の自主基準に従えば容量は３５０㎖以下か７２０㎖以上に限定されます。結果、そのラインで牛乳のみをフル生産をすることがたいへん難しく、設備の償却年数が長くなってしまいます。また、牛乳が紫外線によって容易に劣化することから、ペットボトルの牛乳では遮光性をもったフィルムでペットボトル全面を覆うか、または遮光性の性質をもった顔料などを予めペットボトルに混ぜ込んでおかなければなりません。一方、海外に目を向けると１Lをはじめ２L、最大では数Lといった大容量かつ大口径の牛乳ペットボトルが販売されています。日本では流通の形態や家庭の冷蔵庫の仕様も含めて、このような大型の容器に対応した形にはなっておらず、ここでも大型ペットボトルに適した条件にはなっていません。こういったさまざまな条件があり、現在も大手乳業メーカーからペットボトル牛乳は製造販売されていません。

海外の牛乳ペットボトル

17 ブリック紙容器
―賞味期限の延長を可能にした充填方式―

日本では牛乳といえば、チルド流通の紙パック製品をすぐに連想します。牛乳の場合、食品衛生法の「乳及び乳製品の成分規格等に関する省令」により、「保持式により63℃で30分間加熱殺菌するか、又はこれと同等以上の殺菌効果を有する方法で加熱殺菌すること」と規定されています。搾汁を終えた生乳には細菌数のレベルで1万~3万/mL程度の微生物が存在します。これを熱殺菌により下げていきます。実用化されている方法のうち、保持式とあるのは、タンクで所定の殺菌温度で保持する、いわゆるバッチ式殺菌のことですが、現在主流となっているのは、連続式の超高温瞬間殺菌（UHT殺菌）で、牛乳が、120~150℃で数秒間殺菌され、その後急速に冷却される方法（条件）です。殺菌方法の9割以上を占めています。他にもさまざまな方法があります。耐熱性胞子形成菌を死滅させるのはUHT殺菌のみで、低温保持殺菌に比べ1万倍もの非常に高い殺菌効果があるといわれています。殺菌方法（設備）としては、蒸気や温湯で加熱した高温の金属プレート間を通過する際に殺菌するプレート式や、加熱蒸気中に生乳を吹き込んで殺菌するスチームインフュージョン式、生乳中に加熱蒸気を吹き込んで殺菌するスチームインジェクション式などがあります。いずれの殺菌方法によっても、牛乳の栄養は変わりません。たんぱく質は熱により一部変性しますが、栄養や吸収率に違いはありません。

微生物が減少した状態や、微生物を減らす動作を語る際、殺菌、滅菌、無菌などの用語が使われています。「滅菌」という場合には菌数を百万分の1以上に減らすというのが国際的にも一般に採用され、日本薬局方においても同じ概念が採用されています。またこのレ

牛乳の殺菌方法

温度	時間	殺菌方法
63～65℃	30 分	低温保持殺菌（LTLT）
65～68℃	30 分	連続式低温殺菌（LTLT）
75℃以上	15 分以上	高温保持殺菌（HTLT）
72℃以上	15 秒以上	高温短時間殺菌（HTST）
120～150℃	1 ～3 秒	超高温瞬間殺菌（UHT）

・LTLT ＝ Low Temperature Long Time
・HTLT ＝ High Temperature Long Time
・HTST ＝ High Temperature Short Time
・UHT ＝ Ultra High Temperature

出所：日本テトラパック株式会社

ラミネート状の多層シート

アルミ箔を用いた６層のラミネーションで酸素と光を遮断

アセプティック容器は、アルミ箔を用いているため中味の食品を劣化させる酸素の透過を防ぐとともに光を遮断し、食品の品質を長期間保ちます。包材は6層のラミネーション構造になっています。

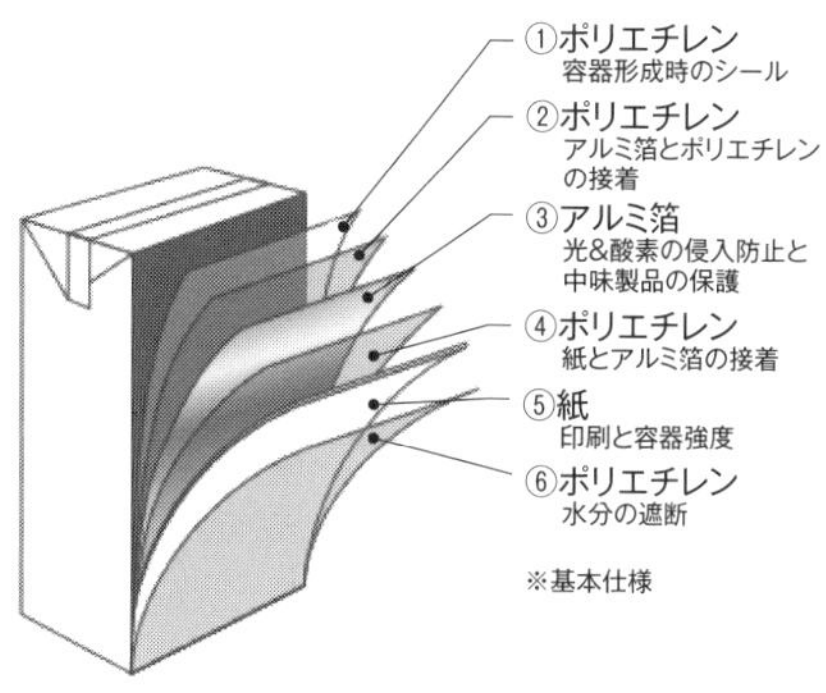

提供：日本テトラパック株式会社

ベルを無菌、または菌が完全にゼロでないという観点から、商業的滅菌や商業的無菌という表現であらわすこともあります。商業的無菌とは「病原微生物はもとより腐敗細菌等当該食品中で増殖しうる微生物が存在しない状態」をいいます。さらに無菌は英語でアセプティックと訳されることからこの言葉も同様に使われますが、いずれも常温流通・常温保存が可能な領域をさします。

一方「殺菌」に関しては明確な定義はなく、一般的には菌数を千分の1〜1万分の1程度に減らすことを指すことが多いです。乳飲料の分野でESL(Extended Shelf Life)やXH(eXtended Hygiene)といった用語を耳にすることも多いですが、これらは「殺菌」領域での製法や概念、機器レベルのことであり、チルド流通、要冷蔵保存を念頭においたものといえます。飲料用紙容器の分野、とりわけその充填機での性能を語る際にも無菌(アセプティック)レベルか、それ以外(チルド、ESL、XH)という分け方をとるのが一般的です。

近年、飲料用紙容器の進歩と充填技術の進歩が著しいと思います。基本は、充填機でラミネート状の多層のシートを過酸化水素溶液の中を通過させ、殺菌した後、容器を成型しながら同時に充填するというものです。シートは連続的に下の方から溶着し、底辺が溶着された後、今度は上方に溶着していきます。溶着面は丁度、コの形の底辺から両側面上方へと進んで行きます。液体飲料も同時に充填されていき、規定の充填容量に達した後、容器の上面を溶着することで周囲の全周が溶着され、充填と溶着が同時に終了します。この時点では容器は袋状ですが、容器上方から角形ステンレス部品が降りてきて、容器の胴部と下部が、内側が縦型長方形の箱型の部品に押し付けられ、綺麗なレンガ状のブリック形状になります。こういった充填方式のために、ブリック容器のストローを通す窓から中を覗いてみても、気泡が一切、存在しないことがわかります。バリア性の高いアルミラミネートの多層構造を使用しているブリック紙容器では、充填後や輸送中も外部からの空気(酸素)をほぼ完全に遮断しており、中味には一切、気泡が存在しない(ヘッドスペースがない)ことから、保管中も中味の酸化を少なくできる

容器の成型と同時に充填

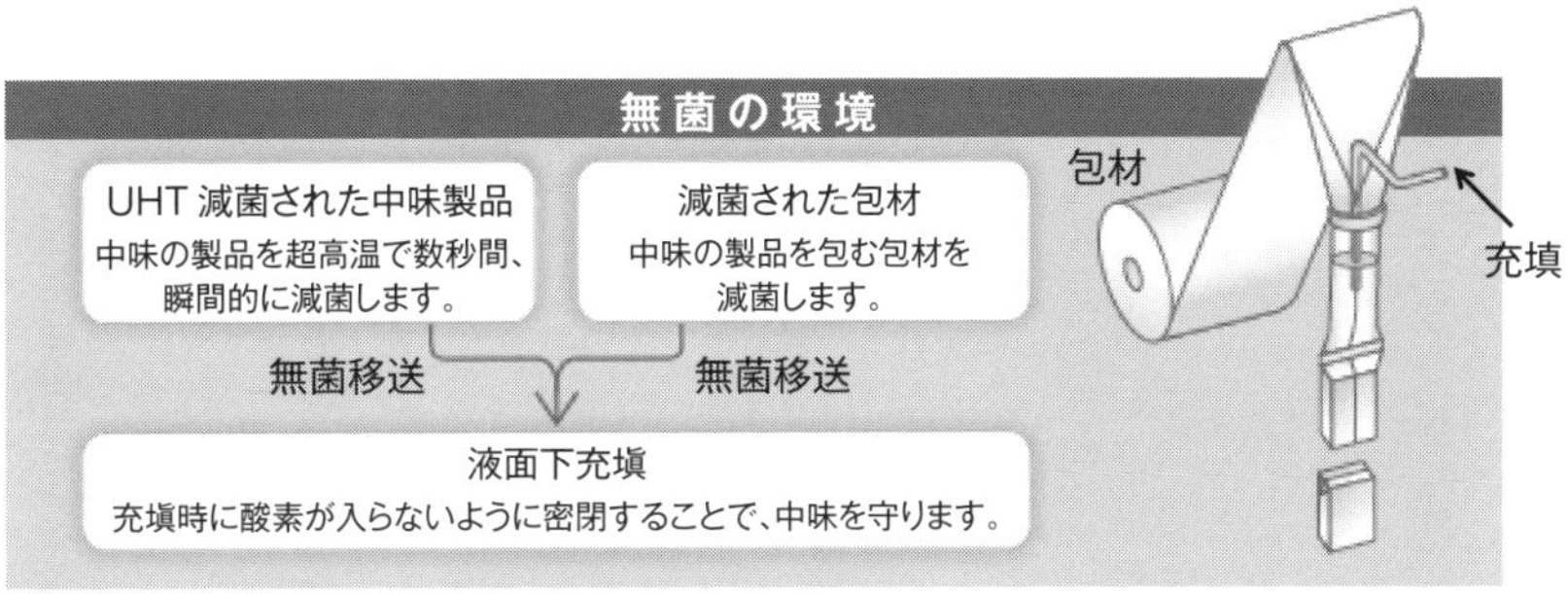

滅菌した食品を滅菌した包材で無菌の環境下で充填するので、細菌・カビ・酵母など食品の変敗の原因となる微生物が容器内に混入しません。また、液面下充填を行っているため容器内に酸素が残らず、常温での長期保存が可能です。

提供：日本テトラパック株式会社

ESLの考え方

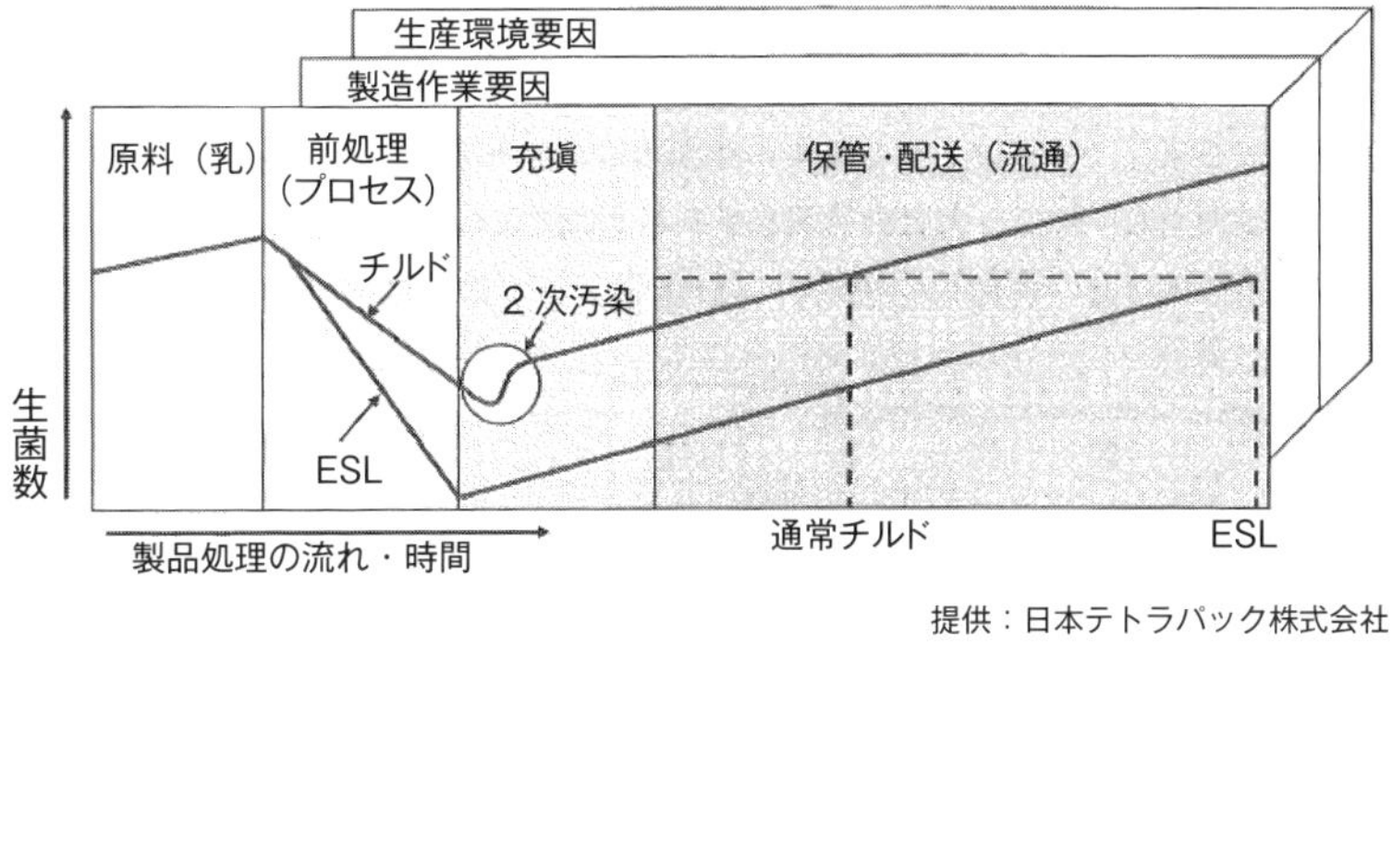

提供：日本テトラパック株式会社

容器といえます。ブリック紙容器において生乳を殺菌して、充填し、マイナス5～プラス5℃の温度で流通・保存する商品をチルド流通品といいます。

ＥＳＬは１９８０年代後半にカナダで展開が始まり、１９９０年代にテトラパック社が紹介した概念と技術です。ＥＳＬを直訳すると「棚寿命の延長」ですが、現在では賞味期限延長を意味する場合が多いようです。このＥＳＬは充填機によってのみ達成される技術ではなく、原材料の品質、製品の加熱などの処理条件、充填環境、容器形状、流通条件など多くの要因により達成できるものです。ここで再確認したいのは、ＥＳＬ技術によって製造された製品は、要冷蔵保存製品群の賞味期限延長のため考えられた概念と技術であり、アセプティック製品に代表される常温保存可能製品ではないということです。また、ＥＳＬを達成するために充填機側で考慮しなければならない重要な点は、殺菌された製品への充填機内での二次汚染を最小限に抑えることです。そのため充填機には包材殺菌機構、清浄区域での充填、そしてその他の二次汚染防止機構が要求されます。このＥＳＬ技術に対応する充填機として、テトラパック社ではＸＨ仕様の充填機を用意しています。ＸＨ充填機での包材殺菌は、アセプティック充填機のように高温高濃度の過酸化水素水バスに包材を一定時間通す構造と比べると、はるかに簡便な構造になっています。過酸化水素水は０・５％程度の常温で、これに包材を瞬間的に浸す程度ですが、その後ＵＶランプを包材内面に照射することを組み合わせます。またはいずれか一方の運用で、顧客の要求する衛生性能を達成します。充填環境は完全な滅菌状態にはなりませんが、殺菌された包材の内面が再汚染されないような設計面での配慮が必要となります。

ロングライフ牛乳は、超高温（１３５～１５０℃）で滅菌した牛乳を空気に触れず無菌環境でパックし、光と酸素を防ぐアルミ入り６層構造の紙に充填したものです。ロングライフ牛乳とはＥＳＬにおいて紙包材および充填時の殺菌レベルをさらに上げた方法です。過酸化水素水濃度を35％、温度を70℃以上、通過時間を7秒程度とすることなどで殺菌条件を上げた方法です。この条件により微生物の商業的ゼロを達成でき、この無菌充填で充填された牛乳はロングライフ牛乳

（常温保存可能牛乳）として販売されています。ロングライフ牛乳（常温保存可能牛乳）の特長としては①おいしさと栄養を維持しながら長期常温保存可能（未開封の状態で製造日より60～90日間）、②保存料不使用があります。

アセプティック充填には、無菌充填チャンバーや無菌を維持するための殺菌剤のコストが多くかかります。そのため、以前からチルド保管・輸送を前提として比較的設備投資の小さい、従来からの充填方式が紙容器では主流で、特に牛乳については今も日本のみならず世界中でチルド製品が主流です。また、その1つがゲーブルトップと呼ばれる紙容器です。こちらは1個単位で底を溶着していない封筒のような紙容器を、両サイドからバキュームカップで広げ、底部を溶着して、上部が溶着されていない状態で牛乳などの中味を上から充填します。その後、上部を屋根型に折りたたんで、上から見てX字形に溶着します。これをゲーブル（屋根型）トップ容器といいます。このまま、ゲーブルトップ容器として牛乳などの中味をチルド配送により販売しています。また、このゲーブルトップの側面に注ぎ出し用のスクリューキャップを取り付けている容器もあり、このことにより、ゲーブルトップよりもさらに注ぎ出し操作を容易にしているといえます。

ゲーブルトップ

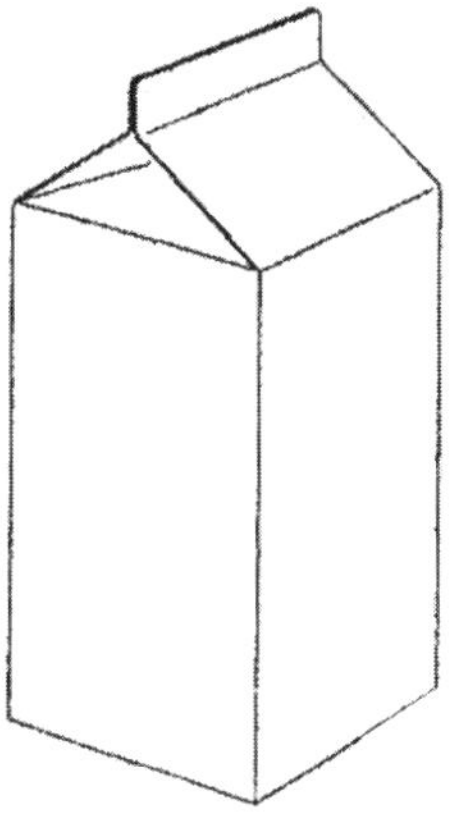

18 空気の混入を極限まで減らした樽
―生ビール用ステンレス樽容器―

一般の消費者にはあまり知られていない容器として、ビールやチューハイの業務用ステンレス樽があります。これはむしろ、居酒屋やレストランで生ビールを販売している従業員の方に馴染みの深い容器と思います。この飲料容器、他の飲料容器とは全く違った大きな特長があります。それはステンレス樽容器の一番上についているスピアバルブというものです。通常の飲料容器であるガラスびんやスチール・アルミ缶、ペットボトルでは一度、空の容器に飲料をつめ、その次に蓋やキャップをのせて最終的に密封する工程が必ず存在しますが、このステンレス樽は、飲料の充填が終了すれば自動的に密封も完了するというものです。

ステンレス樽の飲料充填方法をステップを追って見ていきましょう。まず、市場から回収されてきたステンレス樽は洗浄機で外側と内側とをアルカリと湯できれいに洗浄した後、充填機に導入されます。最初のステップとして充填機内で樽の中に蒸気を導入します（温度は120℃くらいの飽和蒸気）。この際、スピアバルブ天面に装着されているメインシールパッキンという非ガス透過性のゴムが、充填機の円筒形のステンレス部品によって押し上げられ（円周部と中心部）、この蒸気導入の際、蒸気の入るライン（インレットライン）と樽の中に残っていた空気を外部へ放出するライン（ベントライン）とは全く干渉せず、別系統になっています。その後、蒸気を追い出し、樽を少し冷却する目的で炭酸ガスをインレットラインから注入します。このときも、炭酸ガスはインレットの系統から、樽内の残留蒸気（ベントガス）は全く独立してベントラインの系統から、それぞれ入りと出の工程が進みます。

その後、ステンレス樽の内部に充分な炭酸ガスが導入されると樽の充填機の供給バルブが切り変わり、いよいよビールがインレットの系統から導入されます。この際も、同時に樽の中の炭酸ガスがベントラインを通って排出されます。充填するビールの量は樽の充填機の充填バルブごとに内蔵された電磁流量計で測定しながら充填し、規定量まで達すると充填が終了して、充填機の円筒形ステンレス部品が図の下の方向へ下がり、密封が完了します。この際、王冠・蓋・キャップなどは一切、使用しません。このようにステンレス樽の充填では空気にふれる時間はほぼ完全にゼロです。そのため、ステンレス樽では他のどの容器よりも充填時の酸素の混入量が少ないといえます。これら条件により、樽ビールは生ビールを飲むには最も優れた容器といえるでしょう。皆さんもこの美味しい生ビールを料飲店やレストランでぜひ、ご賞味ください。

ステンレス樽

スピアバルブのビールの流れ

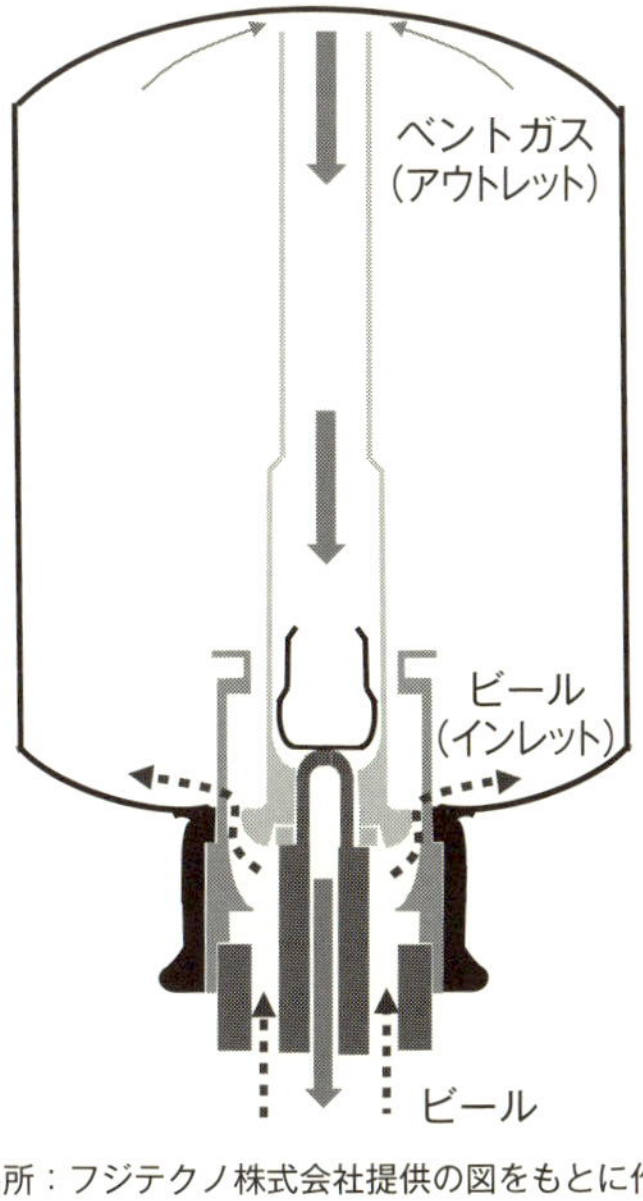

出所：フジテクノ株式会社提供の図をもとに作成

19 樽ビールの冷却方式と注ぎ出し方法
―ヘンリーの法則から導き出される適正炭酸ガス圧―

酸素の侵入を極限まで減じて充填したステンレス製樽容器（ビール・チューハイ）ですが、今度は注ぎ出しのしくみを見てみましょう。まずは飲用前の冷却ですが、予め樽全体を冷却する空冷システムと、常温のままの樽を瞬間的に冷却する瞬冷または氷冷方式があります。瞬冷方式では樽からビールを炭酸ガスで押し出し、瞬冷式ディスペンサー内の冷却コイルの中をビールが流れている間に冷却し、タップから冷却されたビールが出てくるというものです。瞬冷方式ではこのコイルを冷蔵庫のように電気で冷却するものが一般的であり、それに対してコイルのまわりに氷をおいて冷却するものを氷冷式と呼びます。氷冷式は電源のない野外で使用されます。品質については、樽空冷システムの方が常時、樽を冷やした状態のため一番良いですが、樽を丸ごと冷やすシステムのため、少し大型で電気代もかさみます。

次に注ぎ出しですが、基本的には液体の流れ、炭酸ガスの流れは充填時と全く逆になります。ビール押し出し用の炭酸ガスボンベを樽に接続します。さらにディスペンスヘッドのレバーを押し下げると、炭酸ガスの供給ラインが繋がります。ここで適切な圧力の炭酸ガスが供給されると、ビールの液面を気体の炭酸ガスが押し下げ、真ん中のチューブからビールが上方向に押し出されます。その後ビールは瞬冷式であればコイルの中を通ってタップからビールが注ぎ出されます。次に炭酸ガス圧力の設定です。気相中に炭酸ガスを供給してビール液面を押し下げることで、樽の真ん中のチューブからビールを押し出すわけですが、ここで重要なのはやはりヘンリーの法則です。

瞬冷式や氷冷式のディスペンサーでは樽ビールの温

氷冷式生ビールサーバー

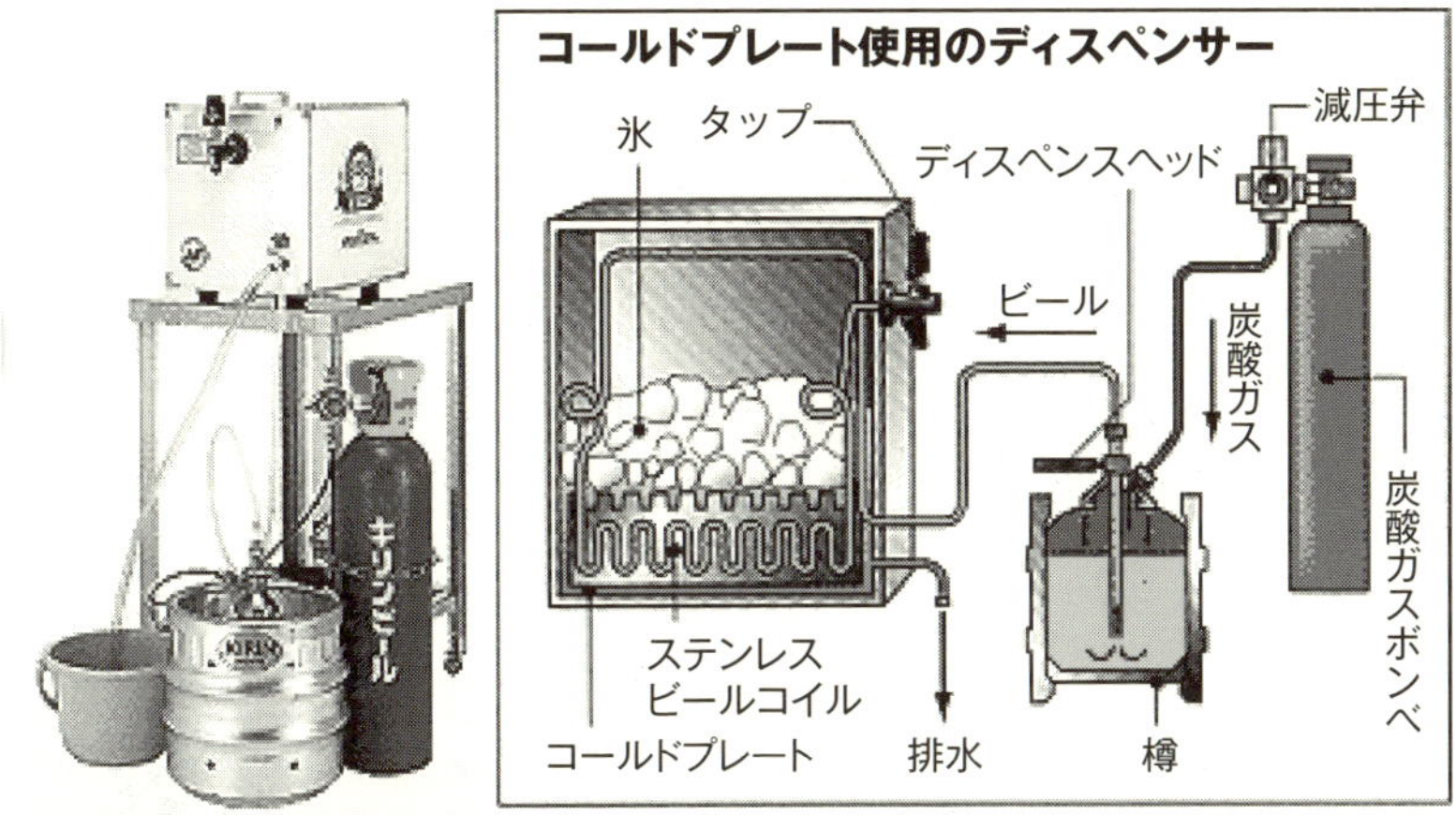

提供：キリンビール株式会社

ビールの温度ごとの適正な炭酸ガス圧力

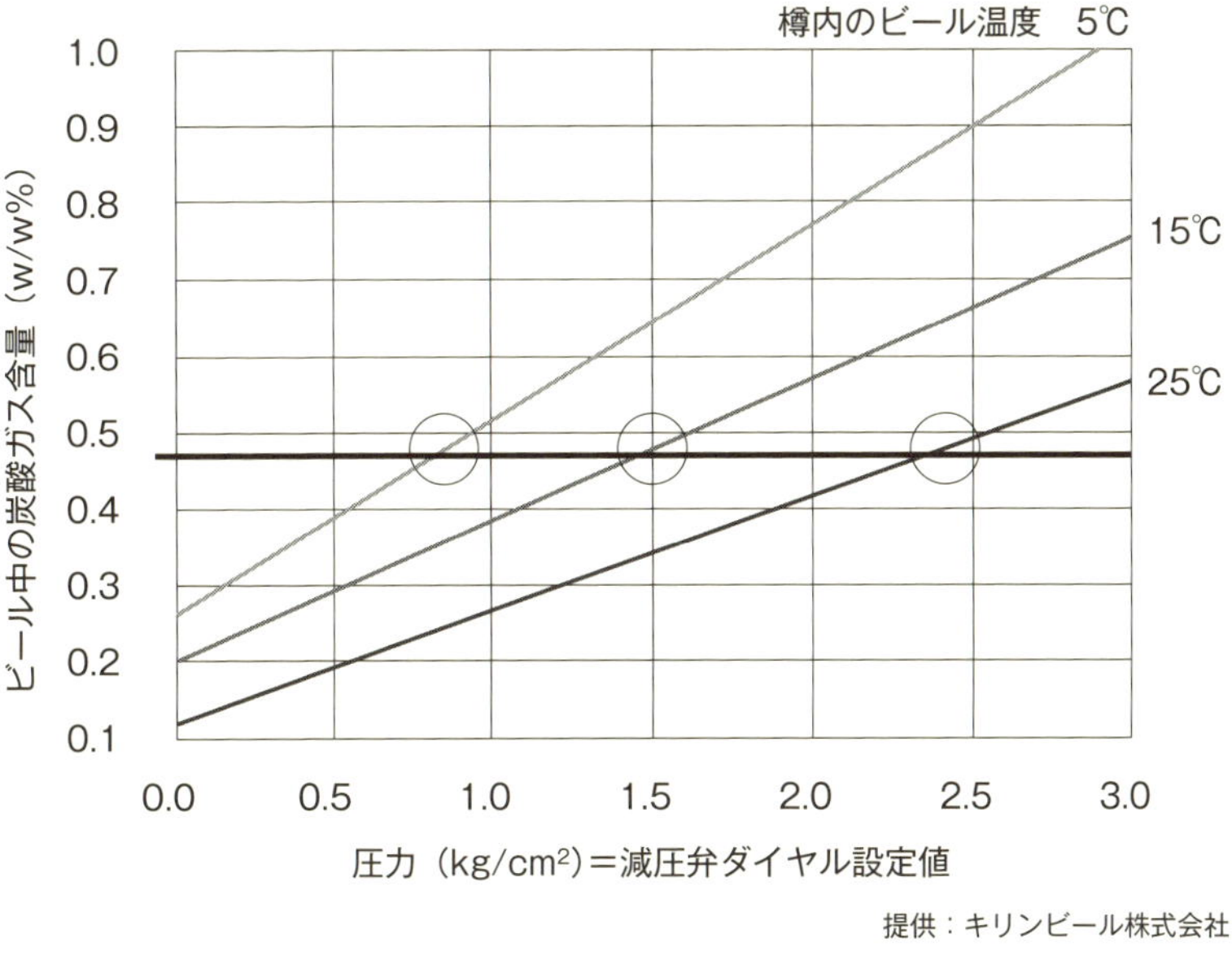

提供：キリンビール株式会社

度はその場所の温度の影響を受け、たとえば、炎天下の海のビーチで樽ビールの温度が25℃付近の場合もあれば、真冬の屋外に放置していた樽を屋内に持ち込んだ場合などでは5℃程度のこともあると思います。ヘンリーの法則は、液相中のガスの濃度は気相中の分圧に比例するというものです。樽の気相中には炭酸ガスしか存在しませんので、ビールの押し出しには炭酸ガスの圧力だけ考えればよいことになります。ビールの温度ごとの適正な炭酸ガス圧力（減圧弁の目盛り）のグラフをみると、25℃では2・4kg／cm²で、5℃なら0・8kg／cm²が適切ということになります。いつも同じ店舗で生ビールを販売されている店主の方はあまり気を遣う必要はありませんが、屋外でビールを注ぎ出す場合は樽ビールの温度がかなり異なる場合があり、注意が必要です。

よく、ビール会社に問い合わせがあるのが、注ぎ出した樽ビールが泡だらけだとか、ビールが出てこないとかいうことです。この例からわかるとおり、「ビールが泡だらけ」という事例は、ビールの平衡圧力以上に炭酸ガスの減圧弁の設定を高い圧力に設定してしばらく時間が経過した場合であり、炭酸ガスが平衡圧以上にビールに溶けてしまっています（過飽和状態）。これは、例えば、ビールの温度が5℃なのに、減圧弁の設定を15℃の適正圧の1・5kg／cm²に誤ってしてしまった場合などです。このとき、5℃のときの適正圧0・8kg／cm²との差、0・7kg／cm²程度、過剰に炭酸ガスの圧力がかかってしまっているため、気相中から液中へ炭酸ガスがどんどん溶けていき、液相中の炭酸ガス濃度が過飽和状態になってしまいます。そこで、注ぎ出しをしようとしても途中のチューブでビールが温められたり、チューブとステンレス部分での凹凸部で、炭酸ガスが液中からガス化して「泡だらけ」になって注ぎ出しができなくなります。

また、反対に「ビールの注ぎ出しができない」という事例は、同減圧弁の設定がビールの平衡圧力よりも低い場合です。このように瞬冷式や氷冷式のディスペンサーでは樽ビールの温度が注ぎ出しには重要な要素です。樽の種類が異なる場合、たとえば今の日本の大手のビールは多くがピルスナータイプですが、最近、はやりのクラフトビールでスタウトやエールなどは注ぎだしの設定の炭酸ガス圧力が異なり、注意が必要です。このように注ぎ出され、最終的に空になった樽は、ディスペンスヘッドのレバーを元に戻し交換します。

酸素とほとんど触れることなく、美味しいビールが飲めるディスペンサーですが、一方で注意も必要です。それは毎日、営業の終了した店舗などでは必ず、樽をディスペンスヘッドから取り外し、ビールメーカーの指定する方法でディスペンサーの中のビールが通る部分を水洗いして、定期的にスポンジ通しや薬剤による洗浄を行うことです。これを指定通り行わないとディスペンサーのビールの流れるラインに雑菌（多くは野生酵母や乳酸菌）が繁殖し、ビールの味を損ねたり、異臭を放ったりするようになります。

次にディスペンサーですが、専門の生ビールを数種扱う店舗などではタップのデザインやビールの銘柄のプレートなどが貼ってあり、我々の目を楽しませてくれます。通常、タップは常温タイプのものが多いですが、本場のドイツではタップまで冷却しているタイプのディスペンサーもあり、こういったタイプのディスペンサーなら、タップの中に残ったビールまで冷却されており、ビールが美味しく飲めます。

最後は、生ビールのジョッキについてです。最近の居酒屋さんではジョッキを冷やしたり、凍らせているお店もあり、嬉しい限りですが、洗浄は十分に行って油分の残存のないジョッキであってほしいですね。ビールの泡はホップの親油成分と親水成分、麦芽由来の起泡タンパクなどが結合したものであり、これは洗剤などに見られる、一種の界面活性剤と似たような構造をしています。ジョッキの内側表面に油分が残存していると界面活性成分が油分と結合し、泡が形成するのを妨げます。そのため、油分が多く残ったジョッキでは、タップからビールを注ぎ出したときに泡が立たないあるいは直ぐに泡が消えてしまうといったことにつながります。ジョッキにビールを注いだときに、ビールの泡の層のようなものが何層も生じているジョッキや、ビールの泡が大きいもの（カニ泡）が立つジョッキは洗浄不良で、油分が残存しています。ジョッキに注いだときの泡は、ビールの液相と空気の接触をきめの細かい泡の層でブロックする役割もあり、クリーミイな泡で美味しい生ビールを楽しみたいものです。

Column

スピアバルブのとりはずしは危険
飛出し防止機能

ステンレス樽のスピアバルブの機構を紹介しましたが、このステンレス樽、少し深く考えてみると実はかなり危険な容器なのです。過去、ディスペンサーの無い状況下でビールを飲もうとして、消費者がスピアバルブをレンチなどを使って無理にとりはずした際、スピアバルブがステンレス樽内のビール内圧のために急に飛出し、この消費者や周りにいた人の身体に当たり、大怪我を負う事例が起きました。ビールの入ったステンレス樽ではもちろんのこと、空になったステンレス樽といえどもビールは少量残っています。充填時にもともと0.2～0.3MPa（大気圧の2～3倍）の炭酸ガスを封入していますので、その内圧はほとんど維持されたままになっています。この状況下でスピアバルブを外せば、当然、相当なスピードでスピアバルブが飛び出します。現在はこの事故の教訓を活かし、飛出し防止機能爪というものが、施工されており、このような事故は皆無となりました。アルミボトル缶キャップやペットボトル用の同機能のキャップでも同様な事故防止対応はなされており、このように飲料容器では、高い内圧に対応できるように容器を強化したことで、逆に消費者がその機能を知らずに正しい方法で使用しなかった場合には大きな事故につながることもありました。このような大きな事故がおきないよう、過去の教訓を活かしてきた事例といえます。

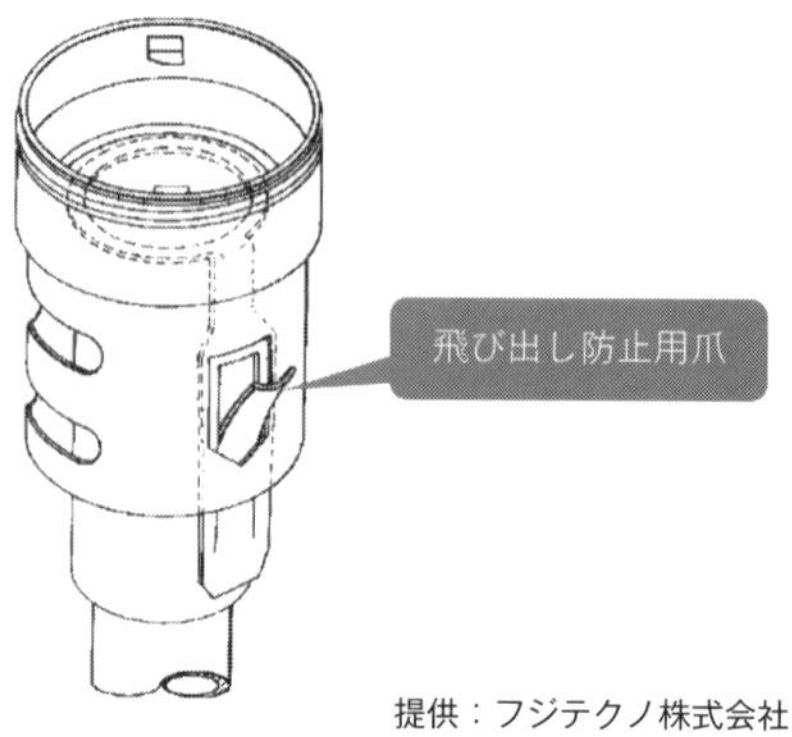

提供：フジテクノ株式会社

第5章

ペットボトル最新技術のかたまり

20 増え続けるペットボトル飲料
―人口減少の日本でなぜ増える?―

少子高齢化で日本の人口は2011年から減少に転じ、以降、減少幅が拡大しています。一方、飲料の販売量は2011～2016年の間にCAGR2・2%で増加しており、ペットボトル飲料はその約2倍の4・3%で増加しています。それではペットボトル飲料はなぜこのように増加し続けているのか、もう少し掘り下げてみたいと思います。

2016年、ペットボトル飲料の中味構成比の中で、炭酸飲料（20%）、緑茶飲料（21%）、ミネラルウォーター類（21%）と、この3つの割合が大きいことがわかります。また、2012～2016年のこれらペットボトル飲料の増加量でみた場合、緑茶飲料、炭酸飲料、むぎ茶飲料、ミネラルウォーター類の順番になっています。意外とむぎ茶飲料の量が増えていることがわかります。ペットボトル飲料が増える理由は①リシール（再封ができる）、②直接ペットボトルから飲むことができる、③中味が見える、④丈夫で液漏れの心配がない、⑤比較的、長期に保存ができるなどといった利点があります。一方、社会慣習としては、①水筒をあまり使わなくなった、急須をあまり使わなくなった、②現代人、特に都市部の人々の生活が多忙になり利便性が優先される、③核家族化が進行して電気ポットで飲料を給仕することが少なくなった、④水道などに対する安心安全が揺らいでいる（福島第一原子力発電所事故による放射能汚染に対する心配）、水道の塩素臭を気にする消費者が増えている　などが考えられます。これからもペットボトルは増加傾向にあり、利便性を求める多くの人に対する貢献は大きくなりますが、環境に与えるマイナスの影響も考え、3Rの推進により環境負荷をなるべく下げる努力もさらに重要になってくると思います。

ペットボトル飲料販売量（2012～2016年）

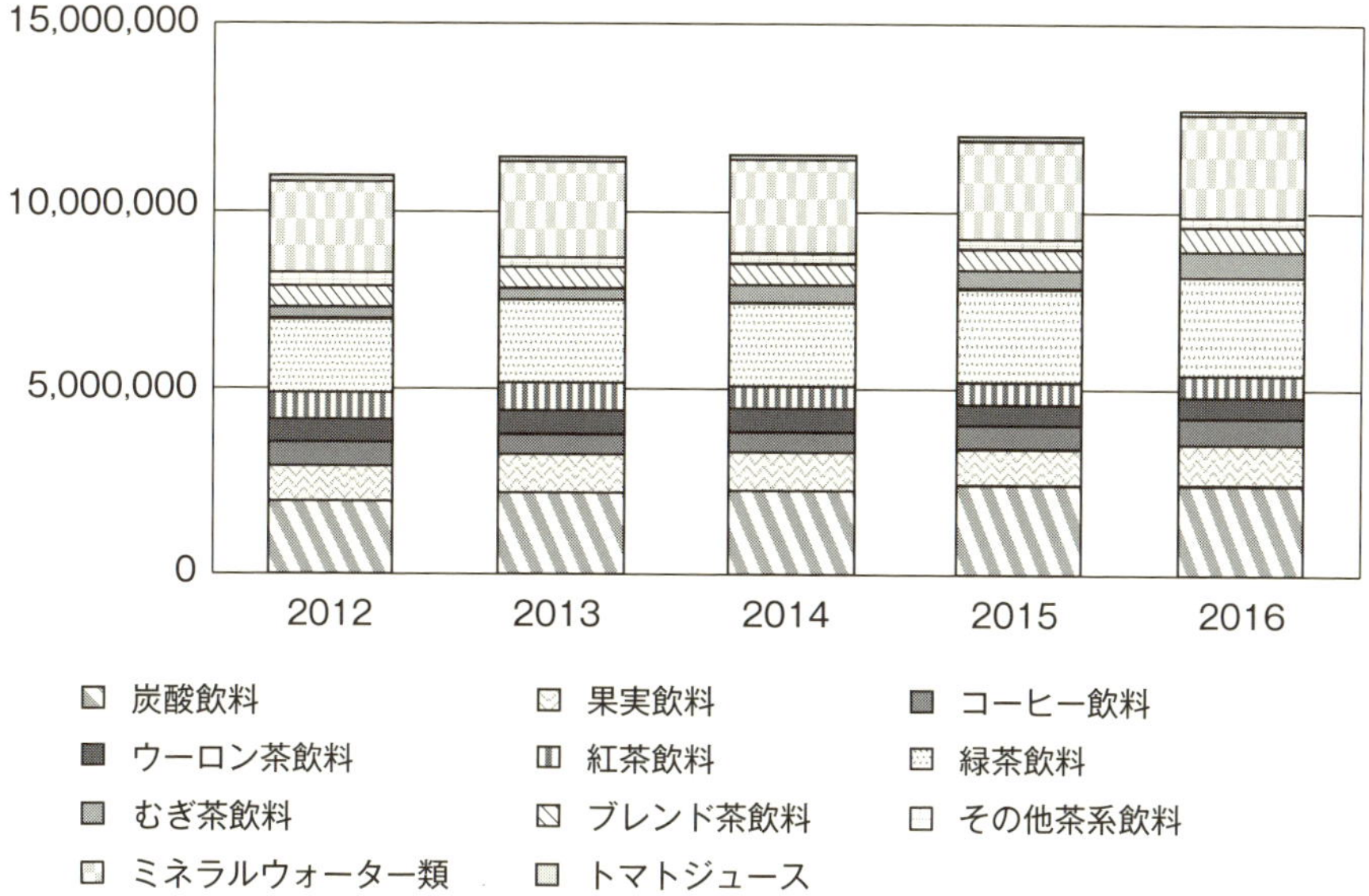

ペットボトル飲料、2012～2016年増加量

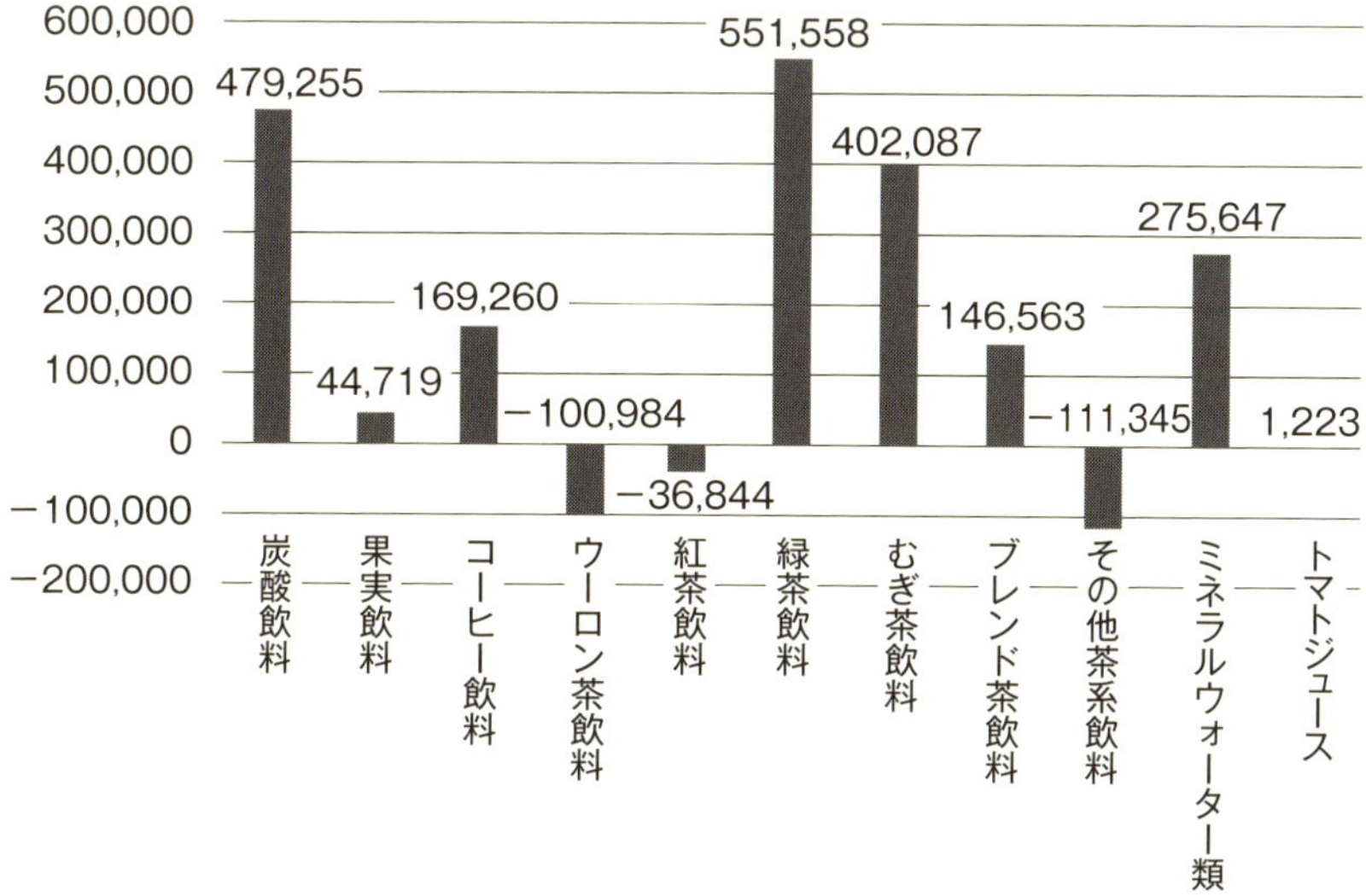

21 PET樹脂の基本の性質
―ガラス転移点・降伏点・延伸倍率―

PET樹脂の性質についてはPETボトルリサイクル協議会のホームページにわかりやすく解説されていますので引用します。

ペットボトルの原料はポリエチレンテレフタレート（PET：Poly Ethylene Terephthalate）という、石油からつくられるテレフタル酸とエチレングリコールを原料にして、高温・高真空下で化学反応させてつくられる樹脂のひとつです。

この本では以降、ポリエチレンテレフタレートの樹脂としての性質を説明するときにはPETまたはPET樹脂と表現し、ボトルとしての説明に主眼を置く場合はペットボトルと表すことにします。このテレフタル酸とエチレングリコールが1分子ずつ結合して、これをひとつの構成要素として、これが多数重合した物質がPETです。

PETは1941年にイギリスのJ.R.Whinfieldらによってその製法が見出され、1948年にポリエステルとして市場に登場しました。以来、合成繊維やテープ素材など幅広い用途に用いられています。PET樹脂の主な特徴は次のとおりです。①PET樹脂は、主に炭素、酸素、水素から構成されています。約1／3が空気を原料とする酸素で占められており、他のプラスチックに比べて石油依存度が低い樹脂といえます。②他のプラスチックに比べて炭素より重い酸素が多いことから、密度が水より重く沈みます（密度1・38g／㎤）。③PET樹脂は、酸素分を多く含むことから、燃焼時の発熱量が低く紙

PETの化学式

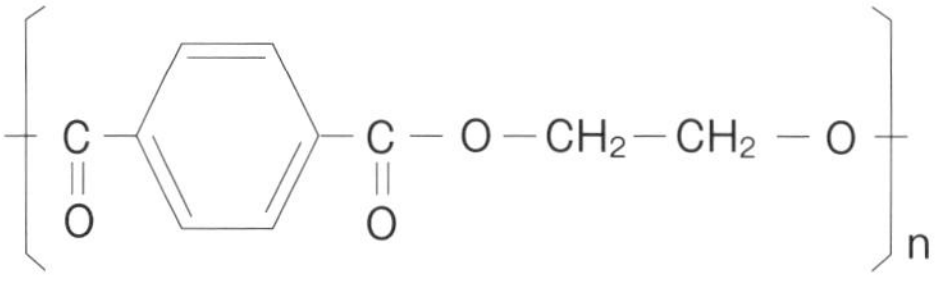

PET樹脂とその他の樹脂の特性

樹脂		ポリエチレンテレフタレート PET	ポリプロピレン PP	ポリスチレン PS
使用部位		ボトル本体	キャップ	ラベル
主な原料※（樹脂1トン当たり）	炭化水素系（トン）	0.762	1.001	1.001
	空気（t）	0.416	−	0.061
密度（g/cm^3）		1.38	0.90	1.05
燃焼時発熱量（kcal/kg）		約5,500	約10,500	約9,600

※：石油製品のLCIデータ調査報告書（1997/7：社団法人プラスチック処理促進協会）より抜粋
出所：PETボトルリサイクル協議会、表-1

PETのDSC測定値

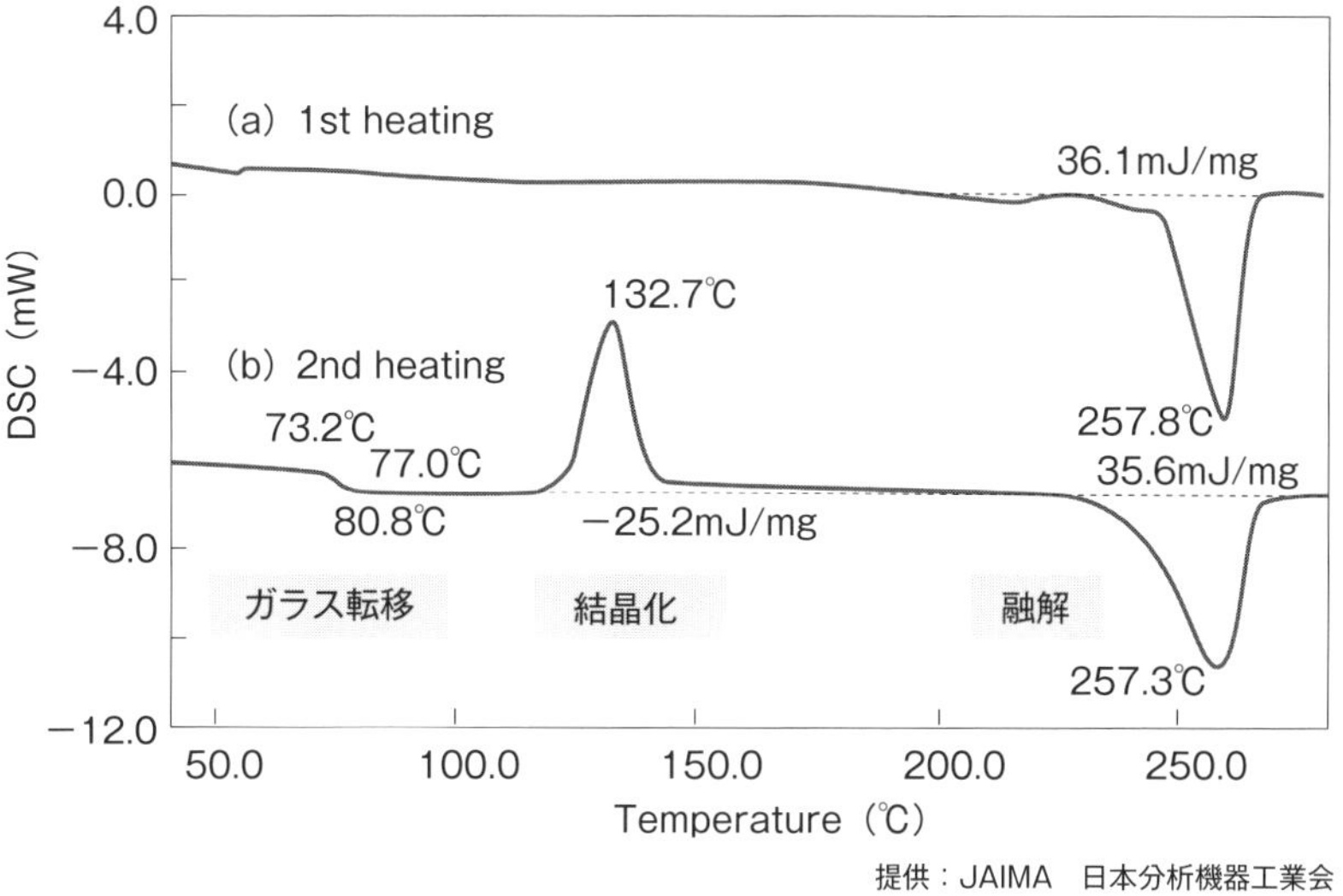

提供：JAIMA 日本分析機器工業会

と同水準であり、例えばポリプロピレン（ＰＰ）の約半分となっています。製品としてのペットボトルを見た場合、ラベルやキャップには表―１のように別素材が利用されています。この表では、ＰＥＴ樹脂でできたボトル本体の比重が水より大きいのに対し、ＰＰでできたキャップの比重は１未満となっています。

これは、リサイクルの際にボトル素材とキャップ素材を水での比重分離にて容易に分離できるようにするためで、ＰＥＴボトルリサイクル協議会の「自主設計ガイドライン」にて定められています。

ＰＥＴ樹脂を用いてプリフォーム、ボトルを飲料工場内で作る際、ＰＥＴ樹脂としての基本的な性質を理解しておくことはたいへん重要です。

プラスチックには熱を加えると柔らかくなるものと逆に固くなるものがあります。ＰＥＴ樹脂は熱可塑性樹脂でガラス転移温度または融点に達すると軟化します。ＰＥＴ樹脂を加温していき、そのときの吸収熱量を示差走査熱量計（ＤＳＣ）という計測機で測定します。結晶化度の高いＰＥＴ樹脂と結晶化度の低いＰＥＴ樹脂のＤＳＣ測定を行っています。ペットボトルを作る際、室温程度からＰＥＴ樹脂が最初に柔らかくなるガラス転移点でプリフォームからブロー成型によるボトル成型、さらに温度を上げて融点付近でＰＥＴ樹脂からプリフォームを作る工程で、ＰＥＴの熱可塑性樹脂としての性質を利用しています。

プラスチックとしての性能評価にはＪＩＳ（日本工業規格）で定められた方法があり、ＰＥＴ樹脂のようなプラスチックでは①耐熱性、②機械的性質、③耐薬品性、④電気的性質、⑤燃焼性、⑥耐候性、⑦光学特性などの特性に分類されます。その中でもブロー成型や飲料容器としての利用を考えた場合、②機械的性質の最も重要なものがブロー成型を想定した場合の引張り試験です。

引張り試験の試験方法は、ＰＥＴ樹脂でダンベル試験片という形状のものを作り、縦方向に中程度の速度で引張り、その時の最大応力、降伏応力、破断伸び、弾性率などを測定します。ここでダンベルを引っ張った距離を横軸、その際に発生している応力を縦軸にと

引張り試験の応力-ひずみの線図例

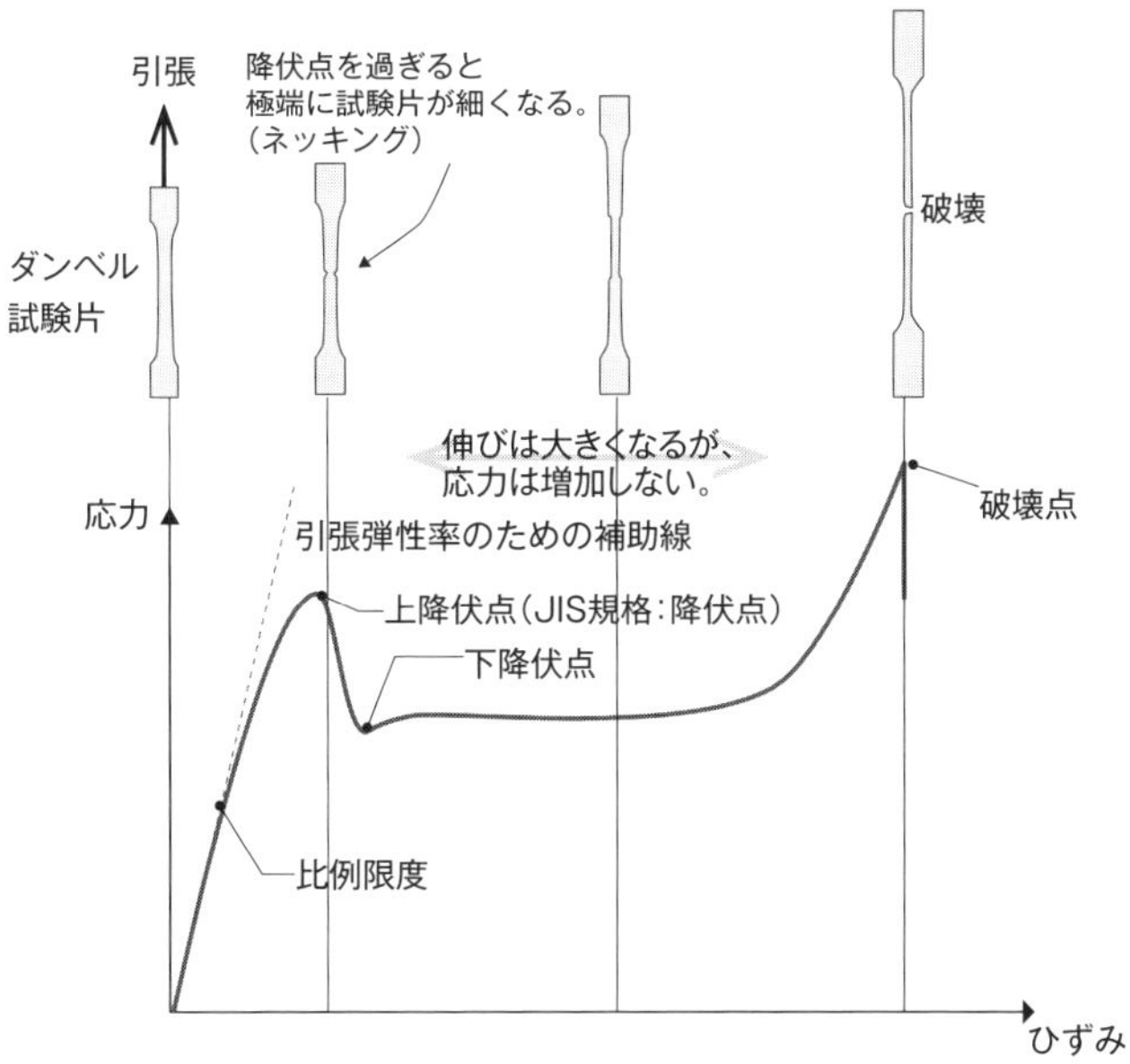

提供：株式会社DJK（DJK Corporation）

PETの結晶化度

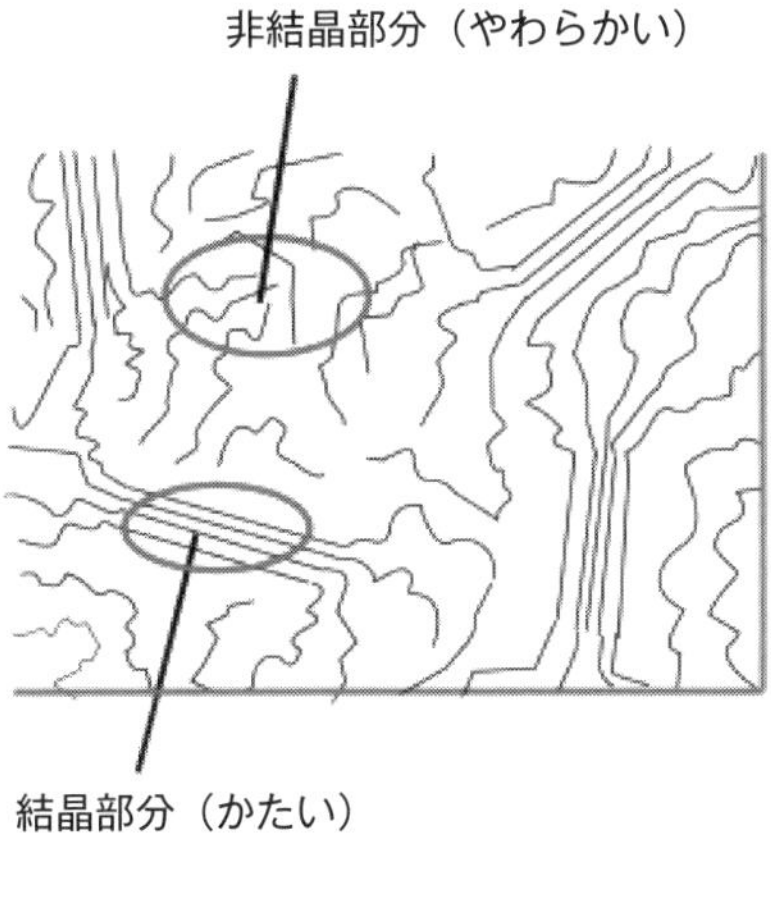

プリフォームとペットボトル

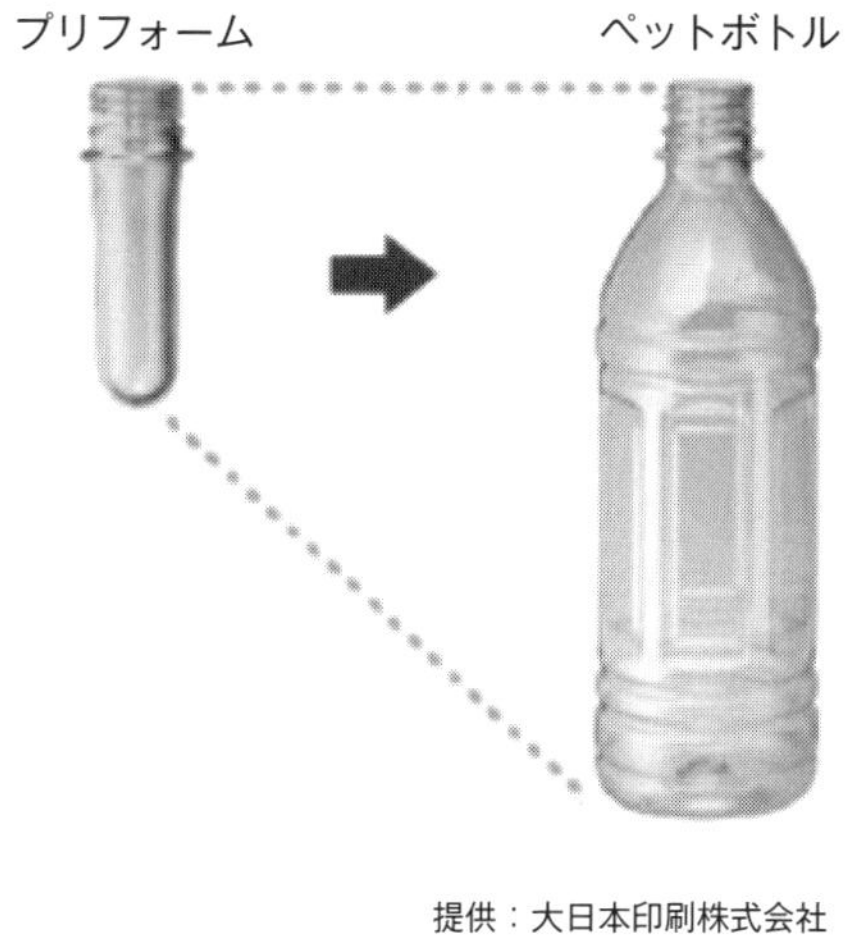

提供：大日本印刷株式会社

って、PET樹脂のような結晶性ポリマーの引張り応力ひずみ曲線をみてみます。実際のカーブはPET樹脂のメーカーのスペックごとに少し異なります。少し細かく見ると、一番最初にはひずみ（引張りの距離）と応力が直線関係にある部位が表れ、次に上降伏点と下降伏点を経由した後、破壊点に到達するまで、ひずみ量が大きくなっても応力が比較的わずかにしか増加しない期間があります。プリフォームを加温してブローー成型を行う際、実はこのひずみ量に対して応力があまり変化しない期間（プラトー領域）を利用していることになります。ブロー成型の最初の工程でストレッチロッドが垂直方向のプリフォームの延伸を行いますが、ここで1軸の延伸（垂直方向）はほぼ終了しており、次に続く高圧エアーによるブロー成型が2軸（水平方向）の延伸になります。280mLのペットボトルと500mLのそれでプリフォームを同じものを使う場合も多く、その際は280mLのペットボトルで延伸倍率が約2倍、500mLのそれで3～4倍未満と約2倍近い差があります。このように延伸倍率が2倍程度異なっても、ストレッチロッドにかかる応力の細かい調整をしなくても安定した延伸を行っているため、このプラトー領域で延伸を行っているためです。

PETの重要な性質として結晶化度があります。PETは繊維状の鎖がたくさん練り集まった状態になっています。繊維状のPETには繊維同士がところどころ規則正しく整列している部位があり、これを結晶化部と呼び、一方、繊維が不規則に存在している部位があり、これを非結晶化部と呼びます。結晶化度が高い部位では1本1本のPET繊維が規則正しく集合しているため、ひっぱってもなかなか寸法が変化しにくいといった特徴や、加熱されても分子が動きにくくなっているため耐熱性が高く、また強度も高く固くなっています。この結晶化部位の割合を結晶化度と呼びます。結晶化度は「結晶領域部分」を「結晶領域部分と非結晶領域部分との和」で割った値と定義されています。結晶化度の高い部位では光の透過度も低くなっており、白化という現象がみられます。市販されているホット充填されたペットボトルでは、よく見るとボトルが少し白く濁っているものがあり、これは耐熱性をもたせるためにわざと結晶化度を上げているのです。

22 ペットボトルの軽量化 ―倉庫での保管や輸送時の耐荷重克服が課題―

ペットボトルの軽量化は3R（Reuse・Reduce・Recycle）の取組みの1つとして重要です。ペットボトルの利便性ゆえにその生産や消費が増加していますが、軽量化することで使用本数が増えても、PET樹脂の消費量を抑制できる効果が期待できます。ペットボトルの生産本数とその際のペットボトルの製造・供給で発生する二酸化炭素量を年度ごとにプロットすると、ペットボトルの生産本数が増加しても、ペットボトルの製造・供給で発生する二酸化炭素量はほとんど増加していないことがわかります。このように容器の軽量化は他の取組みと同様、環境に対する影響を考慮する際、大変重要な役割を担っています。外国などでは相当なレベルで軽量化が進行しており、ミネラルウォーターでは風船に近いような薄肉で、キャップもショートハイトと呼ばれるたいへん高さの低いものが使用されています。お茶や炭酸飲料では軽量化すればするほど、バリア性が下がりますので、賞味期限内の品質維持が難しくなります。ではミネラルウォーターではどうでしょう。ミネラルウォーターのペットボトルの軽量化では、まず問題になるのが、倉庫内での保管や輸送中の縦圧縮強度と呼ばれるデータです。多くの場合、500mL丸ボトル製品は24本ごとにダンボールに箱詰めされたケースをパレットに8ケース配置し、これを段積みして縦方向に6段で1パレット（48ケース）の単位として飲料工場の製品倉庫で保管したり、トラック輸送したりします。また、倉庫内ではラック倉庫と呼ばれる1パレット単位で収納できる倉庫以外では、2パレット、3パレットと製品を縦方向に積んで倉庫内の面積を有効活用します。その際、パレットの最下段のケースは縦方向から重量を受け、単純計算

ペットボトル軽量化と炭酸ガス排出量

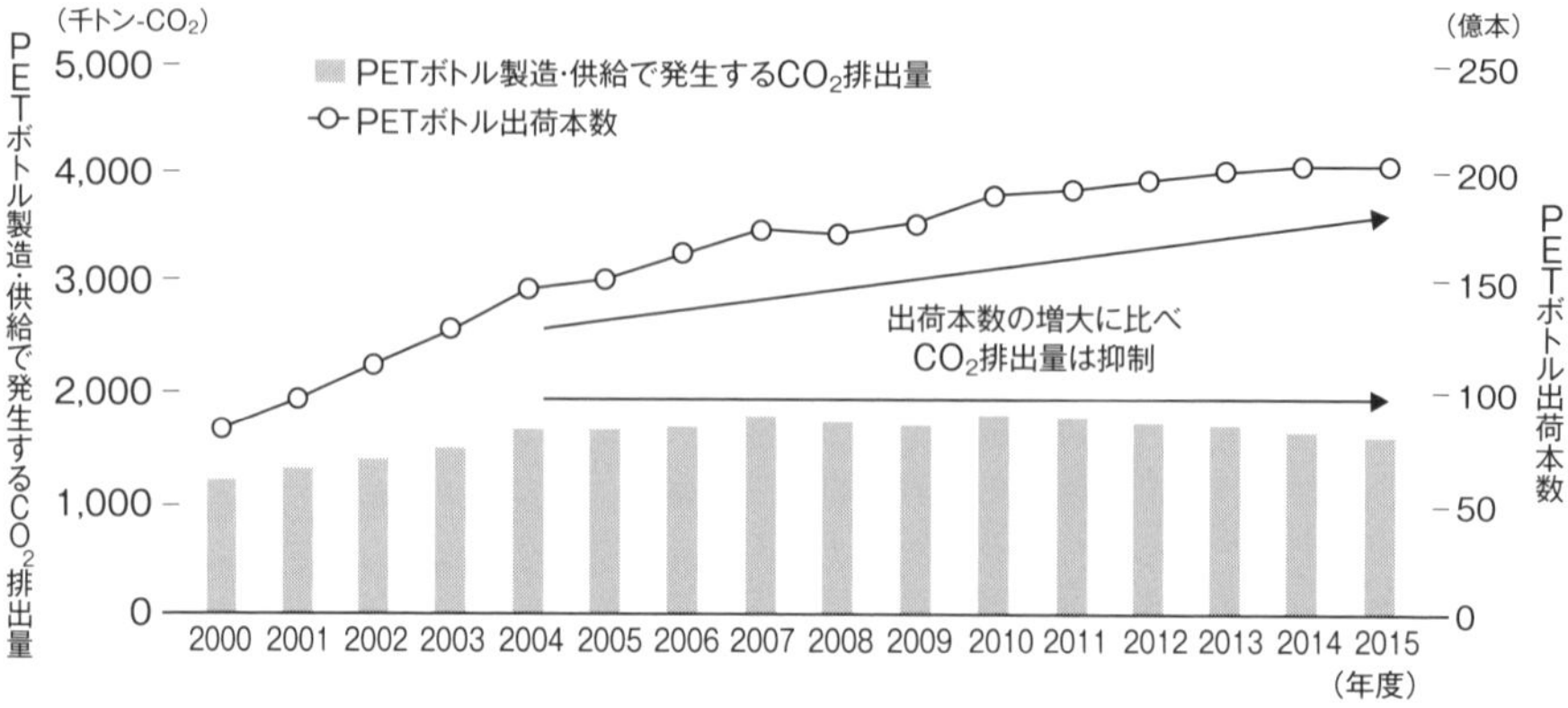

提供：ペットボトルリサイクル推進協議会

飲料パレット

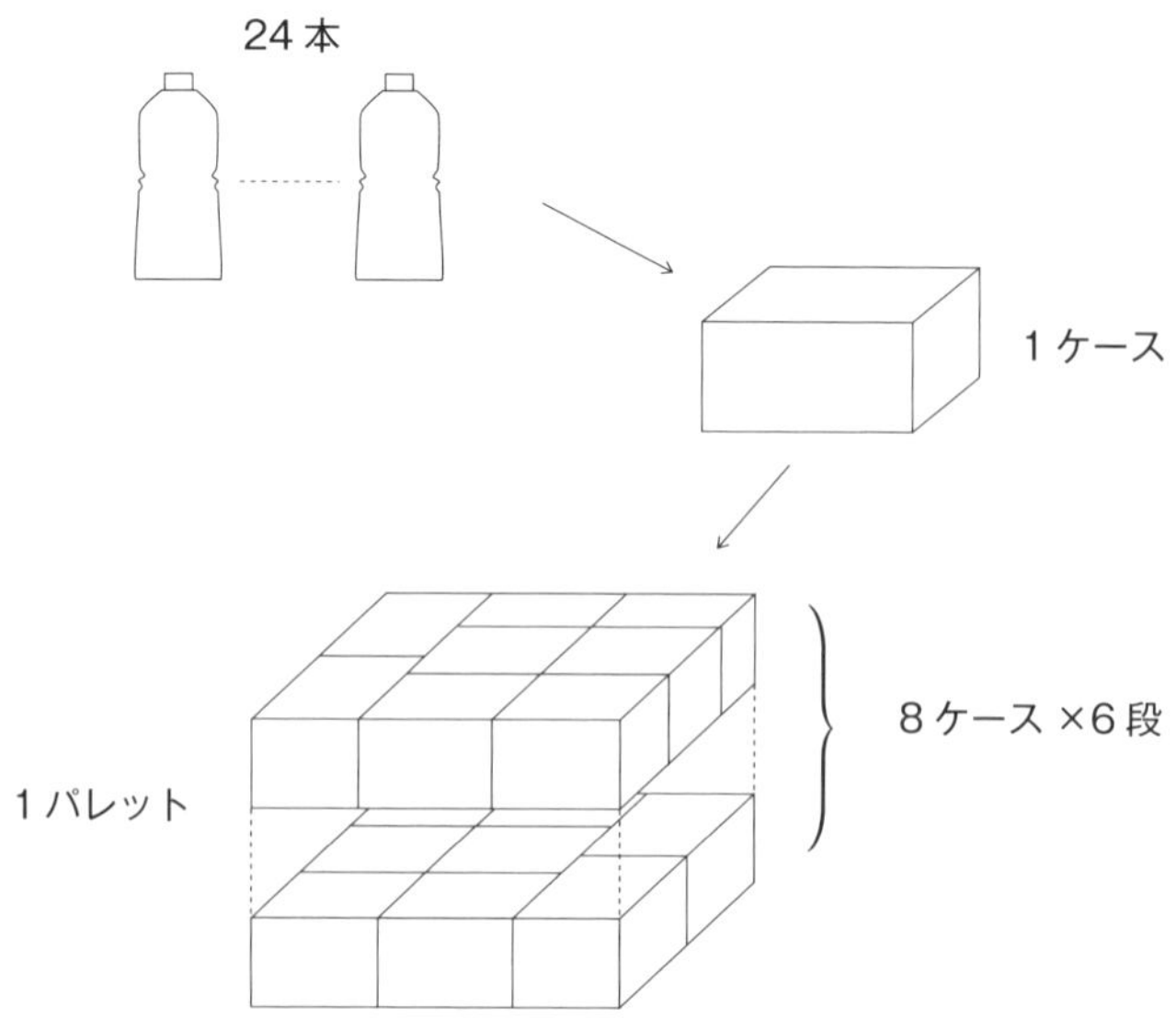

で1パレットでは6本分の垂直荷重を受けます。このときの垂直荷重は、

①500mL製品の縦方向の重量　0・5kg×6段＝3kg重で約300kN（キロニュートン）

②パレットの重量（パレット1枚の18・5kg重量を水平方向8ケース×24、192本で等分割）18・5÷192＝0・096kg重（9・6kN）

となり、倉庫での1パレット2段積の場合、最下段のペットボトルで300kN×2＋9・6＝610kNの荷重を受けることになります。一方、ダンボールがボトルをまわりから支えてくれる効果のため、この荷重の一部はいくぶんか軽減されます。ペットボトルに要求される耐荷重は実際には安全率を最低でも20〜30％以上は設定しますので、2パレット積みで最低でも700kN以上ということになります。ということでペットボトルには自立するだけの強度だけでは不足で、倉庫保管や輸送時のことも考慮して強度が設計されています。しかし、大手飲料メーカーの最軽量のミネラルウォーター500mLペットボトルでは段積は1パレットを前提とし、ぎりぎりまで軽量化しているものもあります。過去の軽量化の実績としてはミネラルウォーター2Lで1991年当時80gが現在29・8g、550mLで1996年当時30g超が現在11・3gと劇的な軽量化がなされてきました。現在まで、軽量化の対象としてはボトルの胴部や底部が中心でした。また、ペットボトルの耐荷重を補う方法として、海外ではペットボトルのミネラルウォーターに液体窒素を添加して、ボトル内部を陽圧にすることでペットボトルの縦荷重を確保している場合もあります。こういった陽圧のボトルではボトルの下部の形状がペタロイド（ペタはギリシャ語で5）と呼ばれている花びらのような形をしています。コーラやサイダーなどの炭酸飲料では必ず、こういったペタロイド型の形状のボトルを使用し、強度を保持しています。また、ペットボトルの胴部水平方向は必ず丸型（丸ボトル）です。その理由は、PETは繊維の寄り集まった構造をしており、金属であるアルミ缶やガラスびんのように自身で剛性をもたないため、高い内圧がかかると全てが丸くなってしまいます。コンビナート地帯でよく見かける天然ガスのタンクはほぼ完全な球形をしていますが、これはパス

カルの原理により、気体や液体の圧力がどの方向にも均等にかかることを利用して、最も安定な球に近い形状としています。よって、炭酸飲料に使われるペットボトルは容量に無関係に全て丸ボトルです。本来、２Ｌのペットボトルは空間を最も有効に活用できるように水平方向に四角の角ボトルを使用しますが、炭酸飲料のペットボトルはこのような理由から全てが丸ボトルです。

また、ペットボトルの軽量化に欠かせない視点がネジ口部の軽量化です。海外ではいち早く、ネジ口部の軽量化がなされており、世界的な規格としてＰＣＯ１８８１（約３・８g）といわれるタイプが多く採用されています。日本では、まだ、密封性に対する不安から、特に飲料ではＰＣＯ１８１０（５・１g）といった従来タイプの高いネジ口部が主流です。今後は、さらなるキャップの密封性向上にも並行して取り組みながら、日本の飲料業界もネジ口部のショートハイト化とキャップの軽量化に取り組んでいくべきと思います。

キャップの軽量化に対するネジ口部形状

提供：Best In Packaging

底面が花びら状に凹凸するペタロイド容器

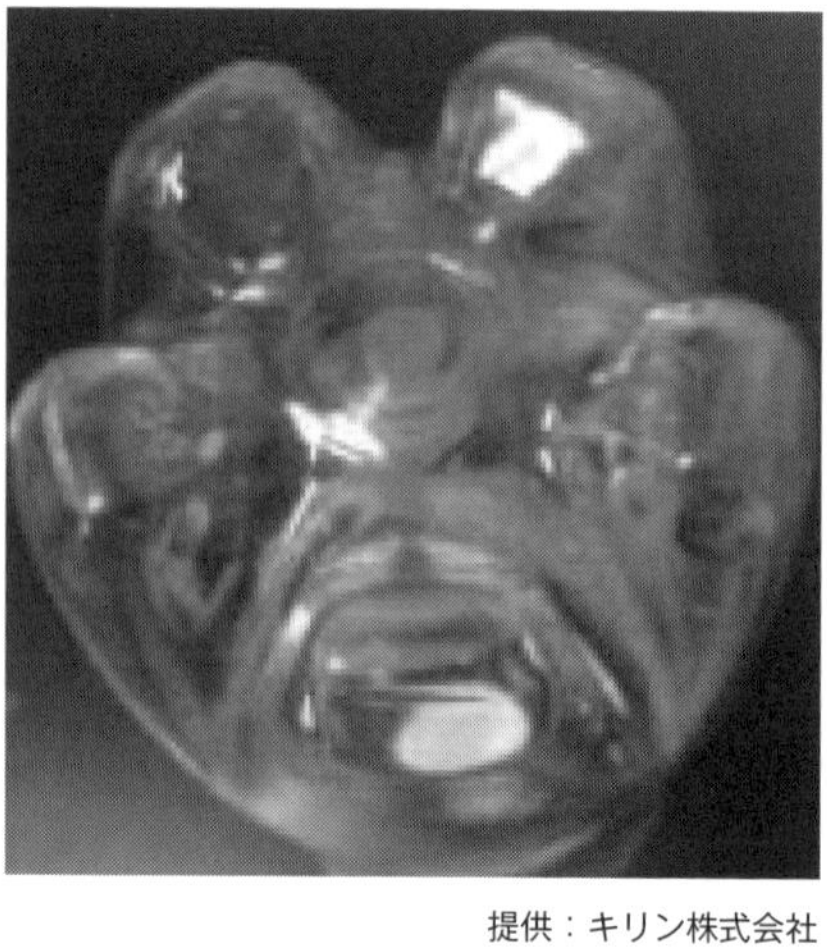

提供：キリン株式会社

23 残留応力を軽減するヒートセット

―結晶化度を上げて熱に強いペットボトルを作る―

ペットボトルは熱可塑性プラスチックであるがゆえに、延伸成型後も加熱などで寸法が変化する場合があります。こういった現象に大きく関わっている要素がペットボトルの結晶化度です。ホット充塡の際に特に重要な要素です。プリフォームを加温してブローして延伸成型した直後は、ちょうどゴムバンドを伸ばしたときのように、ペットボトルは元へ戻ろうとする力（残留応力）があります。ヒートセットなどの処置をしていないアセプティック充塡したペットボトルは、商品として販売された後もこの残留応力は存在しており、試験的にこのペットボトル、例えばネジ口部の透明なペットボトルに熱湯を入れると残留応力が顕在化し、ペットボトルは収縮して高さや胴径が小さくなります。一方、ホット充塡するペットボトルは温度の高い飲料を充塡するため、充塡後にボトルが収縮すると充塡量が少なくなったり、充塡中に飲料が溢れたりすることが想定されます。そのため、ホット充塡用のボトルはブロー成型中にヒートセットと呼ばれる方法でブロー成型の金型の表面温度を高くして、ペットボトルの結晶化度を上げる必要があります。ブロー成型時のプリフォームの温度はガラス転移点より少し高い80℃程度ですが、これを１３０℃以上の金型表面と接触させ急熱することで結晶化度が一気に上がります。

では結晶化度が低いとなぜ、ボトルが収縮するのでしょうか？　無秩序に繊維が絡み合っているだけの部位（非結晶化部位）では、ガラス転移点付近の温度になると、繊維状鎖が自由に動ける状態になり、残留応力が発現して延伸前の状態（プリフォームの状態）にいくらか戻ろうとします。このことにより、結晶化度の低いペットボトルでは熱が加わったとき、全体の寸

満注容量変化比較

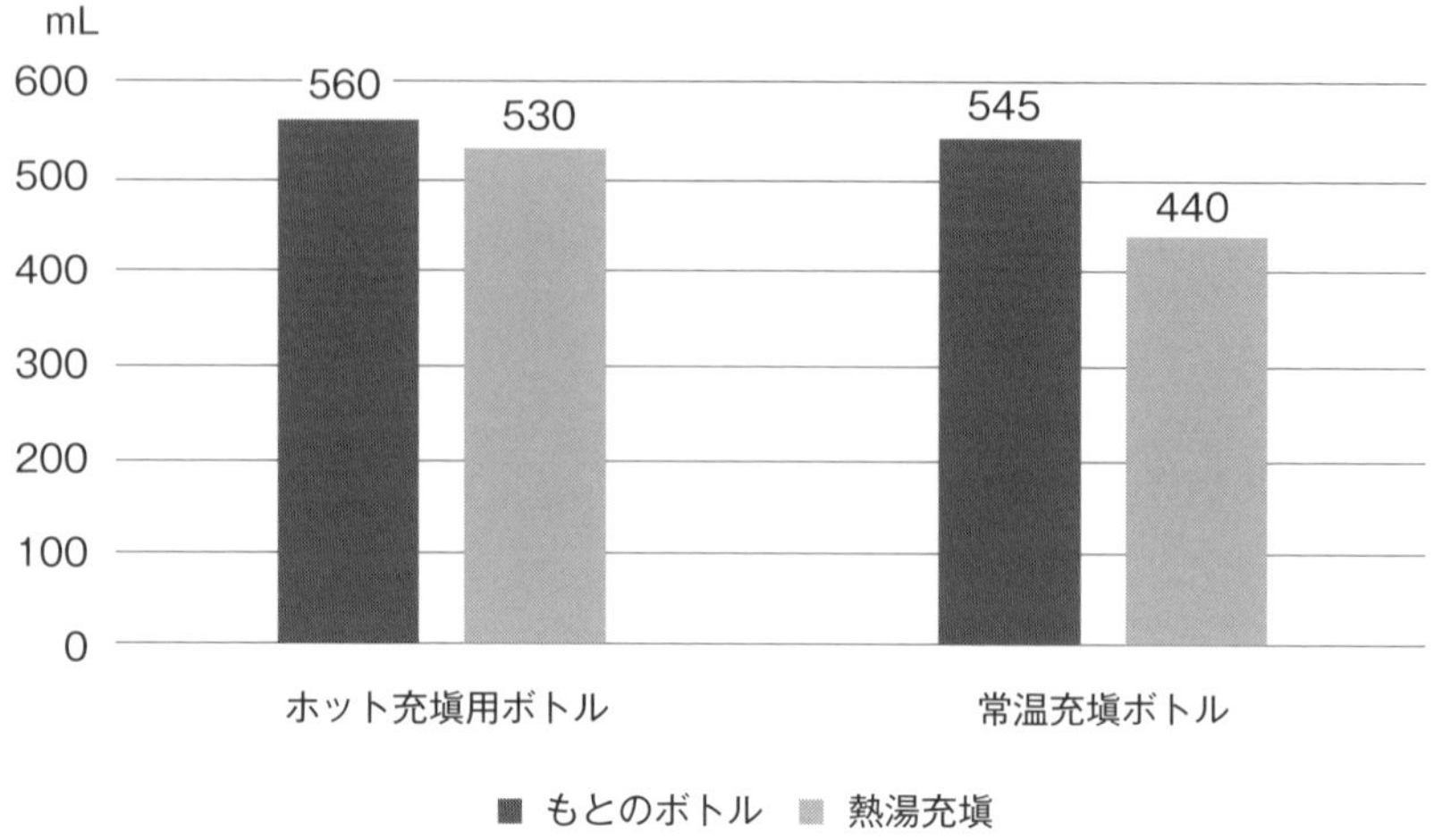

熱湯試験によるボトル容量の変化

ホット充填用ボトル　　　　常温充填ボトル
（それぞれ、右が熱湯試験品）

法が収縮する現象が見られるのです。結晶化度を上げると、ホット充塡時や飲料工場の倉庫ではもちろんのこと、商品として販売された後もボトルが収縮することなく使用できるのです。

実際に耐熱ペットボトルと常温充塡ボトルに100℃の熱湯を入れ、放冷したときのボトルの満注容量（最大容量）を比較したグラフをみると、ホット充塡用のボトルでも5％程度内容量が減少したのに対して、常温充塡ボトルでは19％も満注容量が減少しました。

この原理をさらに利用したのが口部結晶化ボトルで、口部の結晶化度を最高レベルまで上げています。ホット充塡時のネジ口部の寸法変化を極力少なくする目的で、プリフォームを製造する際のインジェクション直後に口部のみ加熱を行います。耐熱ボトルは飲料メーカーでの内製の例はなく、容器サプライヤーから飲料メーカーのルートで販売されています。その理由は口部結晶化の条件設定が難しく、専門の容器メーカーで行うのが一般的であるためと思われます。

寸法変化は炭酸飲料充塡の際にも発生します。炭酸飲料は常温または低温充塡が基本のため、ヒートセットは不要です。しかし、飲料メーカーで内製化した炭酸飲料のボトルは充塡直後、結晶化度が低いため、ボトル内からの高い炭酸ガス圧力により、残留応力以上の強い力で、今度は収縮とは逆にボトルが膨張します。ヒートセットをしていない結晶化度が低いボトルでは、内圧に負けてボトルが膨張しようとするためです。この現象は一般にプラスチックのクリープ現象と呼ばれています。プラスチックは粘弾性体なので、固体状態でも粘性を持っています。そのため、長時間荷重がかかった状態ではゆっくりと変形が生じます。クリープによって炭酸飲料ボトルは充塡後、しばらくの間、ボトルが膨張する現象が見られますが、時間的には充塡後1日程度で収斂し、ボトルは一定の形になります。

よく一般の消費者の方から、ペットボトルには口部が透明なものと白いものがある理由について尋ねられますが、その理由は一部の例外を除き、「口部結晶化＝ホット充塡」、「口部が透明なボトル＝常温充塡」といっても良いと思います。

24 ネック搬送による驚異の充塡スピード
―ペットボトル充塡の高速化―

ガラスびんやアルミ缶など多くの容器に充塡機で飲料を充塡する際は、いわゆるコンベア搬送をしています。このコンベア搬送というのは、回転寿司で見かけるコンベアと同様に、搬送物（ガラスびんや缶など）をトップチェーンと呼ばれるコンベアの上に載せて運びます。ここでも飲料製造列全体の生産性を上げるために、なるべく速いスピードで搬送し、なるべく速い充塡スピードで充塡することが必要です。しかし、あまり急激な加速や減速は、容器の進行方向または後退方向の、容器の先端または後端下部にモーメント（回転力）が働き、容器は転倒します。一般に、充塡機は1本単位の充塡しかできないため、充塡機前で容器のスピードを上げ、充塡機後でそのスピードを落とすことになります。よって、最高スピードで旋回・充塡している充塡機に、空の容器を低速状態から高速状態にして供給するときや、充塡の終わった容器を高速状態の充塡機から排出して低速状態にする際には、コンベアによって容器が転倒しない加減速で搬送しなくてはなりません。空の容器の状態、中味の入った状態、また、容器の重さ、細かい形状や重心の高さにもよりますが、中味充塡前のペットボトルは自重が11～20gしかなく、最も転倒しやすい容器です。そこでペットボトル飲料の充塡の際に考案されたのが、充塡機で容器の口部に近い位置でしっかりと容器を把持（グリップ）して充塡する方法で、ネック搬送と呼ばれています。

ペットボトルの容器のネック部がなぜ、このようなでっぱった形をしているのか？　1つには充塡後、キャッパーと呼ばれる機械で、キャップと一体となっているピルファープルーフ用のネックリングが上からペ

グリッパー

提供：日本クロネス株式会社

ットボトルの下方に下ろされてきたときにキャップを受け止める役目と、ネック搬送の際、爪のような形をしたネックグリッパーと呼ばれる部品がペットボトルをしっかりグリップできるようにつけられた役目の2つがあります。

今ではこのネック搬送方法は高速充填ラインを考える上で、なくてはならないものになっており、それまで、1分間に数百本のレベルでしか、搬送・充填できなかった500mLのペットボトルが、現在では最高速900本のレベルで充填可能となっています。

ではガラスびんではどうでしょうか？　ガラスびんではこのようなネックの形を作りにくいことや、このような形状をガラスびんで成型した場合、たいへん破損しやすく危険なため、ガラスびんではネック搬送は不可能に近いと考えられています。そのため、ガラスびんの製造ラインのスピードは500mLまたは633mLの容量のガラスびんの場合で、1台の充填機で1分間に600本が限界と考えられています。

25 ボトル内製化とアセプティック充塡
─劇的な効率化と二酸化炭素排出量の削減─

アセプティック充塡方式というのは、紙容器やペットボトルを完成した容器として容器サプライヤーから納入するのではなく、飲料工場内で製造（内製化）することが前提になります、そのためプリフォーム製造ラインとボトル製造ラインを飲料工場内に設置することになります。なぜ、飲料工場内にペットボトルの製造設備を設置する必要があるのか？　その理由は、容器サプライヤーでのペットボトル製造、飲料工場までのペットボトルの運送も含めたトータルでの無菌レベルの保証が難しいことにあります。

ペットボトルの内製化のしくみを説明します。まず、PETペレットを飲料工場内に受け入れます。フレキシブルコンテナと呼ばれる袋（1袋が1トン）または大手飲料工場ではそのままサイロという大きな縦型の保管蔵に受け入れます。次にPETペレットを溶融して成型する工程ですが、その前にPETペレットを乾燥しなければなりません。というのも、PETペレットの非結晶化部ではPET繊維同士の間に大気中の水分子が入り込んでおり、この水分子を除去しておかないと次の溶融工程に水分子を持ち込んでしまい、射出成型機（インジェクション）の中で加熱によって水分子が気化し、最悪、水蒸気がプリフォームの中で気泡となって残存してしまいます。十分に乾燥したPET樹脂は、インジェクションの中で融点付近（230℃程度）に加熱加圧溶融され、キャビティ（凹形金型）とコア（凸形金型）と呼ばれる金型の中に高圧で送り込まれ、その後、冷却されてプリフォームの形になります。

コアとキャビティは直線式に動作し、生産性を上げるために1台のインジェクションに数多くのキャビテ

プリフォーム製造

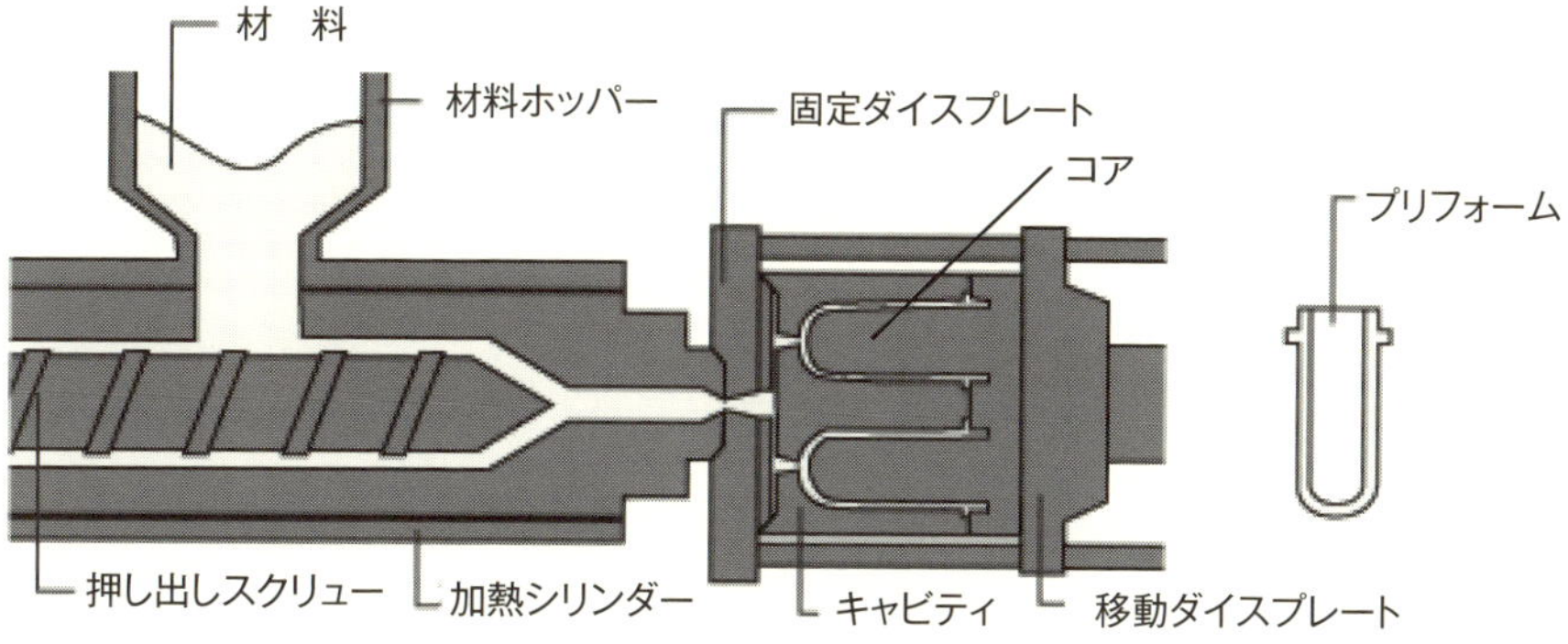

ブロー成型の様子

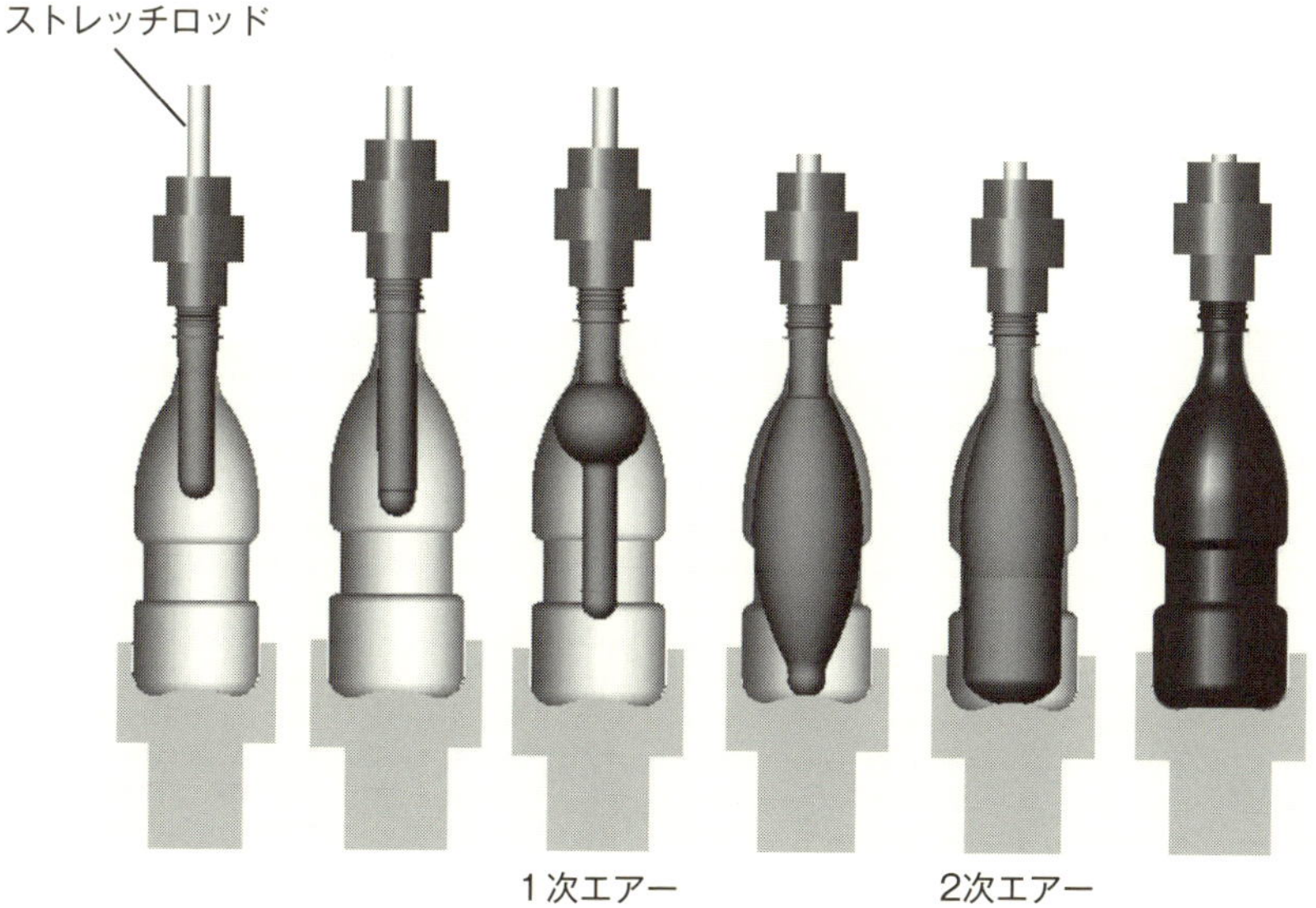

提供：APEX Container Tec Inc

ィとコアのセットを備えている場合が多く、最新最多のインジェクションではその数が144セットもあります。ここで成型したプリフォームは一度、コンテナに保管した後、使用する前日などに一定温度・一定湿度の部屋で湿度の条件などを整えた後、ブロー成型機に送られます。ブロー成型機では事前にプリフォームをガラス転移点温度付近の80℃程度で加温した後、ブロー成型機内で成型します。ここでは、はじめにストレッチロッドと呼ばれる金属のシャフトが、プリフォームの内側からプリフォームを延伸します（1次延伸）。ストレッチロッドがペットボトルの全長に伸び切る前に中圧エアーが導入され（2次延伸）、さらに別系統から高圧エアーが導入され、ペットボトル成型が完了します。その後、ペットボトルは過酸化水素の気体の中または過酢酸で洗浄された後、ボトル成型直後の熱を利用することで殺菌力が高められ、無菌水ボトル洗浄機（リンサー）から充塡機へ送られます。

この際の殺菌レベルに、たとえばフルアセプティック殺菌の場合、6D保証というい方（元の菌数を10のマイナス6乗下げる殺菌レベル）をします。この言葉はISO（国際標準化機構）、または厚生労働省の「最終滅菌法による無菌医薬品の製造に関する指針」の無菌性保証水準（SAL）を参考にした値です。このペットボトル内製化には、飲料工場としてボトルを内製化する上において、さまざまなコストが発生します。外気を完全に遮断した無菌チャンバーやインジェクションマシンとブロー成型機が初期投資として必要で、一例ではその投資額は40億円（一部建築を含む額でペットボトル280㎖～2L、製造能力は1分間に400本というレベル）です。また、過酢酸という比較的高価な薬剤も使用します。

ホット充塡の場合、飲料工場としては完成品のペットボトルを容器サプライヤーから購入してトラック搬送の上、受け入れる形をとるので、そこには大きなエネルギーロスや余分な二酸化炭素を排出するということになります。空のペットボトルは500㎖耐熱で24g超ぐらいの重量しかなく、容器サプライヤーから飲料工場までの空のボトルのトラック輸送は、空気を運んでいるようなものといってもいいぐらいですね。

一方、アセプティック充塡では、中味温度をホット充填のように上げる必要がなく、ボトルの耐熱性も不要であることから軽量化が可能です。ホット充填に対してボトル内製化アセプティック充填の長所は、完成品としてのペットボトル購入費が、より安価なPET樹脂やプリフォーム購入費用にとって代わられることや、他の長所もあります。大日本印刷社のまとめによると①ボトルの軽量化で18％のPET樹脂の使用量減、②プリフォーム搬送とボトル搬送の比較で輸送効率が7倍改善、③全工程における二酸化炭素の排出率が約35％改善などがあります。

会計的な側面で考えれば、プリフォームやボトルを内製化するということは、何年操業すれば資本が回収できるかという投資対効果の観点と、今までは材料費（変動費）として購入していたペットボトルを自社で設備を導入して作ることは、設備の固定費がかかるということになります。今は時代の変化も激しく、プリフォームやペットボトルなどの容器も軽量化などにより仕様変更が多くなることも考えれば、変動費から固定費の流れは、通常とは逆の流れです。

このように、初期投資では大きな投資が必要なボトル内製化・アセプティック充填方式ですが、①常温流通を前提としたミルク入りコーヒーや紅茶の製造が可能、②ボトル軽量化が可能なミネラルウォーターや茶系飲料などの製造では、投資額よりもその後の数年で回収できるランニングコストの削減額が上回る場合も多く、日本のみならず、世界ではホット充填に代わって主流になっています。筆者の感覚ではミルク入りのペットボトルコーヒーや紅茶は、ホット充填のものが年々少なくなっており、アセプティック充填品が多数となっているように思います。

一口メモ

ボトルのブロー成型にはたいへん、高い圧力の空気圧縮機が必要です。その圧力は35bar。実に大気圧の35倍。ペットボトル成型後は高圧エアーをなるべく回収して、エネルギー損失を減らす取り組みがなされています。

26 無菌充塡のさらなる進歩 ―電子線によるプリフォームとボトルの殺菌―

微生物の増殖にとって自由水の存在はとても重要で、完全なドライな環境を維持できれば環境中に存在する微生物の量を大幅に低減できます。特に充塡室の床や天井、機器回りのいわゆるヌメリ（微生物菌体及び微生物によって生成される多糖類）を大幅に低減できます。そういった要望に対応するべく、近年、電子線を用いた空容器の殺菌方法が導入されました。

もともと電子線装置の歴史のはじまりは、ジョンソン・エンド・ジョンソン社が医療品の製造で最初に材料の滅菌を開始した１９５６年までさかのぼります。現在では実にさまざまな医療品の滅菌に使用されてきており、近年は飲料分野、特に空容器への応用が広がっています。この方法はある一定のエネルギーを持った電子線を空容器表面に照射することで殺菌を行います。微生物や芽胞のＤＮＡ鎖を直接切断したり、間接的にはラジカルを発生させ、ＤＮＡ鎖や細胞壁を破壊したりします。

電子線発生の原理を説明します。まず、真空に保たれたチャンバーの中心に配置されたフィラメント（タングステン）に電流を流すと加熱されて、熱電子が放出されます。放出された熱電子は、ターミナルと陽極であるウインドー間の80～３００kVの高電圧によって加速され電子流となり、ウインドーの薄い箔（アルミやチタン）を通過して外界に飛び出します。これが電子線です。このウインドーとセルフシールドの間をペットボトルなどの空容器を通過させ殺菌を行います。

電子線は、加速電圧が大きいほどより深くまで電子が到達することができます。また、被照射物の密度にも影響され、密度が小さいほどより深くまで浸透します。

電子線殺菌装置のしくみ

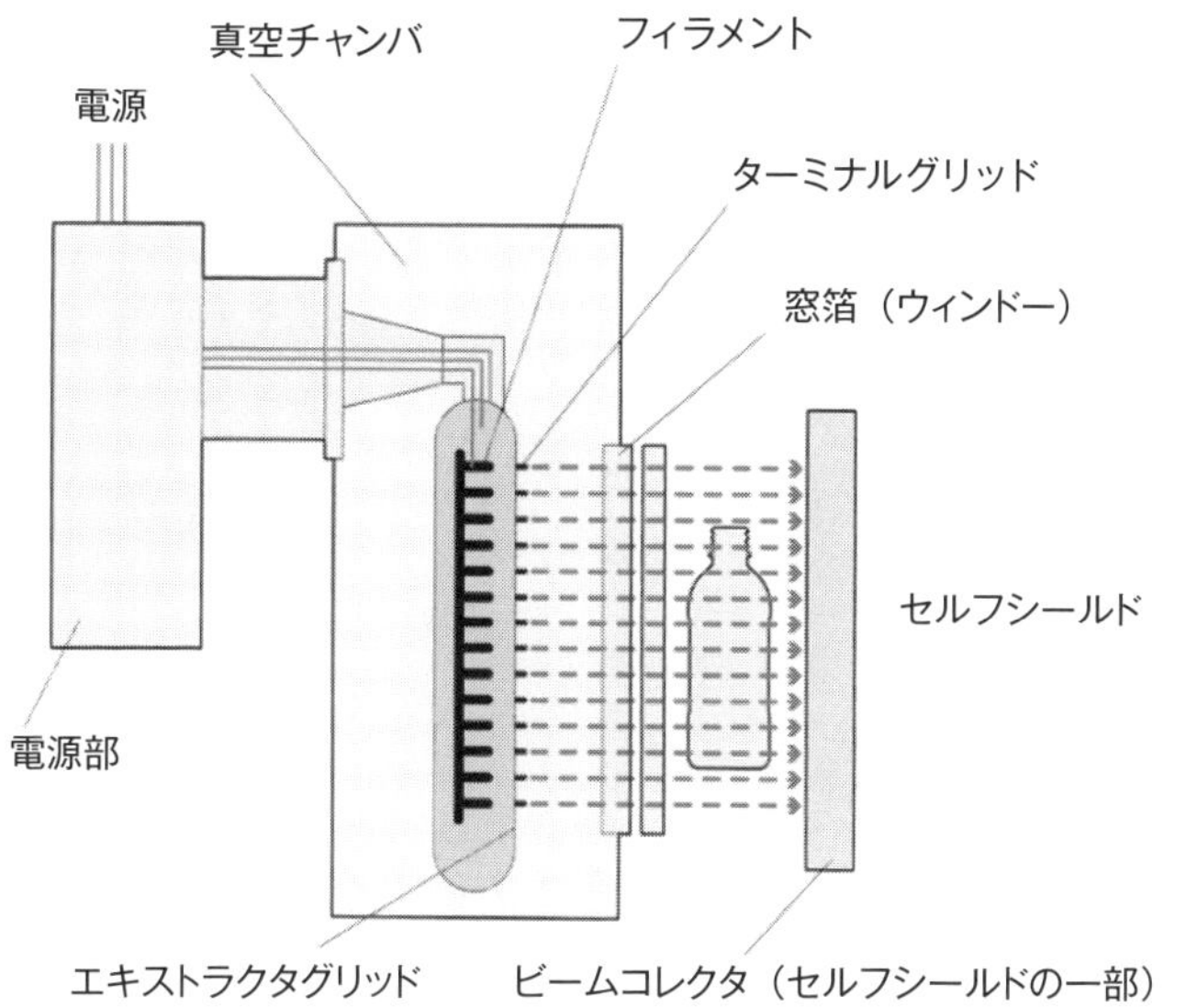

提供：澁谷工業株式会社

浸透イメージ

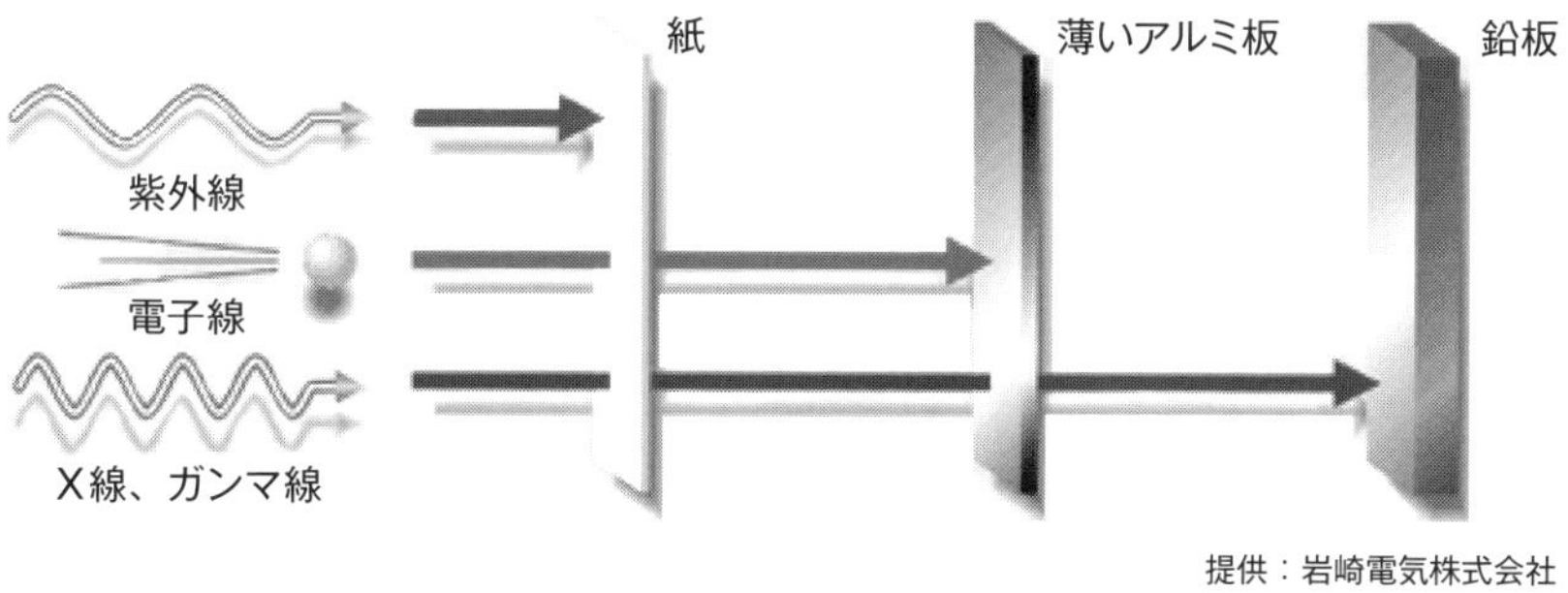

提供：岩崎電気株式会社

電子線滅菌の指標菌はバチルス・プミルスです。岩崎電気社で実際に菌を使って、電子線による滅菌のD値が求められました。紫外線では最も滅菌しにくい真菌類（カビ類）が電子線では簡単に死滅させることができます。これが電子線滅菌の1つの特徴です。

電子線殺菌はこのように水を全く用いないため、余計な微生物の繁殖を未然にふせぐことができます。また、薬剤使用時などに必要であった薬剤濃度の確認などの作業が、基本的に不要であることも利点です。それは電子線殺菌の発生装置には何重にも異常を検知するシステムがあり、基本的に電子線殺菌装置が電気的に正常に動作していることがそのまま容器の殺菌を保証しているからです。現在、このシステムをすでに導入している飲料工場で、一足飛びに容器の無菌状態を保証している工場があるとは聞いていませんが、いずれ実績を積んで、「電子線殺菌の正常稼働」＝「容器の無菌」を品質保証の柱に考える工場は出てくるものと推測しています。

さらに過酢酸や過酸化水素といった薬剤を使用しないで容器をずっとドライな環境で扱えるため、充填機前の空容器の水によるすすぎが不要になります。その結果、リンサー（水洗浄・すすぎ装置）が不要となり、空容器の殺菌と充填機回りがコンパクトになります。

一方、このシステムにも課題があり、電子線発生装置や電子線の遮蔽設備に大きな設備投資が必要なことや、ブロー成型後のペットボトル（最大では2L）全体を殺菌するために、電子線発生装置が大型で電力消費も大きくなることです。この課題を克服するために、ボトルではなくプリフォームの殺菌にこのシステムを使用し、電子線発生装置を小設備とする取り組みもあります。このシステムでは上下可動式の電子線発生プローブをプリフォーム内で上下動作させ、電子線発生装置の小型化をはかっています。これにより、以降のボトル通過工程を無菌エアーで保証することも考案されています。また、電子線発生プローブを空のペットボトル内で上下させ、ボトル全体を電子線殺菌する試みなどもなされています。これらシステムではまだ、実用化の例は少ないものの、今後、大きく発展していく可能性があると予測しています。

無菌充填システムの構成例

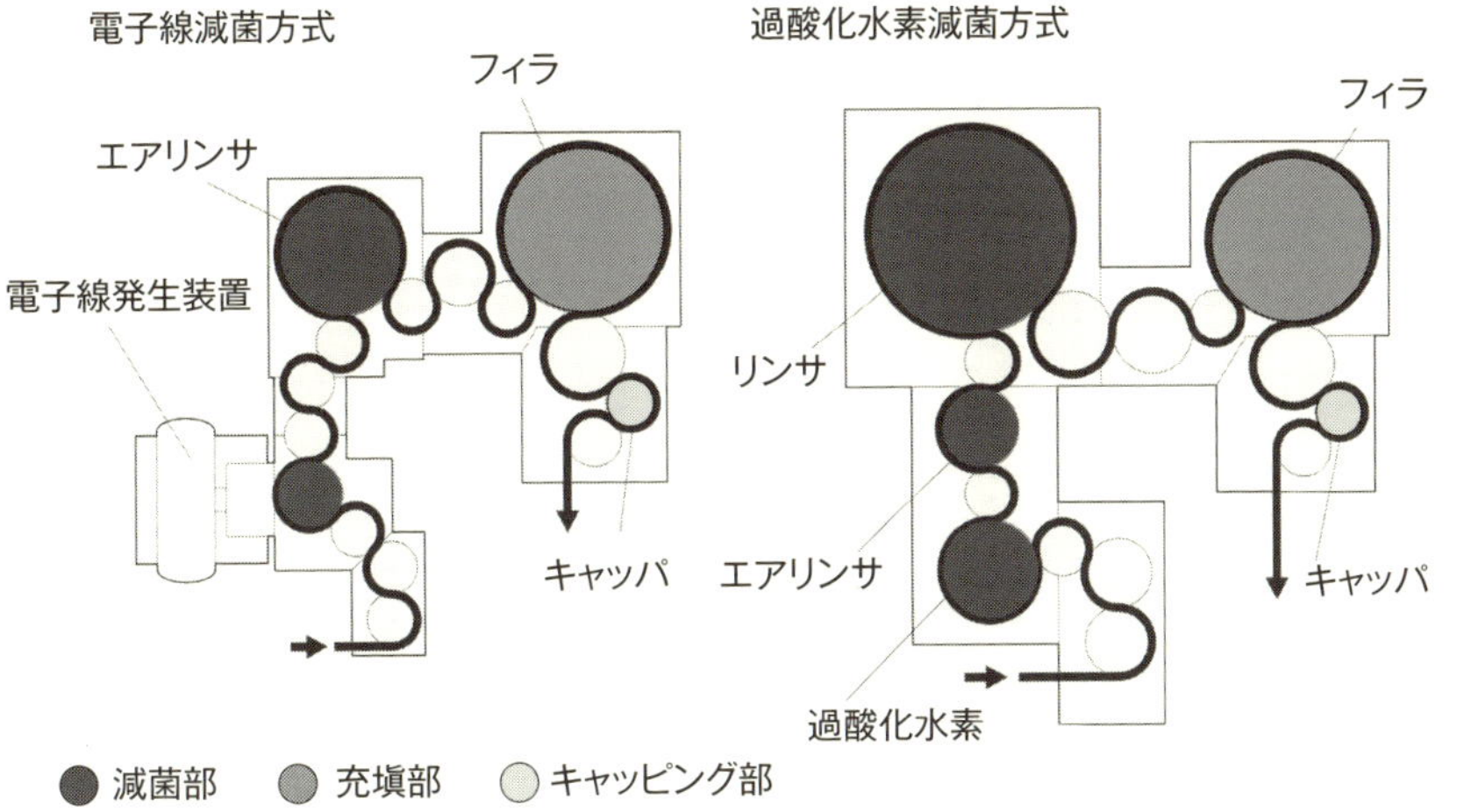

提供：澁谷工業株式会社

電子線発生プローブ

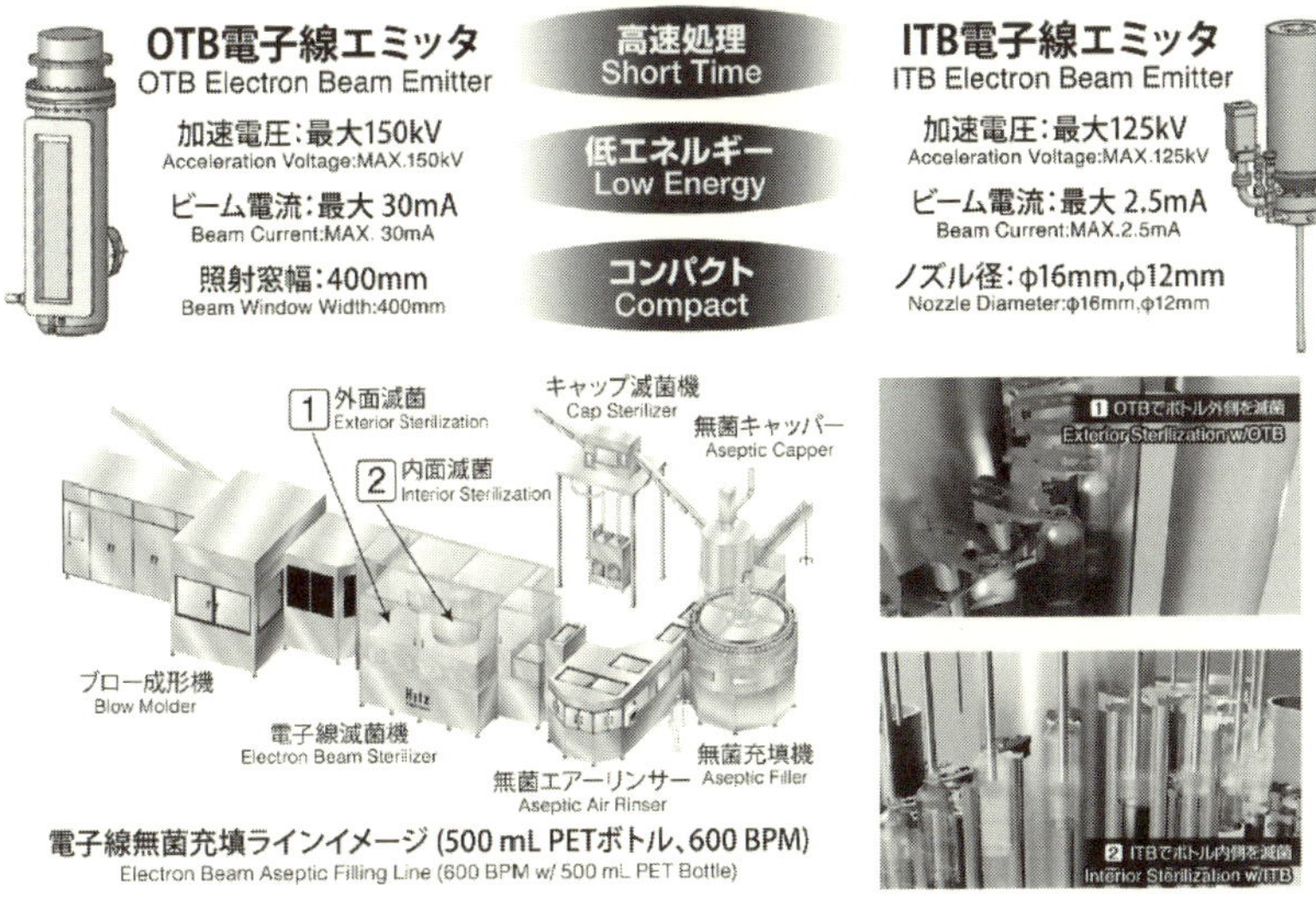

電子線無菌充填ラインイメージ（500 mL PETボトル、600 BPM）
Electron Beam Aseptic Filling Line (600 BPM w/ 500 mL PET Bottle)

提供：日立造船株式会社

27 超高速の炭酸飲料充填技術
―ドイツdrinktec 2017で紹介―

ペットボトル飲料の充填でイノベーティブな技術を、さらに2つ紹介します。1つは炭酸飲料の高速充填技術で、フランス、シデル社のシステムです。これは充填バルブが充填中に自転するというものです。筆者も実際にdrinktecで充填テストを見学しました。そこでは通常の充填バルブ1本とテスト用の自転するバルブ1本を並べて、同時に充填テストを行っていました。まずテストバルブが自転を開始します。その後、両方のバルブにおいて空のボトルに炭酸ガスが吹込まれ、同時にベントガスとしてバルブの真ん中から排気されます。この工程は通常バルブもテストバルブも同じです。次に、ペットボトルのネジ口部の円周方向から炭酸飲料が充填されます。この際、通常バルブでは充填されている炭酸飲料の液面は、充填機の公転速度により発生する遠心力で、わずかに液面が外側に振られた状態で静かに上昇して行きます。これに対してテストバルブではバルブが高速で自転しているため、液体の粘度に起因してボトルの自転の影響を受け、液面がちょうど、鳴門の渦潮のように渦を巻き、断面から見るとV字の液面を形成しながら入味レベルが上昇していきます。通常バルブの充填時間は8・4秒、テストバルブはわずか4・5秒の約半分の時間で充填が完了します。通常は充填機のスピードを数%上げるだけでも大変なのに、この例では一気に2倍に充填スピードが上がるということは驚異的というしかありません。この現象を理解するためには気液分離を目的としたサイクロンという設備を思い浮かべると理解しやすいのではないか、と思います。

サイクロンはさまざまの物質の分離用途に用いられますが、その中でも気体と液体を分離する目的のサイ

Rotary fluid distributor の特長

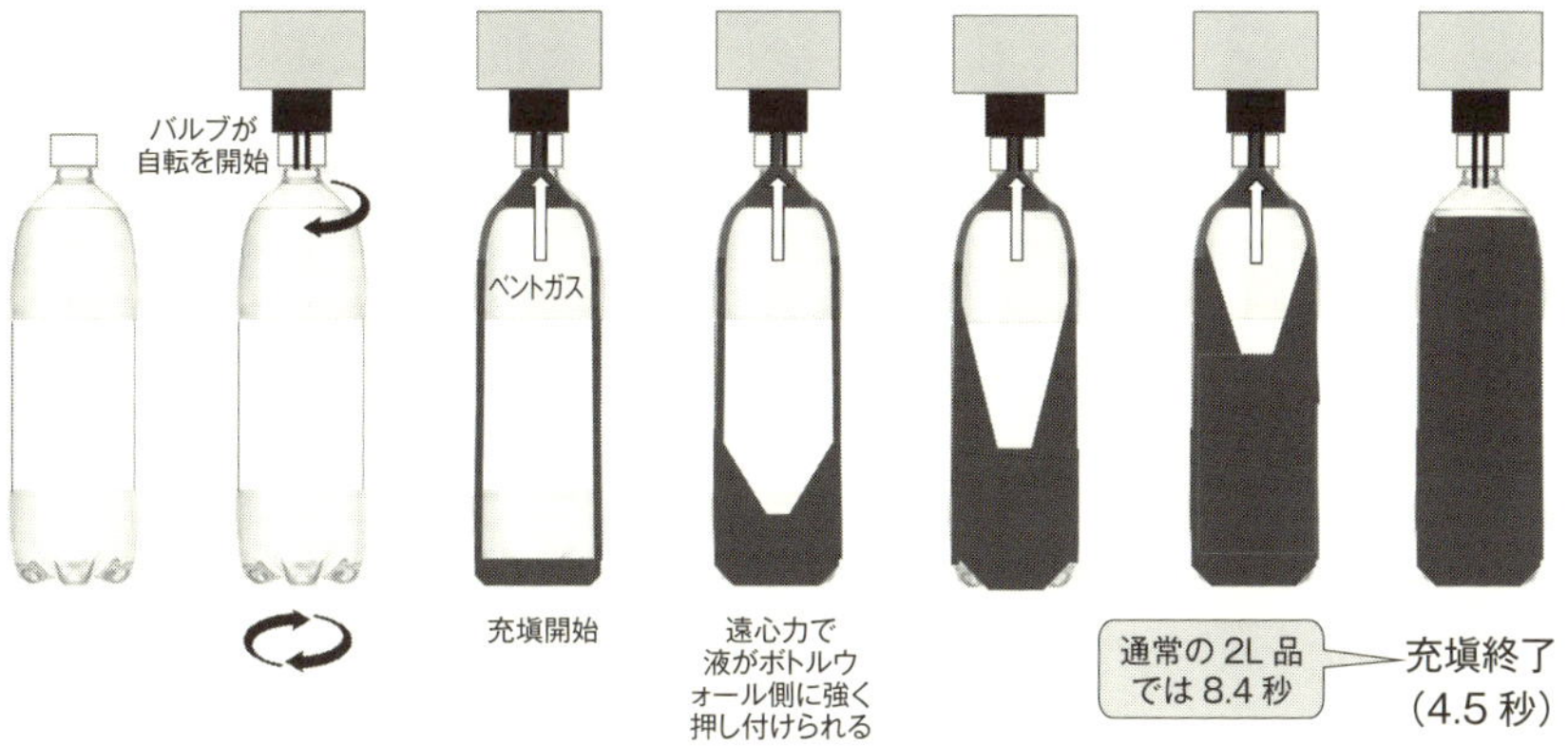

出所：drinktec 2017 Sidel社展示から作成した筆者のスケッチ

Sidel 社の高速充填技術

提供：Sidel社

クロンでは、気体と液体の混合物をサイクロンの上部、円周側から接線方向に導入します。すると、液体は比重が大きいため、遠心力によってサイクロンの内壁に沿いながら落下していきます。一方、気体はサイクロンの中央のベントガスラインから系外へ排出されます。この気液の流れと同じ原理が、自転するテストバルブの中での気液の挙動で生じているものと思われます。サイクロンでは導入する気液混合流体の線速度を上げることで分離効率が上がりますが、このテストバルブでも同様に、バルブの自転速度を上げることでより気液分離（ベントガスのペットボトルからの排出）が促進され、より高速化できるものと推測します。

もう1つのシステムは、いわば、ブロー成型機と充填機が合体したシステムで、ドイツKHS社（Amcor社）によるものです。ブロー成型機は通常、ストレッチロッドが温めたプリフォームを最初に伸ばし、その後、中圧・高圧エアーでプリフォームを延伸してボトルまで膨らませますが、このエアーの代わりに、水や飲料を使うというものです。チョット、驚きですよね。何がオドロキかというと、通常のシステムでは中圧・高圧エアーを流すラインに、この充填機ではミネラルウオーターや飲料製品液を流してプリフォームを膨らませるというのです。その際、最も心配なのが、微生物による汚染や異物混入です。もちろん、ペットボトルのエアーによるブロー成型でもクリーンエアーを使う必要がありますが、気体であるエアーしか流さなかったラインにミネラルウオーターや飲料を流すとなると、このラインの洗浄と殺菌をそれまでより高いレベルで行わなくてはなりません。また、ボトル成型においても、飲料によってプリフォームを膨らませる必要があるため、中味をネジ口近くまで充填しないと設計どおりのボトルの形状にならないことになります。すでに数台レベルで実用化されているシステムですが、ホット充填機として使用し、ブロー成型に液体を用いることで金型に対する密着度が上がり、ボトルのリブ形成が非常にシャープにできることや、何よりもブロー成型機と充填機が一体化することで設置スペースの大幅縮小や初期投資の軽減でメリットが大きいと思います。

28 多層・バリア・スカベンジャー
―ペットボトルは空気や他の気体を通す―

数々の利点のあるペットボトルですが、大きな課題の1つは、気体をある程度、透過させてしまうということです。PET樹脂は、気体を透過させにくい性質（ガスバリア性）に関しては、金属やガラスと比べれば劣るものの、同じ汎用熱可塑性プラスチックのポリエチレンやポリプロピレンなどに比べて、飲料や食品の保存に対して各種気体へのガスバリア性へのバランスの良さが利点になります。ガスバリア性が低いとコーラなどの炭酸飲料は長期間の保存で中の炭酸ガスは気抜けしてしまい、また、お茶などの酸化しやすい飲料では同じく、長期保存で大気から酸素がペットボトルに入り込み、お茶を酸化劣化させてしまいます。

しかしながら、一般に販売されているペットボトル飲料は十分なウォール厚（ペットボトル重量）をもたせているため、賞味期間中はその品質が保持されています。ミネラルウォーターに一般的に軽いペットボトルが採用されているのは、中味の酸化や炭酸ガスの逸散を考慮する必要がないからです。ちなみに現在、大手飲料メーカーのミネラルウォーター用のペットボトルの重量は11・5～16g程度、茶系飲料のノンガス飲料では24g程度です。現在、このバリア性が問題になるのは、ペットボトルをさらに軽量化したいとか、あるいはワインのように酸化に弱く、賞味期限の設定されていない中味を充填したいとか、冬場、ホットベンダーで販売したいとかいうニーズのあるときです。その際は、ペットボトルに対して高いガスバリア性を付与する処置が必要となります。バリア性の付与にはいくつか方法があり、これら方法の中から、ガスバリア性とその他のファクター、例えばコスト、容器の取扱いのしやすさ、ボトル内製が可能かどうか、リサイク

ナイロンMXD6/PET多層ボトル中の炭酸ガス保持率

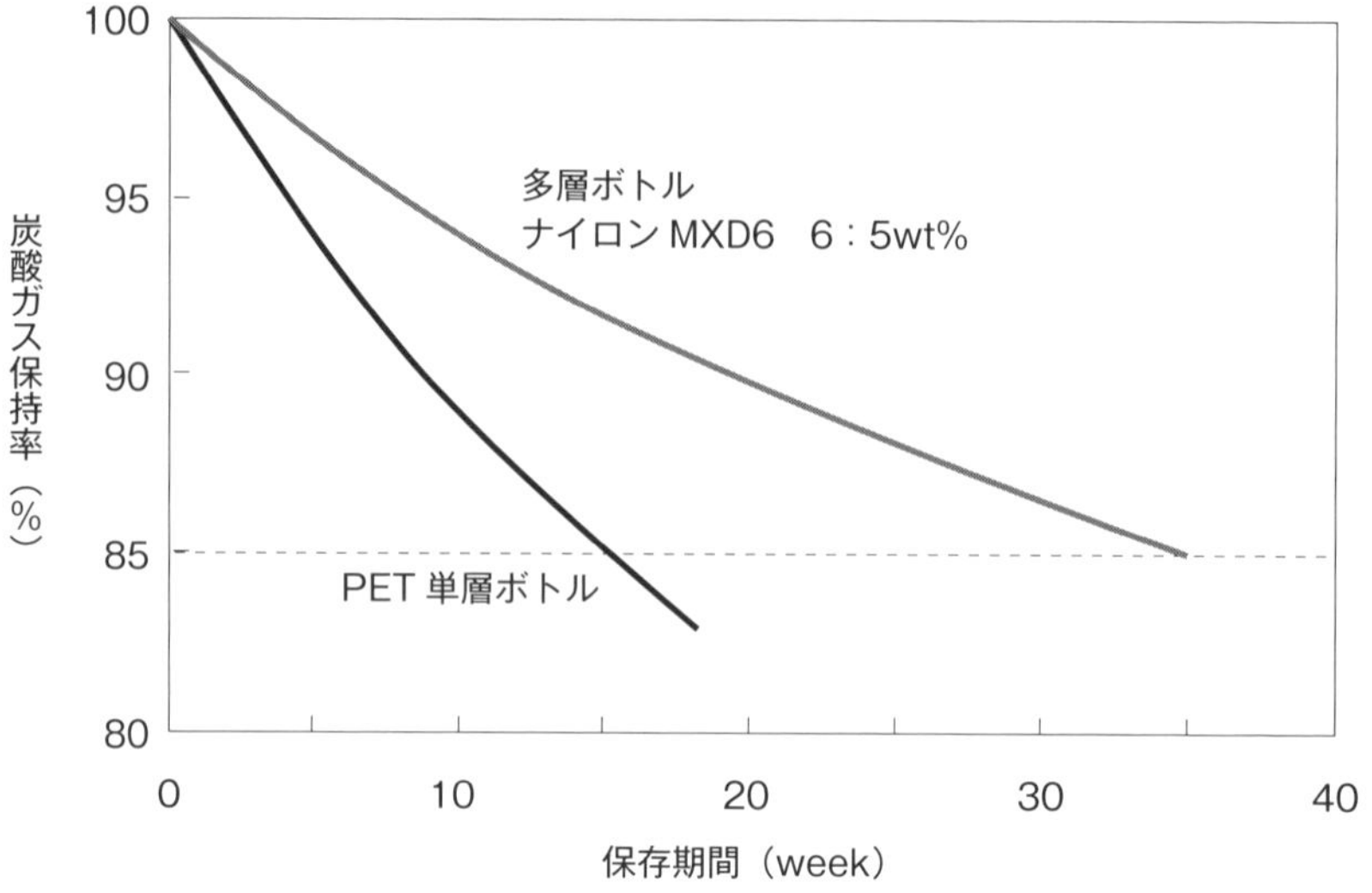

提供：三菱ガス化学株式会社

ル適性など、複数の側面から判断して決定されます。1つずつ見ていきましょう。

「スカベンジャー」は少し変わった言葉ですが、掃除屋という意味があり、大気中の酸素がペットボトルを通過するときに、ペットボトルに混ぜ込んだ酸素吸収剤（酸化鉄、炭酸鉄および白金など）が酸素を取り込んで中味の飲料を酸化させないというものです（アクティブバリアとも呼ばれます）。この方法の利点はPET樹脂にあらかじめ混ぜ込ませることができるため、ペットボトルの内製化と両立が容易なことです。一方、短所としては、炭酸飲料では炭酸ガスの保持ができないことと、スカベンジャー自体に有効期間があることです。

「透過経路屈曲剤（ブレンド）」と呼ばれるものをPET樹脂に混ぜ込む方式があります。この方法は、ペットボトルのウォールの中でガスが直線的に通りすぎることを文字通り邪魔することです。酸素の進入と炭酸ガスの逸散の両方を防ぐことができますが、現在までのところ、実用性のあるものが開発されていないということがあります。

コーティングボトルのガス透過モデル

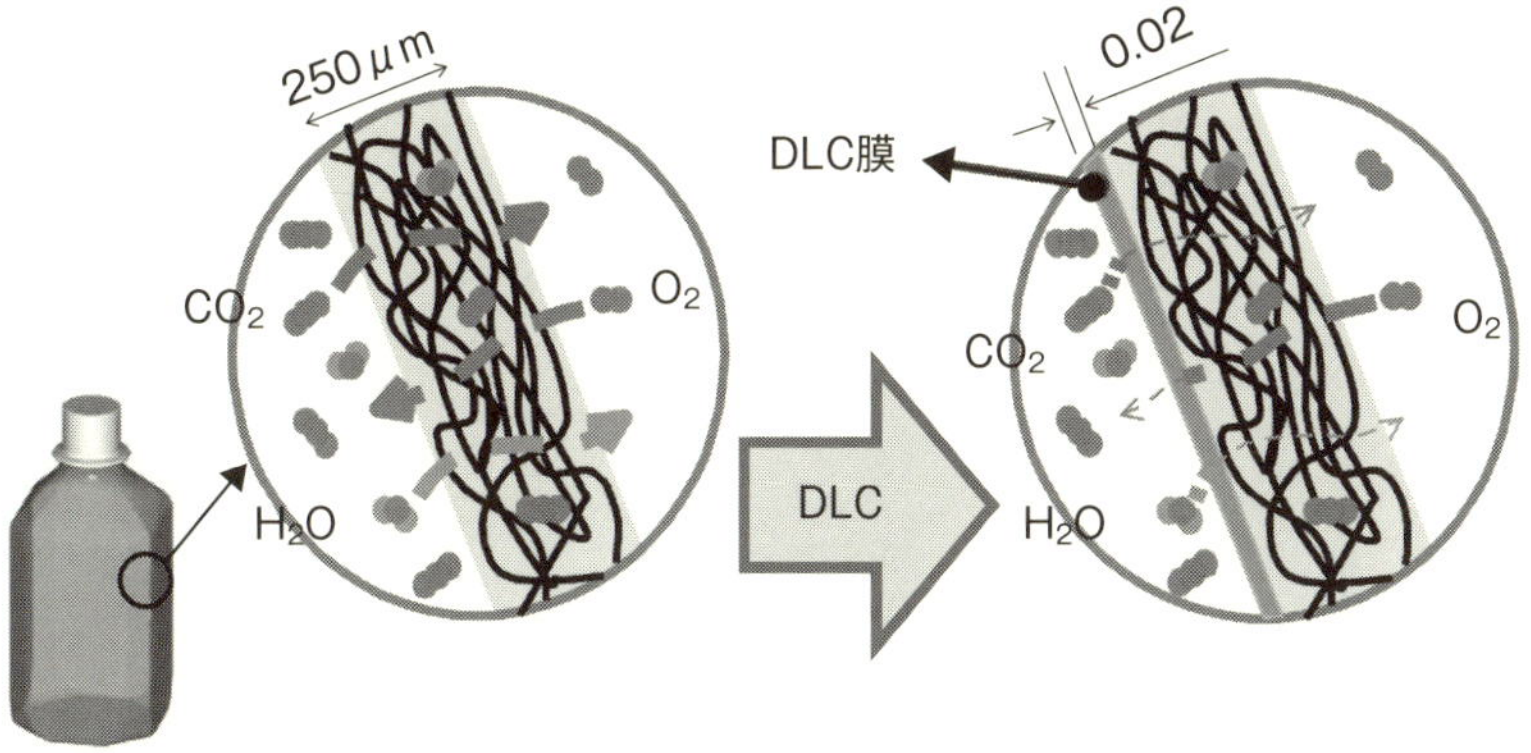

提供：キリン株式会社

「ナイロン（多くはMXD6）」は、ペットボトルの断面を見たときにPETの層とナイロンの層でいわゆる多層構造（多層＝マルチレイヤー）を持ったペットボトルです。この方法の長所は比較的安価で高いバリア性があることです。短所は多層のプリフォーム成型が技術的に難しく、プリフォーム成型の際、インジェクションマシンの金型などの清掃作業が多いことや、飲料工場でのボトル内製化は現在、行われておらず、リサイクル性に問題のあることなどです。

「バリアコーティング」にはさまざまなものがあり、SiO_2膜、炭素膜があります。炭素膜の中でも多く用いられているのがダイヤモンド・ライク・カーボン（DLC）膜です。この方法は、専用のバリアコーティングマシンを使って、ブロー成型の終わったペットボトルの内側に炭素の薄い膜をコーティングする方法です。この方法の長所は非常に高いバリア性とペットボトルへの香味成分の収着などが防げることです。みなさんも経験されたことがあると思いますが、たとえば、もともと緑茶で販売されていたペットボトルを飲用後、きれいに水洗いなどして、今度はミネラルウォーターを入れた場合、ボトルにも緑茶の匂いが残っていたり、中に入れたミネラルウォーターにも緑茶の匂いが着いたりすることがあります。これは、いわゆるプラスチックへの匂いの収着現象と呼ばれています。バリアコーティングの場合、内側に分子を通さない薄膜がコーティングされていますので、この収着現象がおきません。また、バリアコーティングを行ったボトルのリサイクル性ですが、膜のコーティング量が極めて少なく、微量の炭素原子しか存在しないため、膜成分は問題にならないとのことです（ペットボトルリサイクル協議会確認済）。このバリアコーティングの短所は専用の高価なコーティングマシンが必要で、ボトル内製が現在はできないことです。

　このように、いくつかバリア性を付与する方法がありますが、どの方法を採用するかは各社の諸事情に基づいて総合的に判断して決定されています。最近は割れない容器という特性を活かして一部のワインやビールなども、コーティングされたペットボトルで発売されています。

ビール用ペットボトル

提供：キリン株式会社

29 軽量だけどすごいキャップ
―ツーピースからワンピースキャップ・防爆機能付キャップ―

ペットボトルはその発明以来、耐圧性やバリア性、ファッショナブルな形状開発など、長足の進歩を遂げてきました。一方、キャップはどうでしょうか？　実は地味ながらキャップもペットボトルや飲料全体の要求に応じて機能が向上し、さらにコストダウンの点などで目をみはる進化を遂げてきました。キャップは充塡の完了した飲料を消費者が開封して飲み終えるまで、漏れたり微生物が混入したりしてはなりません。消費者が一度、開封してまたキャップをかぶせて、別のタイミングで飲む際でも、途中で中味や炭酸ガスが漏れても許されません。わずか1g少しの重量で飲料の品質に大きな関わりがあるのです。

キャップの材質は高密度ポリエチレン（HDPE）またはポリプロピレン（PP）です。また、読者の皆さんは、ペットボトル飲料のキャップは1種類あるいは数種類しかないと思われてはいませんでしょうか？　実は、ペットボトルのネジ口部形状、ホット充塡、アセプティック充塡、炭酸飲料、果汁飲料など、ペットボトル・充塡方式・中味が異なれば、キャップもそれぞれ最適なものがあり、数多くのキャップが存在しているのです。日本ではペットボトル飲料の普及に際し、ペットボトルのサプライヤーとは別にキャップを専門に製造するサプライヤーが存在し、そういった会社の技術開発の貢献は多大なものがあったと感じています。

ここで、キャッピング工程（巻締め工程）を見てみましょう。充塡が完了し、キャップを付与する際、キャップはキャッパーという機械で、いわゆる「巻締め」という作業が行われます。高速の充塡ラインではキャッパーも高速タイプで、ロータリー式で1台のキャッ

キャップに求められる基本性能

☆1　密 封 性…内容物をしっかりと保護する。
☆2　開 栓 性…誰もが開けやすいキャップ。
☆3　中味適正…内容物に対して、衛生上の悪影響を与えない。
　　　⑴食品衛生法等を遵守。
　　　⑵防虫、防臭対策。
☆4　タンパーエビデンス性（開封明示性）
　　　内容物への万一のいたずらを防止する開封明示性。
☆5　ライン適性…各充填ラインにて巻締め不具合の発生しないキャップであること。

提供：株式会社CSIジャパン

キャップ巻締

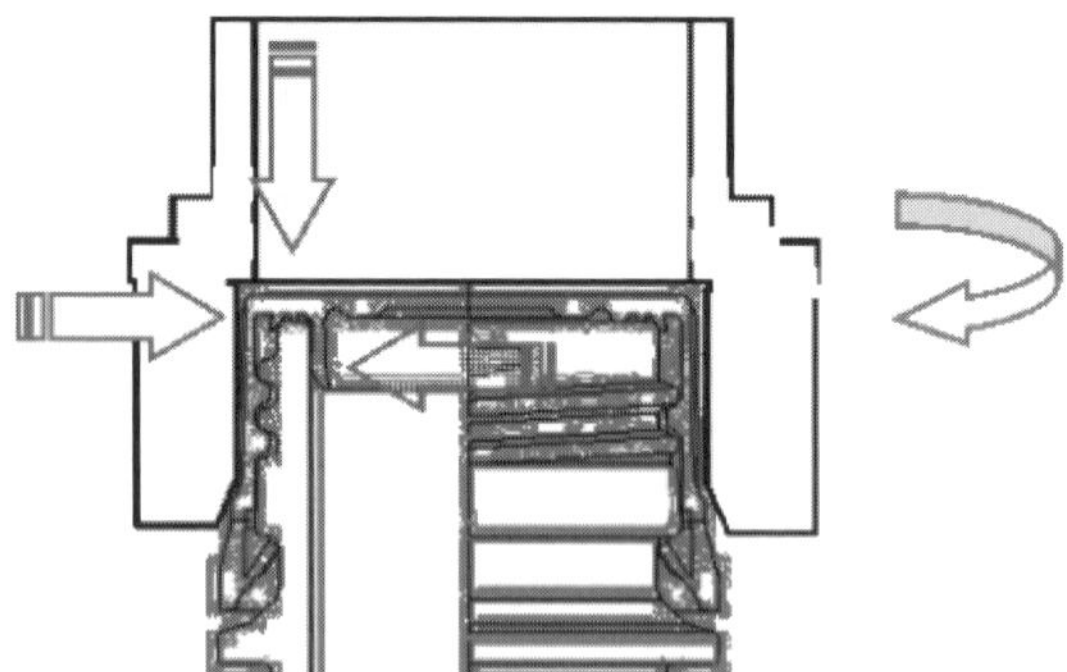

ボトルとキャップのネジを締め込む事により天面部が圧縮
⬇
巻締め進行によるトップ・アウター・インナーシールが発生

キャップネジは始めから成型されているので、
ボトルネジとの噛合いにより巻き締められる。

提供：株式会社CSIジャパン

パーに10前後のキャッパーヘッドが据付られており、このキャッパー本体が公転しながらキャッパーヘッドが自転して巻締めを行います。まず、飲料の充填の完了したペットボトルは、キャップがペットボトルのネジ口部にかかるように斜めに位置したキャップの下をくぐり抜けるように移動します。ちょうど人間が帽子を斜めにかぶったような状態になり、キャップを1ケずつ拾っていきます。その後、天ガイドに軽く抑えられ、キャップが正立状態になった後、キャッパーヘッドが下方に降りてきます。キャッパーヘッドには缶の巻締工程でも説明したチャックという部品があり、これがキャップ天面を抑えながらキャップサイドを外からキャッパーヘッド内側が回転することで、キャップが自身のネジ口とペットボトルのネジがかみ合いながら下方へ移動してゆきます。最終的に、キャップ内側とペットボトル天面が十分に圧着される位置まで来ると巻締めが完了します。この間にキャップにかかるトルクと巻締角度の関係はキャップごとに異なります。巻締めが完了したキャップは、ワンピースキャップでは3点シール、ツーピースキャップでは2点シールで密封性を維持しています。このキャップ内側とペットボトル天面に異物が噛み込んだり、あるいはペットボトルのネジ口天面に傷などがあると密封性が維持できず、中味が漏れたりします。

10年以上前のキャップ、特に炭酸飲料では密封性を維持するためにツーピースキャップと呼ばれるキャップが主流でした。このキャップには密封のためのラバーがキャップの裏側に仕込まれており、このラバーの弾力性を利用して密封性を維持していました。このツーピースキャップの製造にはワンピースキャップにラバーを接着する工程が必要ですし、もともとラバーの分だけコストアップになります。そこで、このツーピースキャップのラバーをとりのぞいたワンピースキャップが検討されました。しかしながら、キャップの材料は高密度ポリエチレン製であり、ゴムのような弾力性は期待できません。そこでキャップの内側のヒダと呼ばれる部分の形状のみで炭酸飲料では0・3〜0・5MPaという比較的高圧に常時耐え、キャップを下に向けた状態でペットボトルをコンクリートの床などに誤って落とした際にもシール性が維持できる形状が要

ベント機能のメカニズム（PS-Lok Ⅱ）

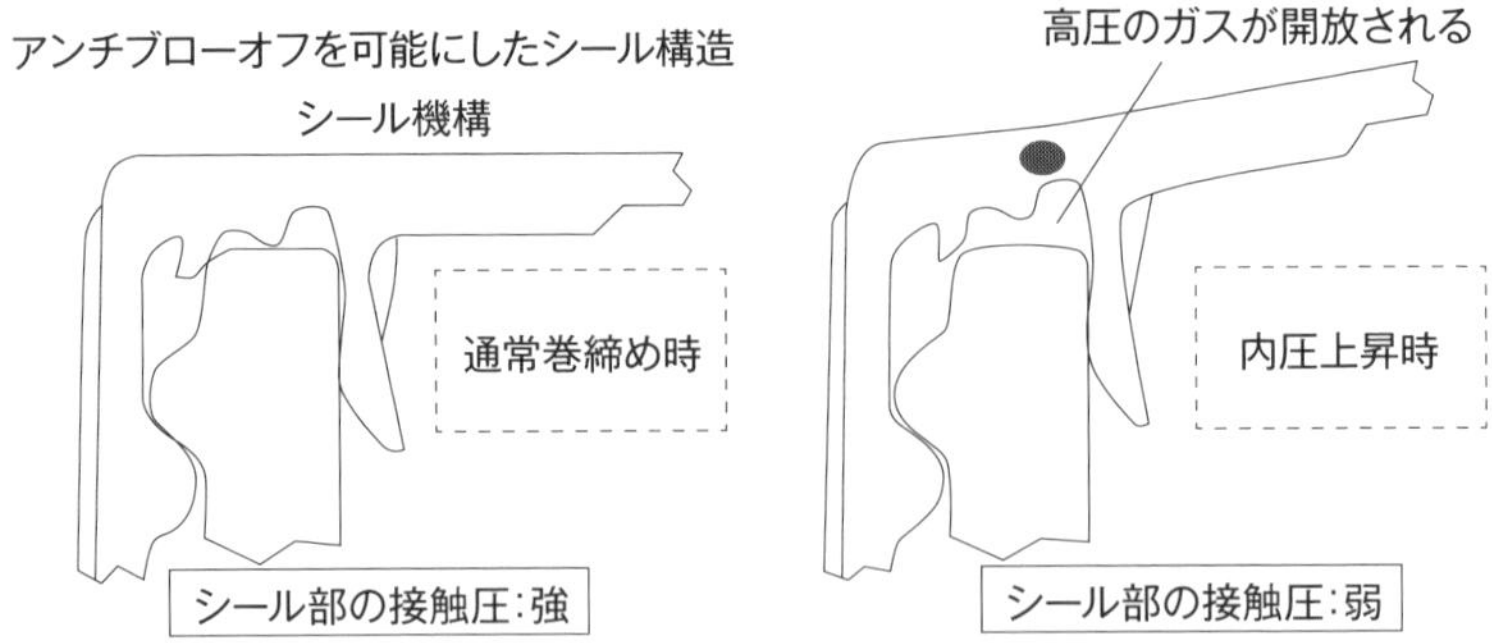

内圧上昇時にキャップドーミング（天面膨らみ）を利用し、シール部の接触圧力を低下させます。

↓

シール部の接触圧力を低下させることにより、ベント機能が働き一定以上の内圧に上昇しません。

↓

その結果、キャップに加わる圧力が一定以上に上昇せず、キャップ飛びを防止出来ます。

参考X線写真

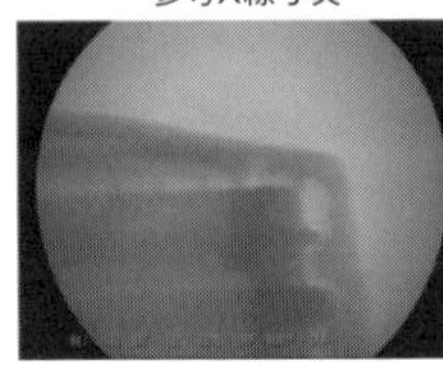

提供：株式会社CSIジャパン

タンパーエビデンス機能

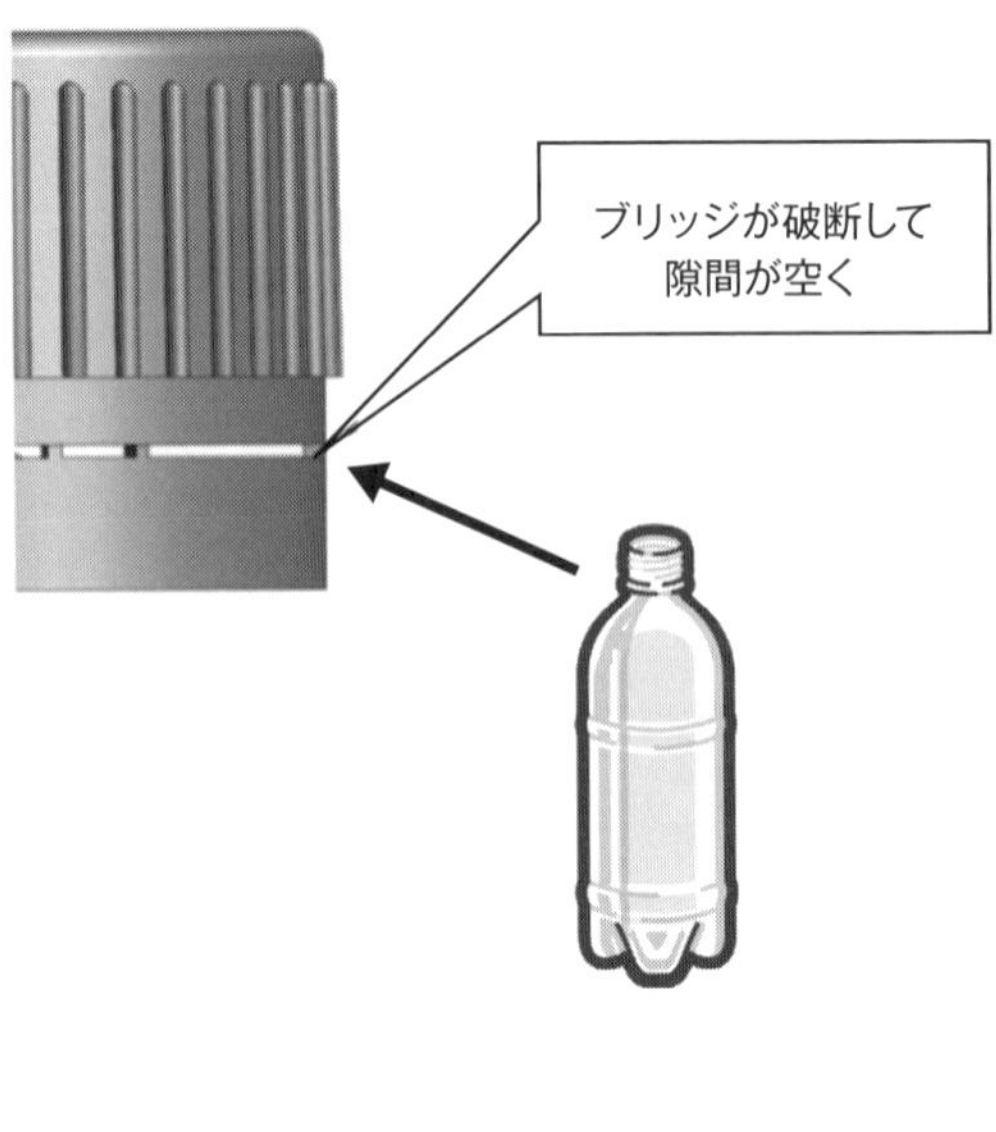

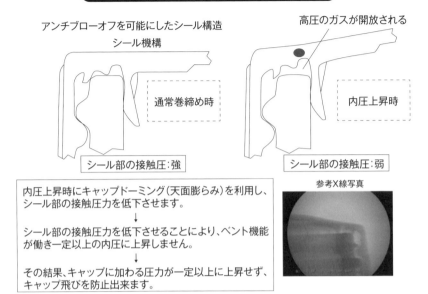

求されました。基本的にはペットボトルのネジ口形状とキャップのシェルの内側のヒダの嵌合力により、高い内圧を保持できるように改造されてきました。

防爆機能付キャップは、ペットボトル飲料の内部発酵により高圧の炭酸ガスが生じた際、これを大気に放出する機能です。ここではキャップの一部分が内圧上昇により変形することを利用しています。この機能をもったキャップは、主にミルク入り飲料や果汁飲料のキャップとして使用されています。このようにわずか1g程度しかないキャップでもいろんな工夫がされているのです。

日本で今、通常、飲料のペットボトルに使われているネジ口部の形状はいろいろなものがありますが、PCO1810（Plastic Closure Only 1810）と呼ばれているものが一般的です。これはキャップの天面からネックリング下までが21㎜あり、海外でよくみかけるもっと小さくて軽量のものではキャップの天面からネックリング下までが17㎜でPCO1881（ショートハイト）と呼ばれています。この2つのネジ口部の重量の差は約1・3gですが、日本のペットボトル飲料の販売本数は200億本を突破しており、仮にその半分の100億本がショートハイトになったとすると、PETの使用量が、年間1万3000トン節約できることになります。また、併せてキャップも軽量化が可能です。もちろん、日本の消費者は品質、特に中味が漏れるということに対して大変厳しい見方をしますが、PCO1881でも通常の扱いで液漏れを起こすことはなく、我々、消費者の側からも環境配慮型容器に対して理解が欲しいものです。

タンパーエビデンス機能（Tamper Evidence）とは、キャップには購入者が飲料する前に故意に（イタズラなど）で異物などが入れられれば、それがわかるようにTEバンドと呼ばれる構造になっています。キャップは開栓の際、キャップ部を上にして反時計回りの方に手で回転させると、密封が壊れる前にこのTEバンドとキャップ本体との間にあるブリッジという部分が先に破断します。その後、さらにキャップを反時計回りにまわすと、キャップによる密封が壊れます。この機能のため、消費者はイタズラなどのないことを確認して安心して飲用できます。

30 ペットボトルのラベル
―シュリンク・ロールから世界最薄ロールオンシュリンクへ―

ペットボトルに使われているラベルには大きく分けて2種類あります。1つはシュリンクラベル、もう1つがロールラベルというものです。まず、シュリンクラベルの作り方ですが、その材料にはOPSフィルムと呼ばれるものとPETフィルムの2種類があります。OPSはOriented Polystyrene Sheetの略で、直訳すると2軸延伸ポリスチレンシートとなります。これはポリスチレンのシートをタテとヨコの2方向に延伸した透明なフィルムです。シュリンクフィルムの製造ではこのフィルムを縦方向に長く糊付けしていき、1本の長い円筒形のフィルムを作ります。これを運搬に便利なようにロール状に巻き取ります。この状態でラベルメーカーから飲料工場に出荷されます。これを飲料工場のシュリンクラベラーという機械に装填し、1本ずつ図柄に合った位置で切断して、ペッチャンコになっていたラベルをエアーなどで筒状にふくらませて、中にペットボトルが入るようにし、ペットボトルの上から被せます。その後、コンベアでシュリンクトンネルという蒸気のトンネルを通すことでラベルを収縮させ、ペットボトルにぴったり合ったラベルとなります。

このときに重要なことはこのフィルムが2軸延伸ラベルであることです。シュリンクフィルムもPETと同じように、一度、延伸したフィルムだからこそ熱をかけたときに元に戻ろうとする力が働き、収縮することができます。2軸延伸は熱をかけたときに水平方向と垂直方向の2軸で収縮するのでペットボトル表面の複雑なリブの形状にもぴったりと沿うような形で収縮しているのです。そのため、ペットボトルの肩の部分においても、ラベルがピッタリと密着出来るのです。

シュリンクラベル

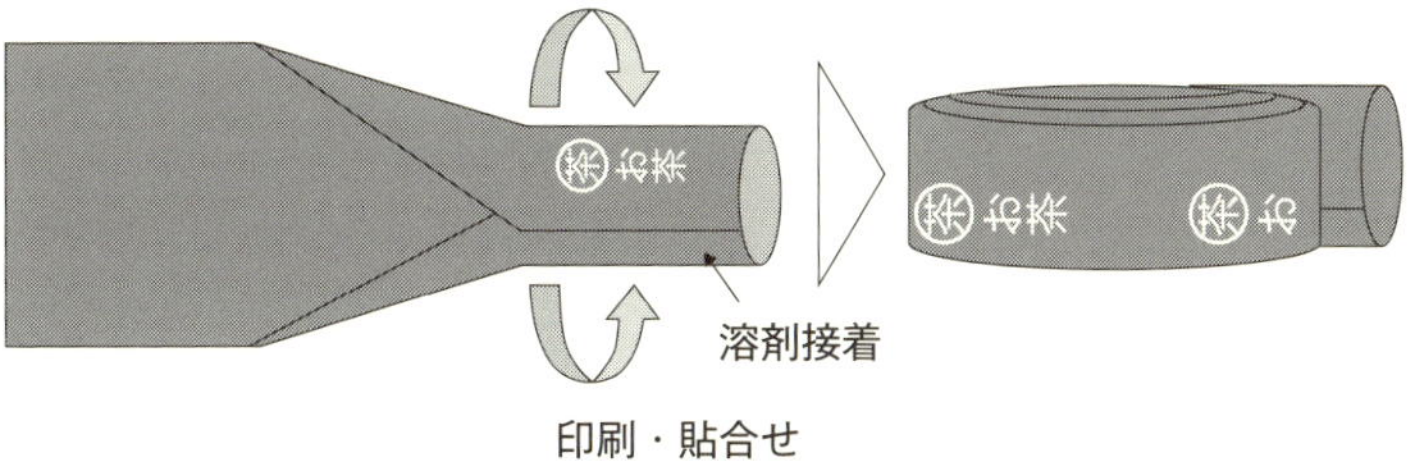

ロールラベル

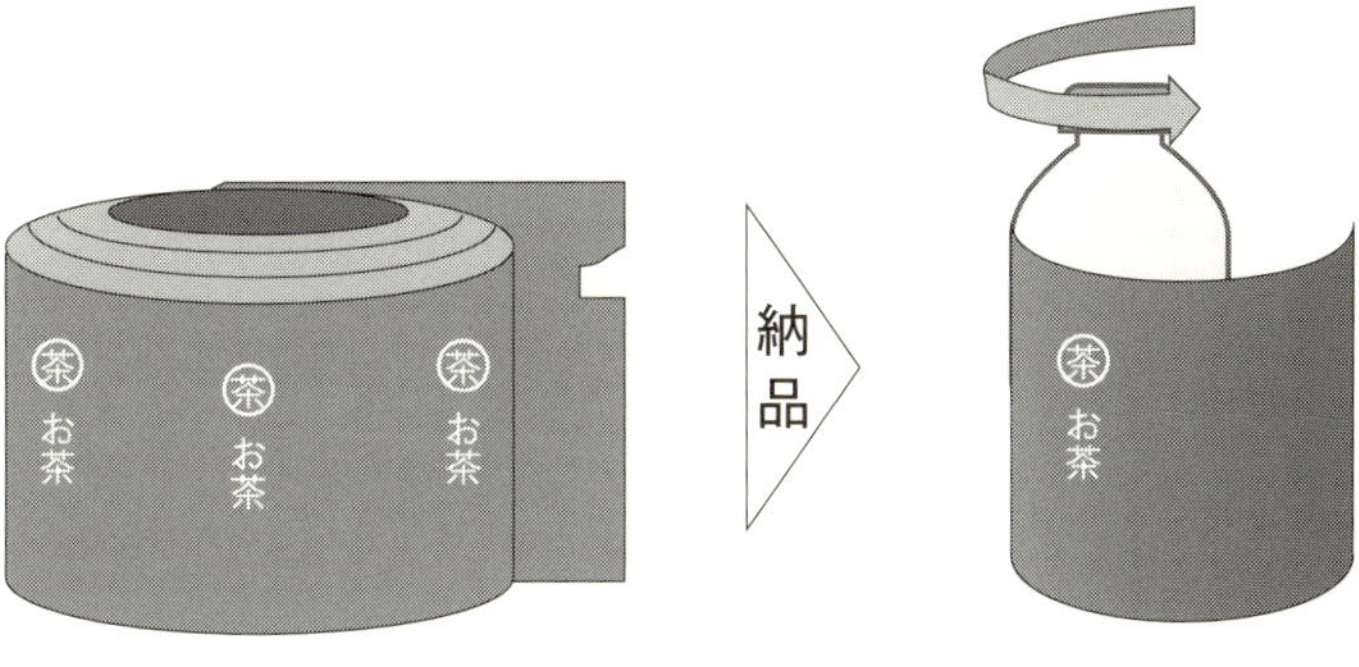

特にホット充填のペットボトルでは、減圧吸収パネルといったものがあります。これはホット充填された後、ボトル全体が高温のため、常温よりは膨らんだ形になっており、これが常温になったときに、ペットボトルの体積が減少します。その際、ペットボトルの構造が維持できるように、ボトルの胴部には凹凸のリブがあります。そのため、シュリンクラベルのように収縮できるラベルの方が、充填の高温のときの胴径から常温になってボトルが収縮した後でもフィットすることができます。

これに対してロールラベルはペットボトルの胴に巻きつけ、糊で貼り付けます。従って、シュリンクトンネルも通しません。この2つのラベルにはそれぞれ違った特徴があります。シュリンクラベルは、ラベルメーカーで円筒形に糊付けする必要があり、その分ロールラベルよりも手間がかかり割高となります。また、両者のラベル厚さもかなり異なります。シュリンクラベルは1筒ずつ、切断された後、ペットボトルに上からかぶせてボトルの一番底または途中まで到達しなくてはなりません。近年、コストダウンのため、ラベルはどんどん薄肉化の方向ですが、あまりに薄いといわゆるラベルに「コシ」が無いため、ラベルが移動途中で折れたり、ボトルにひっかかったりして目標の位置まで到達できないことがあります。この現象にはラベルとラベルを装填するシュリンクラベラーという機械との相性も影響します。近年の薄肉対応ラベラーではOPSで40㎛（PETで20㎛）といったラベルも対応可能ですが、設置の古いラベラーでは薄肉対応されていないため、45㎛（PETで30㎛）が限界といったものもあります。これに対してロールラベルはラベルを水平方向に切ってペットボトルの胴に巻きつけるだけなので、フィルムの厚さはさほど大きな制約にはならず、薄肉化が比較的、容易です。近年では2軸延伸ポリプロピレンフィルムOPPのロールラベルで厚さが30㎛（PETで16㎛）、のものが普及しており、最も薄肉化が進んだものではPETで12㎛といったものも登場しています。そのため、大手飲料メーカーの最薄ロールラベルでは見たところ、「ペラペラ」といった感じです。ロールラベルは消費者から、「飲用後にラベルをはがしやすい」といった評価もあります。シュリンクラベルが薄肉ではないことや、ラベル装着面積がロールラベルよりは大きいものが多いこともあり、そのコスト差はおおよそ、ロールラベルの値段がシュリンクラベルの約１／２から１／３、最大では１／５程度まであるように思います。ミネラルウォーターのように、パッケージングのコストが商品全体のコストに大きな割合を占める製品では、ラベルのコストもより重要です。老舗のミネラルウォーターを除き、新しいブランドのミネラルウォーターは大部分がロールラベルです。

　一方、最近、ロールラベルでコスト削減しながら、美粧性維持のため大きな面積でボトルを飾りたいという要望があり、新しい方式が開発されました。ロールオンシュリンクラベルＲＯＳＯ（Role On Shrink On）という方式です。この方法は基本、ロールラベルを用い、ラベラー内で一旦、バキューム機能付きのマンドレルといった部品に一度、ラベルを巻きつけ・切断・糊付けし円筒状にします。その後、シュリンクラベルのときのようにペットボトルの上からマンドレルの案内ガイド機能を利用しながら、円筒形のロールラベルをボトルの上から落としこむという方法です。その後、シュリンクトンネルを通過させ、ボトルに密着させます。このマンドレルを使う方法だとロールラベラー同様にラベルの薄肉化が可能です。ＲＯＳＯは薄肉化したロールラベルを使用でき、しかもかなり広い面積でラベルを飾ることができるといった特徴があります。サントリー社ではＲＯＳＯを烏龍茶・伊右衛門茶などで展開し、世界最薄の12㎛のＲＯＳＯラベルを使用しています。ＲＯＳＯはロールラベルとシュリンクラベルの両方の良いところを取り入れたラベルといえます。

コーヒーブレイク

ペットボトルのラベルは、ロールラベルになって、ますます厚さも面積も小さくなっています。一方で商品説明や栄養成分表示など、ラベルに記載すべきことも多くなっており、文字はその分、どんどん小さくなっていますね。

31 充塡機とラベラーのドッキング
―アキュームコンベアの劇的減少―

飲料の製造ラインには品質上、あるいはラインの安定稼働のために主要な設備が何台かあります。言わずもがなは充塡機と打栓機または巻締め機です。これは微生物のコンタミや異物混入の可能性のある設備という品質面のみの重要性だけではなく、設備構成面でも重要なのです。その理由は、充塡機はなるべく一定のスピードで止めずに連続的に運転したい、というものです。充塡機はその必要性が、インジェクションの次に高いと思います。充塡機は、飲料容器をチャッキング後（一部のミネラルウォーターと牛乳びんは除く）、液体の飲料を重力によってフィラチャンバーから落下させる方式が一般的です。その際の充塡原理は先述したとおりで、非炭酸の中味でも同じです。中味充塡のスピードはフィラボウルのヘッドの液深が大きいと速くなり、中味液導入断面積とベントガス排出断面積の割合などに影響を受けます。充塡量はこういった重力による従来方式の充塡機では中味液面が上昇して最終的にベントラインを封鎖することで充塡が完了します。その際、充塡スピードを速くする（充塡機を高速でまわす）と、当然、十分な時間が確保できないため、規定量よりも少ない充塡量になってしまいます。一方、充塡スピードを遅くする（充塡機を低速でまわす）とどうなるでしょうか？　規定量の入味量が確保でき、問題ないように思われますが、あまりに長い時間にすると、中味が剛体ではなく流体であるため、液面がベントラインを封鎖した後も徐々に液面が上昇して入味量過多になってしまいます。こういった理由のため、充塡機は容器容量ごと、炭酸か非炭酸かなどの条件で一定速度で運転するのが一般的です。そのため、充塡機の上流の設備の何らかのトラブルなどで、充塡機に

アキュームコンベア

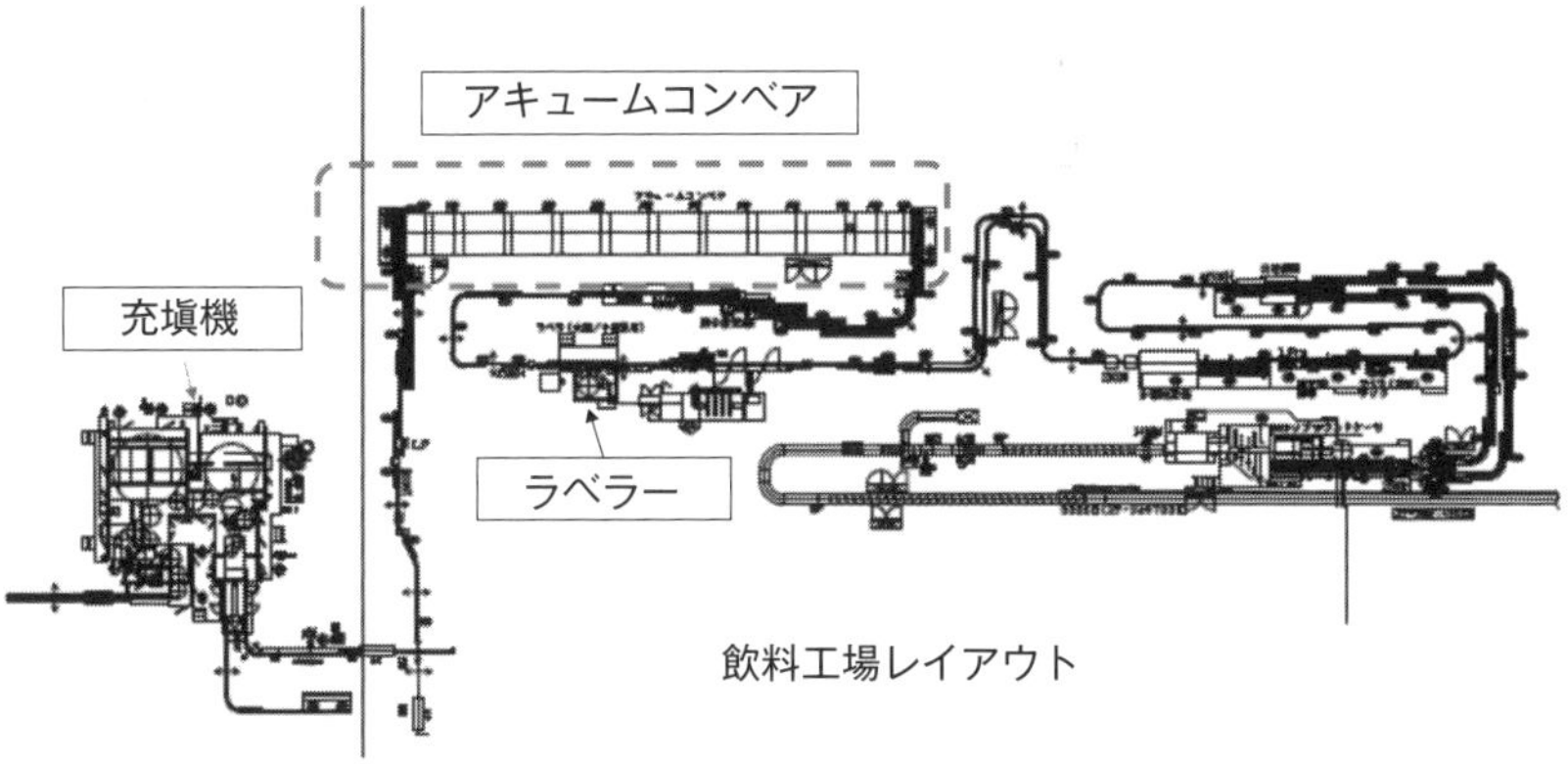

飲料工場レイアウト

ペットボトルを一定スピードで供給できなくなりそうなときは、中途半端にスピードを落として充填するのではなく、予め充填機を停止して待ちの状態にします。

充填機の下流で同様なことが起きても同じです。こういった理由のため、通常、飲料ラインの設計を行う際にはなるべく充填機前後にアキュームレーション（アキューム）というボトルのストックを持つゾーンを設けます。充填機上流では充填機に一定スピードでボトル供給が必要なので、満アキュームと呼び、下流には充填されたばかりの製品を一時的に収容する役割が必要なので、これを空アキュームと呼びます。

こういった、充填機ほどではないけれどアキュームが必要な設備は他にもあり、主なものがロールラベラーです。ロールラベラーはラベルを貼る際に糊を使用しており、糊をつけてしまったラベルは一定スピードで貼付しないと、ラベル不良の製品になります。そのため、充填機ほどではないものの、一定スピードで運転したい設備の1つです。したがって、ロールラベラー前後には、満と空のアキュームを設けます。ロールラベラー自体は1本単位でペットボトルを扱う設備ですが、満アキュームのためにラベラー前にペットボトルのストックが必要なので、ペットボトルを複数運搬するコンベア（複列コンベア）を施工します。このアキュームコンベアは、場合によってはパッケージング工場の1／3近くを占める場合もあります。

一方でアキュームコンベアのもう1つの役割としては、製品の熱さまし（ホット充填）または製品の結露防止があります。ホット充填の場合、充填直後は90℃近い温度の製品もあり、転倒殺菌といってボトルを垂直から水平程度まで傾けて、製品液でキャップの内側を熱殺菌します。その後、この温度では高すぎて、ボトルが膨潤しており、シュリンクラベルをかぶせたり、ダンボール内におさめる際に支障をきたすため、常温または冷水で製品を熱さましするためにアキュームコンベアにシャワー設備を設けます。また、低温充填の場合、特に炭酸飲料用の充填では、飲料液の温度が10℃以下の場合が多く、これをこのままの温度でラベルを施し、ダンボールに詰めてしまうと外気温との差で製品の表面が結露してダンボール内が濡れてしまいます。最悪、ダンボールが水濡れで商品価値をなくしたり、ケースの縦圧縮強度が低減してしまいます。そのため、アキュームコンベアの場所で温水シャワーを設置します。常温充填であれば、この製品の温度調整を目的としたアキュームコンベアは不要になります。

drinktecでは、ＥＵの飲料機械メーカーの多くがいわゆるユニット化を推進しているように思いました。その一例がフランスシデル社のSidel Super Combiというシステムです。このシステムは充填機／キャッパーの直後にラベラーを直結した他、プリフォームフィーダー、送風機、キャップフィーダーの主要5つのプロセスステップを全て統合しました。こうすることにより、常温充填を前提とすれば、従来はパッケージングラインの多くの部分を占めていたアキュームコンベアを撤廃することができ、パッケージング工場の面積が30％減少し、その他のメリットも大きいということです。このシステム、日本ではまだ、導入されてはいませんが、近い将来、常温充填のミネラルウォーター充填ラインで微生物的な課題がクリアされれば、導入される可能性は大いにあると思います。

32 ペットボトルのダイレクトプリント
―空極のプライベートラベル印刷―

ペットボトルのラベルには大きく分けて2種類あります。2015年にドイツKHS社などからお披露目された、ダイレクトプリントという技術があります。これは例えていうなれば、ペットボトルにラベルをつける代わりに、パソコンに接続したプリンターのように、直接、ボトルにプリンターで印刷してしまうというものです。筆者も、テスト機でダイレクトプリントしたペットボトルのサンプルを持っていますが、ペットボトルに直接、印刷されているため、ボトルの透明感がそのまま活かされていたり、色も6~8種類使えてたいへん美しいです。また、美しいだけではありません。将来的には飲料製造のダイレクトプリンターにUSBやオンラインの回線でラベルデータを転送することで、別の図柄のラベルに瞬時で変更できます。現在のロールラベラーではロールと呼ばれる切断前のラベルがずっと横につながったものが最少でも500枚程度になっています。図柄が異なるものや品種の異なるものに応じて、ラベルの交換作業、調整作業がとてもたいへんです。これはシュリンクラベルでも同じです。また、ロールラベラーでは交換・調整作業がうまくないとラベルがボトルに対して水平に貼れなかったり、1枚1枚のラベルの切断位置がずれたりして、飲料製造ラインでは稼働率低下の大きな要因のひとつになっています。現在、飲料には原料・添加物の情報や栄養成分表示などが義務付けられており、その内容の変更のたびに記載内容の厳密なチェックやラベルの試験刷りなど、多くの作業が発生しています。ダイレクトプリンターでは図柄の異なるものに変更の際、そのような作業は一切発生しません。

また、極端な例としてラベルの図柄がラベラーのメモリに保存されていれば、１本単位で図柄の異なる印刷が可能になり、メッセージや図柄を自由自在に変更できます。客先の名前を入れたり、キャンペーンのメッセージを入れたりすることもきわめて簡単に対応できます。限りなく、小ロット製造に適したシステムと思います。現在は、消費者が使用中、あるいはリサイクルの際、ダイレクトプリントの印刷インクなどに問題はないか、アセスメントをして確認中ですが、近い将来、コストの課題なども含めて解決されれば、日本の市場にも登場してくるものと思います。

ダイレクトプリントのペットボトル

提供：ケーエッチエス・ジャパン株式会社

ダイレクトプリンター

提供：ケーエッチエス・ジャパン株式会社

33 究極のシンプルライン
—インジェクションマシンとブロー成型機の直結—

比較的高速のインジェクションマシンはそのほとんどが直動式のタイプであり、1回の成型で一度に最大144本ものプリフォームが製造できます。一方、直動タイプは多くの金型が直動運動でプリフォームを製造するため、1本単位で取り出すのは特殊なロボットなどを使用しない限り、難しいことになります。

2009年にシパ社によってインジェクション&コンプレッションシステム（I&C方式）というタイプの射出成型機が発表され、世間を驚かせました。このマシンは、コアとキャビティが通常の水平方向ではなく、垂直方向に位置しており、この1対のコアとキャビティが1ヘッドを形成して、分離独立してロータリー式に回転しながら1本ずつ、プリフォームを成型していきます。PET樹脂（レジン）を乾燥・溶融させるところまでは直動式と同じです。次に溶融したレジンはマシン中心部のロータリー分配装置で各ヘッドに分配され、1つのヘッドに到達した溶融レジンはキャビティ下から中に入っていきます。ここで、ヘッド内では溶融PETレジンの圧力（インジェクション圧）により、コアが上方に一瞬、突き上げられるようになり、圧力が開放された後、さらにカム駆動によってコアは押し下げられ（コンプレッション）、溶融PETレジンの全量が金型内にいきわたり、プリフォームの成型が終了します。

従来の直動式のインジェクションに比べ、I&C方式の長所は、①溶融PETレジンの送り圧力が小さくて済みます。直動式の96本のインジェクションマシンでは例えば96キャビティ分を一括してポンプで送るために1キャビティに必要な圧力の96倍の圧力が必要になり、これは1500気圧程度の高い圧力となります。

I & C 方式のフロー

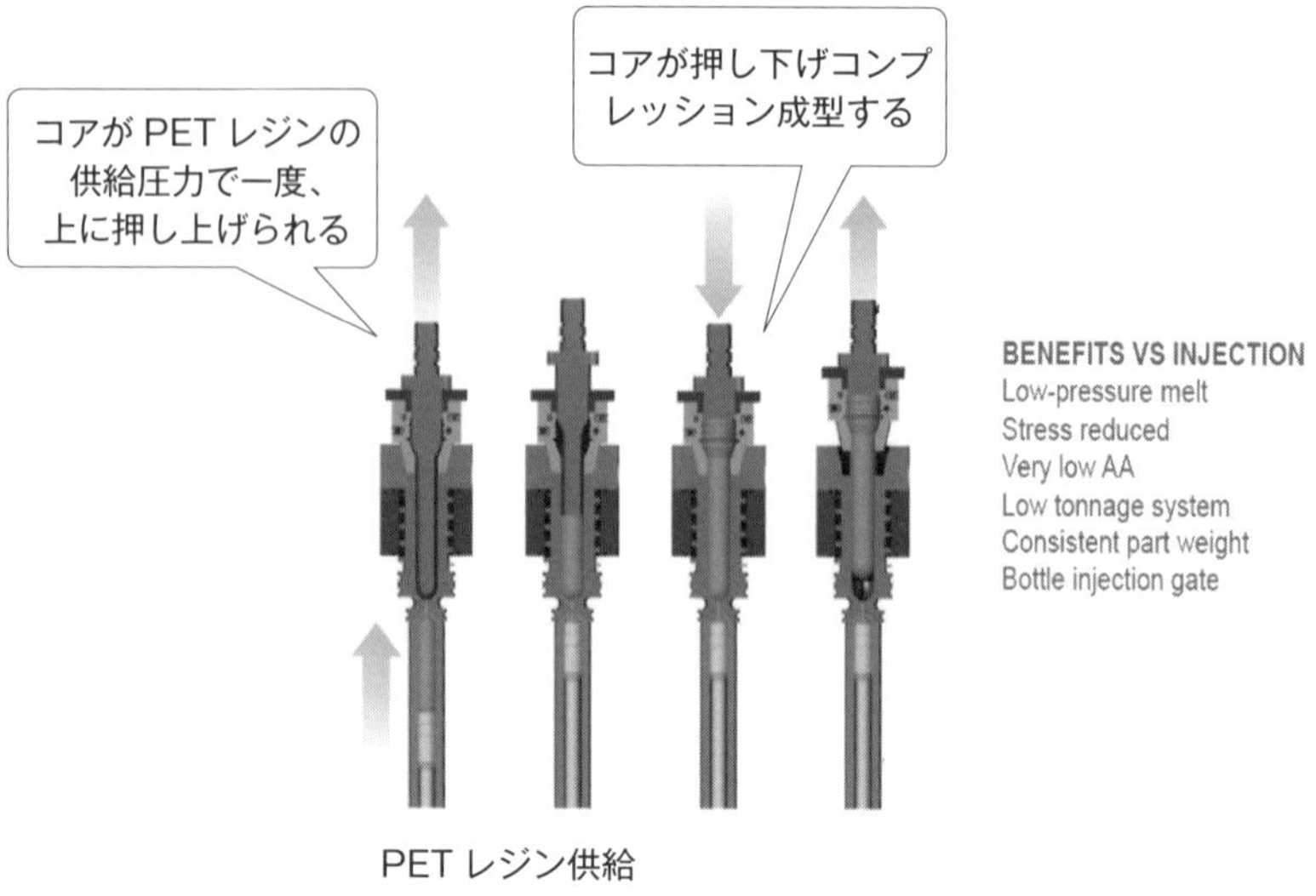

提供：シバジャパン株式会社

96 キャビティタイプの従来方式と I & C 方式の比較

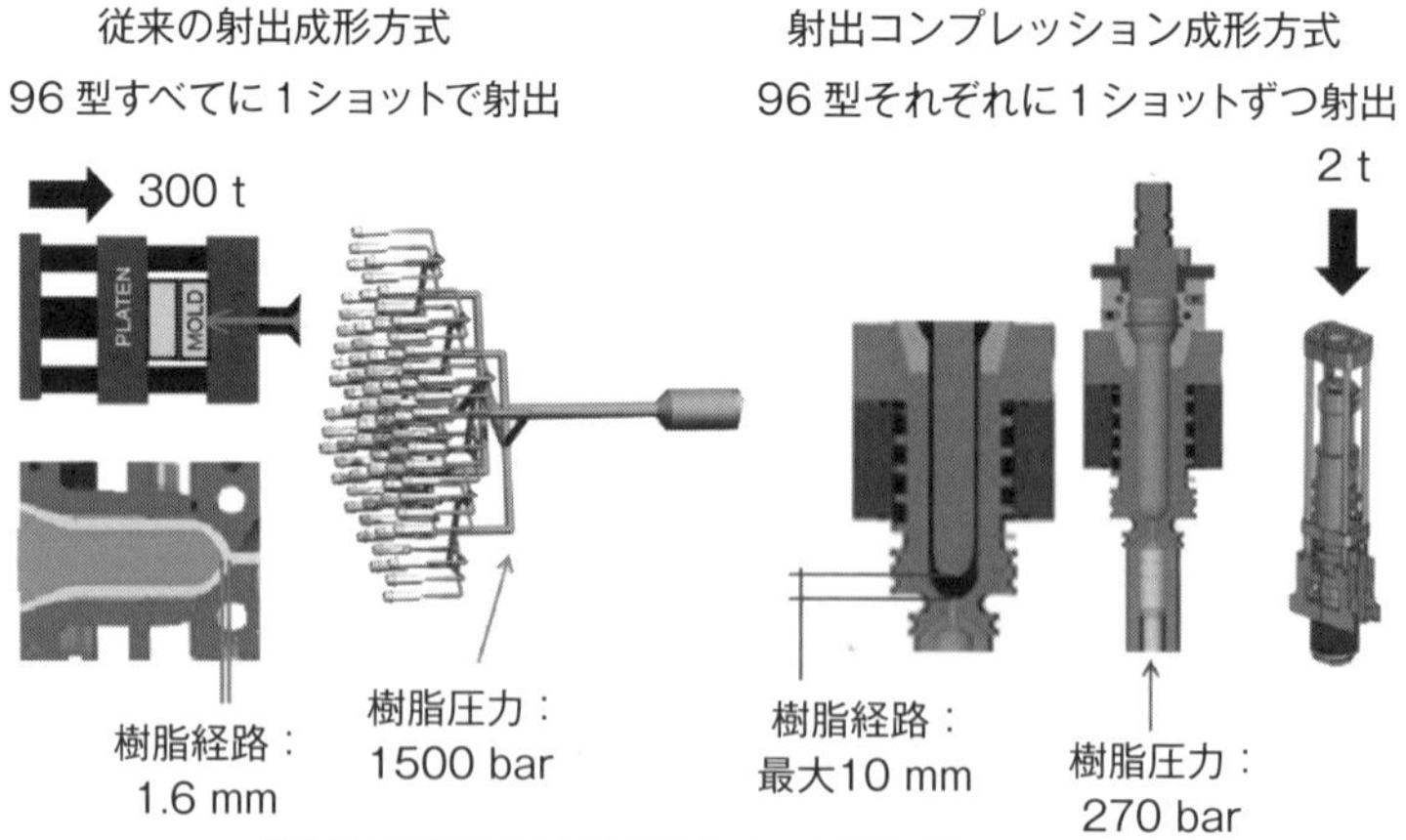

底部の樹脂経路が大きく、
・低圧での射出が可能（樹脂摩擦が小さい）
・薄肉のプリフォームが成形可能

提供：サントリーMONOZUKURIエキスパート株式会社

一方、このI&C方式では1つのヘッドが独立して存在しているため、溶融レジンの送り圧力は「1個のヘッドに必要な圧力」＋「中央にある分配装置の圧力損失分」に必要な圧力で送ることが可能です。レジンの送り圧力が小さくてすむということは、②溶融レジンの送りポンプの容量が小さくてすむ、③省エネルギーである、④レジンに与えるストレスが小さくなる、などの長所となります。また、他の特長として⑤最終コアのカム駆動の制御次第でプリフォーム、特に先端部（ネジ口部と反対方向）での薄肉化が可能、⑥成型後のプリフォームを1本ずつ扱うことができ、プリフォームの冷却の後、ブロー成型機と直結することが可能となる、などがあります。

このI&C方式とブロー成型機を直結できると、プリフォームの取り置き作業や取り置き用のコンテナ、これに付随する保管スペースが不要になり、大きなメリットとなります。一方で課題としてはI&C方式の機械的可動安定性、例えば、溶融PETレジンの分配器、1ヘッドごとの機械動作、プリフォームの成型性などがあげられます。他、基本的に解決すべき課題もあります。

多くの場合、インジェクションマシン自体が連続稼働に向いている、つまり、溶融レジンを1方向で送り込んでいる以上、マシンの停止が多いと溶融レジンがマシンの中で高い温度（融点付近）で滞留することになり、熱によるPETレジンの褐変やPET重合部の分解などの副反応を起こす可能性が高くなり、機械的にもプリフォームの品質面でも悪い影響が想像できます。インジェクションとブロー成型機が直結されていない場合、ブロー成型機より下流でのトラブルにより、飲料列全体が停止しても、インジェクションマシン自体は独立して稼働することができます。

しかし、このI&C方式とブロー成型機の直結システムは、プリフォームの取り置きが不要となる大きなメリットのため、いくつかの課題が克服されて実用化に到達することを筆者は期待しています。

Column

いろいろあるぞ ペットボトル

　なにげなく見ているコンビニ棚のペットボトルですが、機能からみれば少なくとも４種類あります。①常温またはアセプティック充塡用ペットボトル：ボトル形状は丸も角もあり、透明。口部は透明で比較的軽い。結晶化度は低く、熱湯を入れたら収縮します。②ホット充塡用ペットボトル：ボトル形状は丸も角もあり、やや薄曇り。口部は白で比較的重い。結晶化度は高く、熱湯を入れても大きくは変化しない。③耐圧ボトル：炭酸飲料用。丸しかなく、底はペタロイド。口部は透明。結晶化度は低く、熱湯を入れたら収縮します。④炭酸用耐熱圧ボトル：果汁炭酸飲料用。丸しかなく、底はペタロイド。口部は白で重い。結晶化度は高く、熱湯を入れても大きくは変化しない。同じブランドの商品でも、①であったり②であったりします。これは中味飲料（ミネラルウォーターではない）が同じでも①はアセプティック充塡工場で作られたものであり、②はホット充塡工場で作られたものです。同様に果汁の入った同じブランドの炭酸飲料であっても③はアセプティック炭酸の工場で充塡されたもの、④は炭酸ホット充塡用ラインで作られたものです。

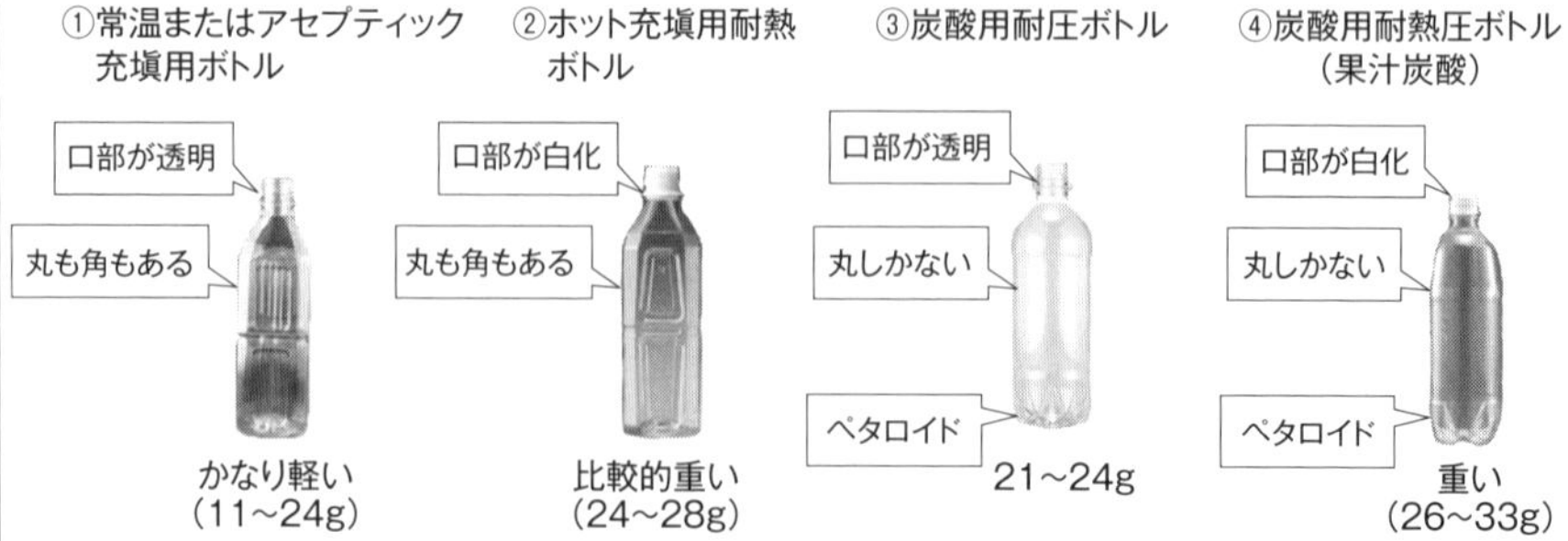

第6章

飲料容器の用途拡大

34 ワンウエープラスチック樽
―欧州で進むプラスチック樽の動向―

２０１７年のdrinktecでも、日本では見られない飲料容器の展示がありました。その中でも目立ったものの1つにプラスチック製（ＰＥＴ製）の樽（ビール・ワイン・清涼飲料）があります。その歴史は古く、20年以上も前からドイツのＫＨＳ社という飲料機械メーカーが取り扱っていました。最近は、多くの会社がプラスチック樽ビジネスに参入して、取扱量が増えているということです。その理由をベルギーのアントワープにあるドリウム社の従業員が説明してくれました。

①国境の制限がないＥＵでは出荷後のステンレス樽（最低でも70ユーロ）の紛失のリスクが高い。
②ほとんどの場合、長距離輸送であり、プラスチック樽ではＥＵ域外への輸出（ワンウエー）も可能。
③ステンレスなどの鉄鋼市況が長期上昇トレンドである。
④小規模醸造所ではステンレス樽に十分な投資ができない。
⑤プラスチック樽は量産が可能で、突発で需要増となった場合でも対応できる。
⑥ドリウム社の樽は１００％リサイクル可能である。
⑦20Ｌ、30Ｌのプラスチック樽は、わずか１・45kgしかなく、ステンレス樽の１／10程度と極めて軽量。
⑧中が見える。
⑨ＬＣＡ評価の結果、さまざまな環境側面（18項目）の全てで、実はステンレス樽よりも環境負荷が小さい。

日本人の感覚でビール樽はステンレス樽しか思いつきませんが、ＥＵのように国境の制限がない地域では、確かにリターナブル樽として回収するのはたいへん難しいためにワンウエー容器として成り立つと思いまし

プラスチック樽

Dolium
One-Way PET Kegs

提供：昭和貿易株式会社

た。

ここでドリウム社のプラスチック樽の容器としての特性を説明します。

①20L・30Lの樽で、50Lは対応していない。
②樽のヘッドは4種類がある（日本ではフラットとウエルの2種類）。
③酸素に対するアクティブバリア（スカベンジャー）、炭酸ガスに対するネガティブバリア（バリア膜）、UV遮光性が高い、CE（EU市場適合マーク）を取得している。
④段積み可能でスペースの有効活用が可能。
⑤充填機は手詰め、半自動、フル自動が準備されている。

このように多くの点でステンレス樽よりも利点の多いプラスチック樽ですが、すでにドリウム社のものが日本でも販売されています。今後、EUも含め世界中で、リターナブルのシステムが確立できない地域へ拡大していくものと思います。

35 伸縮性バリア素材と常温高圧殺菌技術
——次世代の新しい技術——

飲料メーカーやパッカーにとっては、バリア性を付与しながらプリフォームやボトルを内製化できる方法が、コスト面や二酸化炭素放出量の抑制につながります。バリア性を付加する方法のうちスカベンジャー方式は酸化防止剤の寿命があり、炭酸ガスバリアの付与ができません。また、MXD6は多層のプリフォームの製造が難しいといった課題があります。そういった中、PETプリフォームに外層フィルムを装着し一体成形することで、ボトル表面の形状に沿ってフィルムが密着したボトルを作る技術が開発されました。成型の終わったボトルでは①遮光性、②微細な形状表現、③酸素バリア性の3つの課題、特に③についてはコストに合わせていろんなグレードのものを選択できるという技術が開発されました。これは大日本印刷株式会社のDNP機能性フィルム複合型PETボトル（コンプレックスボトル）というもので、プリフォームの状態で特殊なプラスチックのフィルムを被せます。その後、このプリフォームを通常のブロー成型で膨らませます。このコンプレックスボトルはアクティブバリア（酸素吸収剤）とパッシブバリア（バリア膜）の両方をもりこむことが可能です。通常、ボトルの上からバリア性のある素材で覆っても、ボトルとバリア素材の間にクリランス（空隙）が生じ、ここからボトルの内部に空気が侵入します。しかし、このコンプレックスボトルはバリア素材とボトルがぴったりと密着しており、気体分子が通るクリランスがほとんどなく、高い性能を有するというものです。

ボトルのオプションは、単層ボトルを起点として多層ボトル（MXD6など）、さらにこのコンプレックスボトルのようにフィルムを被覆したボトル（多層＋

コンプレックスボトル

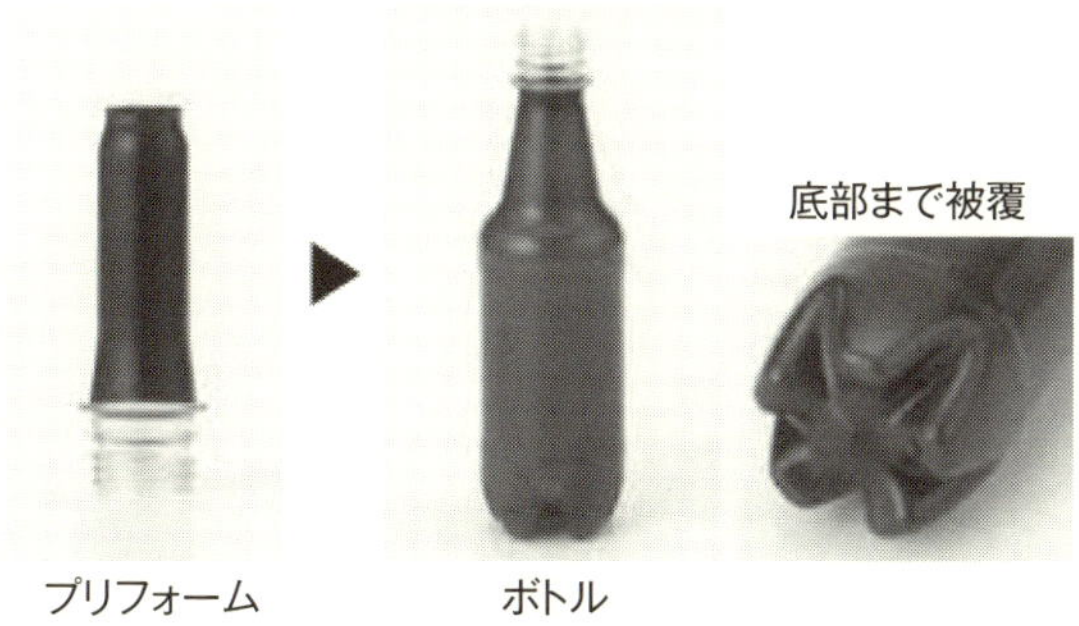

提供：大日本印刷株式会社

酸素バリア性付与のオプション

3 酸素バリア性

ボトルとフィルムの密着特性から、外層フィルムを多層化することで、
通常の PET 単層ボトルに酸素バリア性が付与できます。

［各種 PET ボトルの酸素透過度］

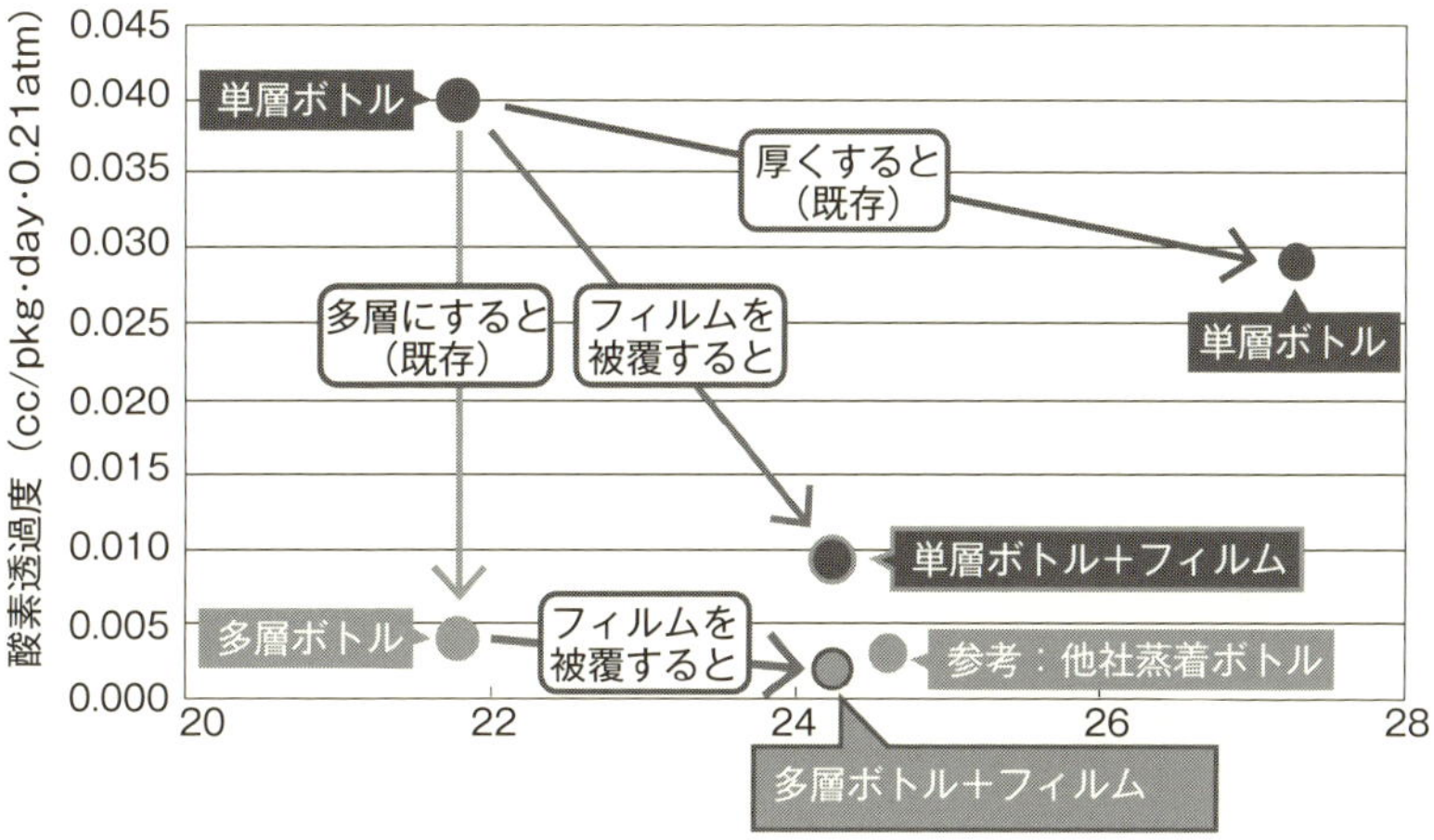

提供：大日本印刷株式会社

フィルム)、または単層＋フィルムなど、バリア性とコストを勘案しながら、中味飲料の性質、例えば、酸化されやすい飲料かそうでないかなどの条件により選択できます。

常温高圧殺菌技術は、ブロー成型によりボトルを成型、中味充填後に常温高圧処理といった手法で微生物の生体機能を破壊し、熱をかけずに殺菌・滅菌できるという画期的な技術です。高圧は充填後のペットボトルに外部からかけます。この際、気体は圧縮性が高く、圧縮したときにどの程度の圧力になるかは、気体の状態方程式で算出します(PV=nRT)。一方、液体の圧縮時には例えばボルツマンの気体の等温圧縮曲線を利用し、ペットボトルの外部から加圧圧縮すると、ペットボトルの内部の圧力が、液体の収縮により急激に上昇します。このときに発生する高圧、例えば、20MPa以上の圧力下では、耐圧性の異なる微生物に対し、選択的に殺菌を行うことができます。

加熱と比較したときの高圧処理の特徴としては、次の項目が挙げられます(「高圧処理の利点と活用」から引用)。

①共有結合が開裂しない

香気成分や色素成分、栄養成分、機能性成分の損失が少なく、異臭や安全性を脅かす物質は生じません。

②圧力は瞬時に均一に伝わる

圧力容器内のすべての部位で均一な処理ができ、また食品の大きさや形状に関係なく圧力が伝わるため、調理にムラがありません。

③エネルギーの消費が少ない

圧力の維持には理論的にはエネルギーが不要です。また、圧力は瞬時に均一に伝わるため、省エネルギーでの処理が可能です。

食品への高圧処理の利用は、安全を求め、生の風味を尊ぶ食品の加工法として有効であるといえます。

この常温高圧殺菌法はUHPP法と呼ばれ、日本では小規模ですが果汁の殺菌などに実用化されています。このコンプレックスボトルと高圧処理法による日本酒の生酒「AWANAMA」を製造するための研究開発を、新潟薬科大学が代表を務める「圧力生酒コンソーシアム」が行っています。

36 ペットボトル入り炭酸飲料 ―窒素ガスで作るとどうなる?―

ビールやコーラなどの炭酸飲料に用いられているガスは通常、炭酸ガス(二酸化炭素)です。しかし、なぜ、炭酸ガスなのでしょうか? 喉を潤す際、他のガスであっても良いはずです。しかし、炭酸ガスは他の気体とは全く異なるメカニズムで人間の下や口・喉に刺激を与えます。人間の全身には身体的な危険を察知するために侵害受容器という受容器があり、ここで物理的な刺激を受けると脊髄や脳に危険信号を送信します。ビールを飲んだ時に舌や口、喉にある侵害受容器が炭酸ガスによって刺激を受け、どちらかというと痛覚に近い刺激として受容します。そのため、他のガスにはない独特の刺激となります。また、ビールはご承知のとおり、酵母がアルコール発酵により、グルコースやマルトースなどの糖からアルコールと炭酸ガスを生成します。この炭酸ガスを保持することで炭酸ガスリッチなビールになります。香味上も炭酸ガスの刺激がビールに独特の香味を提供しており、これはシャンパンやスパークリングワインも同じですね。

一方、ギネスビールには窒素ガスが使用されているのをご存じの読者も多いと思います。現在のギネススタウトというブランドのビールは炭酸ガスと窒素ガスの割合が7対3で窒素ガスが使われています。セールストークは「窒素の泡がクリーミーな泡を作る」です。それでは「クリーミー」という表現は科学的に表現するとどういうことなのでしょうか? ここでまた、ヘンリーの法則です。ヘンリーの分圧の法則は「気体の溶解度はその時の気相中の分圧に比例し、他のガスの存在には影響を受けない」というものです。ビールに対する炭酸ガスと窒素ガスの溶解度をみると、窒素ガスの溶存する濃度は炭酸ガスのそれと比べてもともと

ビール 500mL 缶の各温度に対するガスの溶解度（mol/kg）

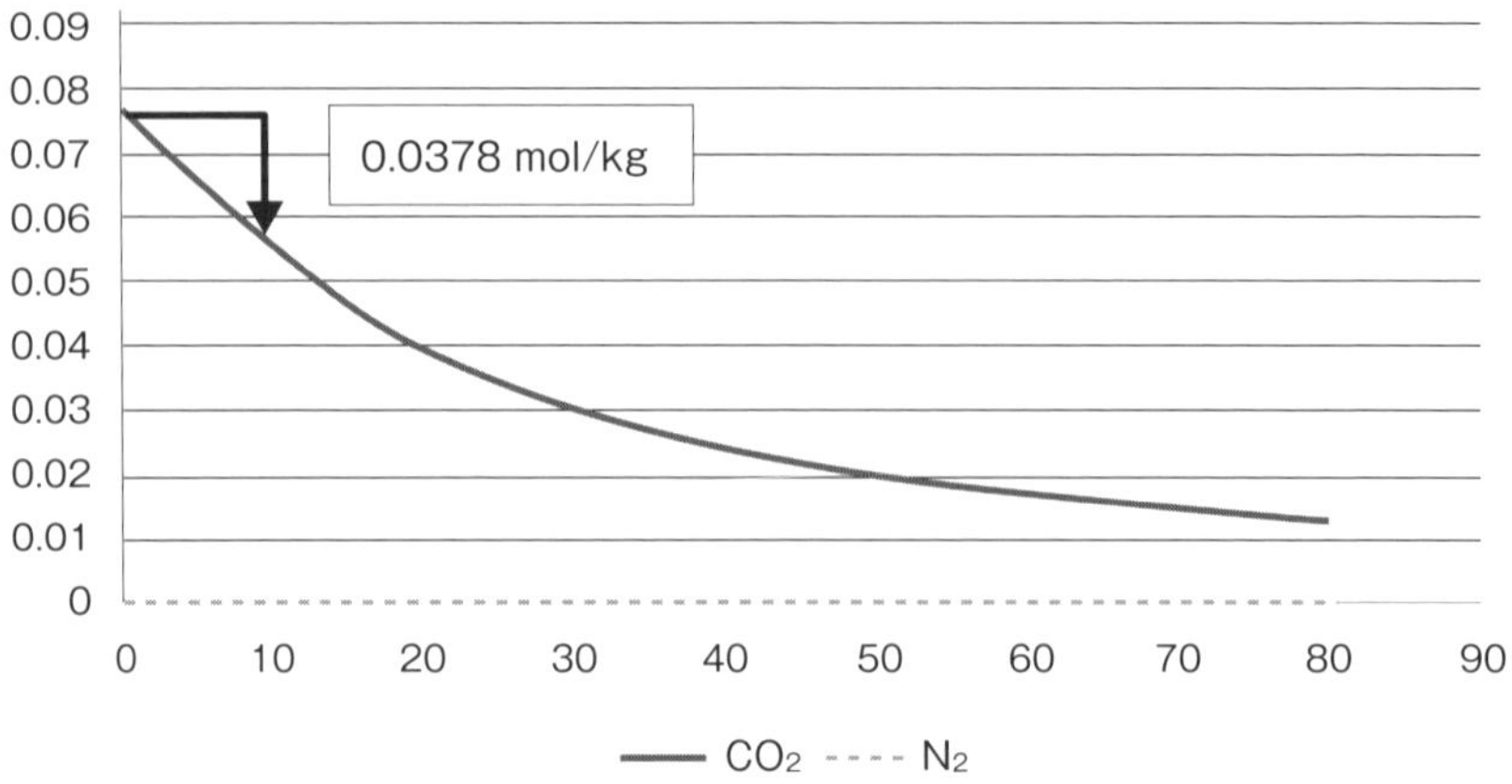

出所：「炭酸飲料における温度と内圧の関係（理論計算の一考察）（付録）500ml 缶ビールの温度と内圧」きた産業株式会社のデータをもとに筆者が算出して作成

小さく、0℃では約1／70しか溶存しません。温度に対する変化も小さいです。

なぜこのようにビールには多量の炭酸ガスが溶解するのでしょうか？ それはビールまたは水の液相中で生じている化学反応のためです。ビールや水中に入った炭酸ガスは単に液体の分子間に気体分子が存在しているだけではなく、化学平衡反応が生じているために、炭酸ガスの溶存濃度が他のガスに比べて極端に大きくなっているのです。

ここで泡についても見てみましょう。例えば、びんビールの栓を開けてビールをコップに注いだ場合、コップに注がれたビールは、急に減圧状態あるいは揺動されたため、ビールの液相から炭酸ガスがガス化して泡が発生して液表面に滞留します。このときの泡の内部は炭酸ガスで充満されています。一方、室温に放置されたコップのビールは徐々に温度が上昇します。このとき、炭酸ガスと窒素ガスのビールに対する溶解度を見てみましょう。炭酸ガスの溶解度は0℃のとき、0・0768、20℃のときのそれは0・0390でその差は0・0378、一方、窒素ガスでは0℃で0・

0011、20℃で0・0007でその差は0・0004で、炭酸ガスのこの2つの温度差における溶解度の差は、窒素ガスのそれの約94倍になります。炭酸ガスで製造されたビールでは泡を形成している液相から、温度上昇により溶解しきれなくなった炭酸ガスが泡の内外へ放出されます。泡の内側に放出された炭酸ガスによって泡の中の圧力が増大して、その圧力に耐えきれなくなって泡がバースト（破裂）します。これがビールの泡が温度上昇によりはじけてなくなってしまう基本原理です。そのため、冷たいビールほど、体温とビールの温度差が大きくなるため、口・舌・喉でバーストする炭酸ガスの泡の量が多くなり、そのスピードも速くなるため、より強い刺激が生じます。

ここでもし、液相中に溶存しているガスが窒素ガスの場合はどうなるでしょうか？　温度差による窒素ガスのビールに対する溶解度差は、炭酸ガスの約1／94と小さく、温度が上昇して液相から泡の内外に放出される窒素ガスの量が炭酸ガスと比較して圧倒的に少なく、泡の大きさは気体の温度上昇とともに大きくなりますが、泡のバーストするスピードも炭酸ガスのときと比べてずっと遅くなります。そのため、窒素ガスのビールは細かな泡が最初にでき、クリーミーな印象を与え、なかなか泡がバーストしないため泡もちがよい印象を受けます。さらに、もともと炭酸ガスが侵害受容器を刺激するのに対して、窒素にはそのような作用がないため、喉ごしもたいへんマイルドな感じとなります。こういった窒素ガスの特性を利用して、マイルドなガスの香味を付与したコーヒーが日本で上市されており、店頭で飲むことが可能です。アメリカでは窒素ガスを特長にしたコーヒーもアルミ缶で販売されています。

窒素ガス入りコーヒー

提供：Stump town Coffee

37 夢のバイオ100%ペットボトル
―遺伝子組換え・バイオ原料で作る―

ペットボトルは現在、おもに石油を原料として作られています。近年、PETの構成原料のうち、エチレングリコール（重量で約30%）を植物由来の原料、例えばトウモロコシやサトウキビから製造したバイオエタノールから製造し、これがバイオ30%PET（バイオ化率30%）として商業化されました。これはカーボンニュートラルといって、もともと大気に存在していた二酸化炭素を植物が同化し、この植物を原料としてプラスチックを製造した場合、これが使用・消費・廃棄されて最後は焼却処分されたとしても、二酸化炭素の収支はプラスマイナスゼロという考え方です。しかしながら、テレフタル酸を植物原料から製造することは技術的・コスト的に難しく、まだ商業ベースでは実現していません。

2000年頃から、一部、トウモロコシなどの植物原料をベースに遺伝子組換えを行った酵母を用いて、バイオイソブタノールを製造し、これからさまざまな化学物質を高収率で合成することにアメリカのベンチャー企業が成功しました。このバイオイソブタノール、航空機のジェット燃料への転用が可能であったために、当時、アメリカのオバマ大統領が国策としてバイオジェット燃料の開発を後押ししました。当時、アメリカは世界最大の石油輸入国の1つであり、アメリカとしては、中東に頼らない形で戦闘機のジェット燃料を確保したかったのです。しかしその後、シェールガス革命が起き、アメリカは一転して石油輸入国から石油輸出国へとなり、バイオジェット燃料のニーズも一気に低下してしまいました。

アメリカに本社を置くコカ・コーラ社は、早くから100%バイオペットボトルの開発に取り組むと宣言

バイオ100%ペットボトル

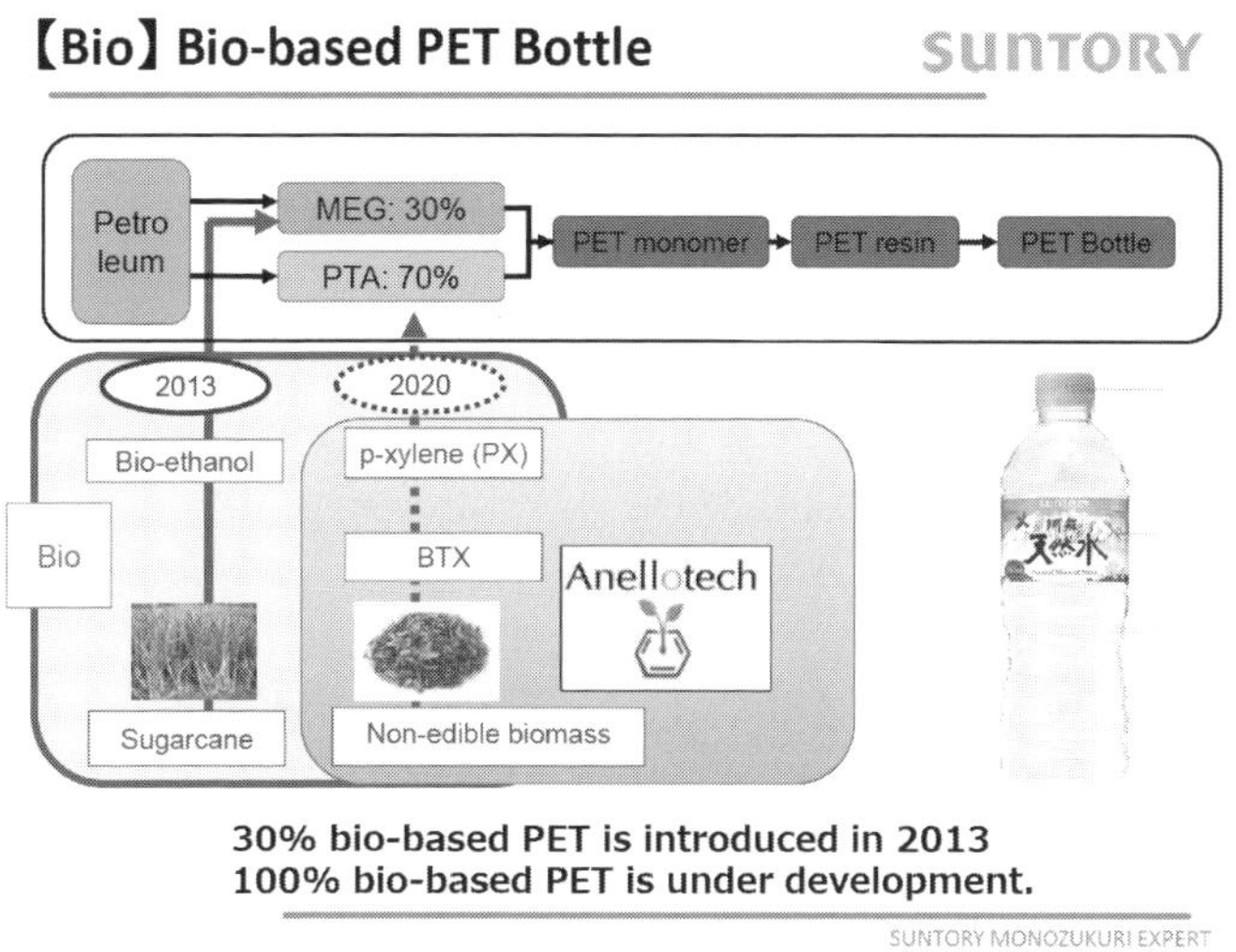

提供：サントリーMONOZUKURIエキスパート株式会社

していました。2015年にミラノで行われた万国博覧会でヴィレント社が植物を原料とし、70件以上の特許を取得したさまざまな化学的触媒合成法により、ジェット燃料の原料やペットボトルの原料であるパラキシレンを合成することに成功したと報告しました。コカ・コーラ社はこのヴィレント社のバイオPETを原料に商品化することを表明しています。2016年1月には日本のサントリーホールディングス社がアネロテック社と共同で、廃材である木材チップを原料にしてバイオパラキシレンを合成し、バイオエチレングリコールと合わせて100%バイオペットボトルを近い将来、商品化すると発表しました。このシステムの特長はトウモロコシなどの食料を原料とせず、むしろ処分に困っている木材廃材を活用してバイオパラキシレンを製造できることです。食料資源と競合しない原料を使用することは、カーボンニュートラルである側面プラス食物資源の温存にも寄与できます。このように夢であったバイオ100%ペットボトルの商業化まであと一歩のところにまできています。

Column

プラスチックなのに高バリア ポリエチレンナフタレート

飲料用以外の容器でも軽量化のためにプラスチックを使用する例が増えています。その1つがPETと似た構造式を持つプラスチックで、PENというものがあります。ポリエチレンナフタレート(polyethylene naphthalate)は1945年にイギリスICI社によって発明され、PETに比べ、紫外線バリア性・機械強度が高く、ガス(酸素、CO_2、水蒸気)透過性が低いため、ビールのいわゆるペットボトルにはPENが素材として使われたことがあります。従来は金属製、鉄製であったボンベなどの耐圧容器にプラスチックで代替しようという動きもあります。1つは消火器のプラスチック化です。消火器の耐用年数は8～10年と表示されている場合が多いようです。実はこの耐用年数、食品や飲料のように消費期限があるわけではなく、また、その置かれた環境が悪い場合、例えば屋外に放置されっぱなしだとか、さらに海辺の屋外に放置されっぱなしとかいった条件で劣化の度合いは異なります。金属製の消火器と比較してプラスチック製の消火器の利点は、軽い、中が見える、破損しにくいといった特長があります。これはPENの特性を活かした使用方法といえます。また、ペットボトルと同様にリサイクル性には問題ないことがメーカーによって確認されています。こういった耐圧用途にはもってこいですが、価格が高いという課題があります。少子高齢化社会の進行とともに、いざというときの消火器も軽量で長寿命の方がいいですね。

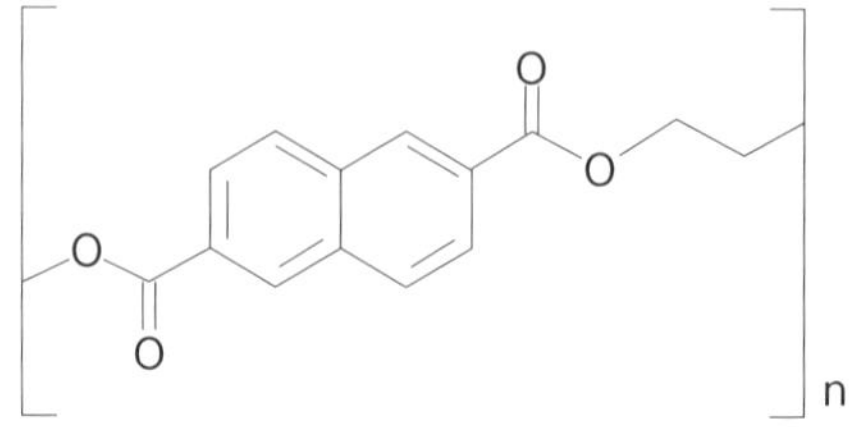

第7章

飲料容器とサステナブル社会

38 ペットボトルリサイクル技術の発展
―ＦＤＡが認証する世界最高レベルの品質―

ペットボトルは１９９５年に制定された容器包装リサイクル法により、分別回収されています。年間、約56万３０００トンのペットボトルが製造され、使用後の回収率は92・４％です。その内訳は市町村分別収集量が30万トン、事業系回収量（一般の回収企業）が22万トンとなっています。回収されたペットボトルはその約半分が国内リサイクル、あと約半分が中国などへ輸出されています（２０１８年以降、中国は回収プラスチックの輸入禁止）。国内で再利用されるペットボトルはリサイクル工場で再生され、繊維やフィルムの他、ペットボトルの原料になるものもあります。使用済みのペットボトルを回収・再生して、これの一部または全部で再度、ペットボトルを作ることをBottle To Bottle（B to B）といいます。一般の消費者で、回収されたペットボトルは全てペットボトルに再生されていると思っている方も多いですが、ペットボトルになっているのは、全回収ＰＥＴ樹脂48万９０００トンのうち、３万７２００トンでB to B化率は７・６％です（２０１５年実績）。ここで、一度、使用されたペットボトルをまた飲料に直接触れるペットボトルに使用しても大丈夫なのかといった疑問もあるかと思います。

１９９２年頃、洗浄したリサイクルＰＥＴ（ｒＰＥＴ）をペットボトルに再度使用するときには、ｒＰＥＴをプリフォームの真ん中にして内側と外側にはバージンＰＥＴ（新品ＰＥＴ）を用いて、ｒＰＥＴをサンドイッチする形で使用していました。その後、洗浄したＰＥＴをさらに化学的に分解して、その構成要素にまで戻すことで不純物を完全に取り除く方法が検討されました（ケミカルリサイクル法）。

２００４年に直接食品に触れる容器に対する食品安

ペットボトルのリサイクル率

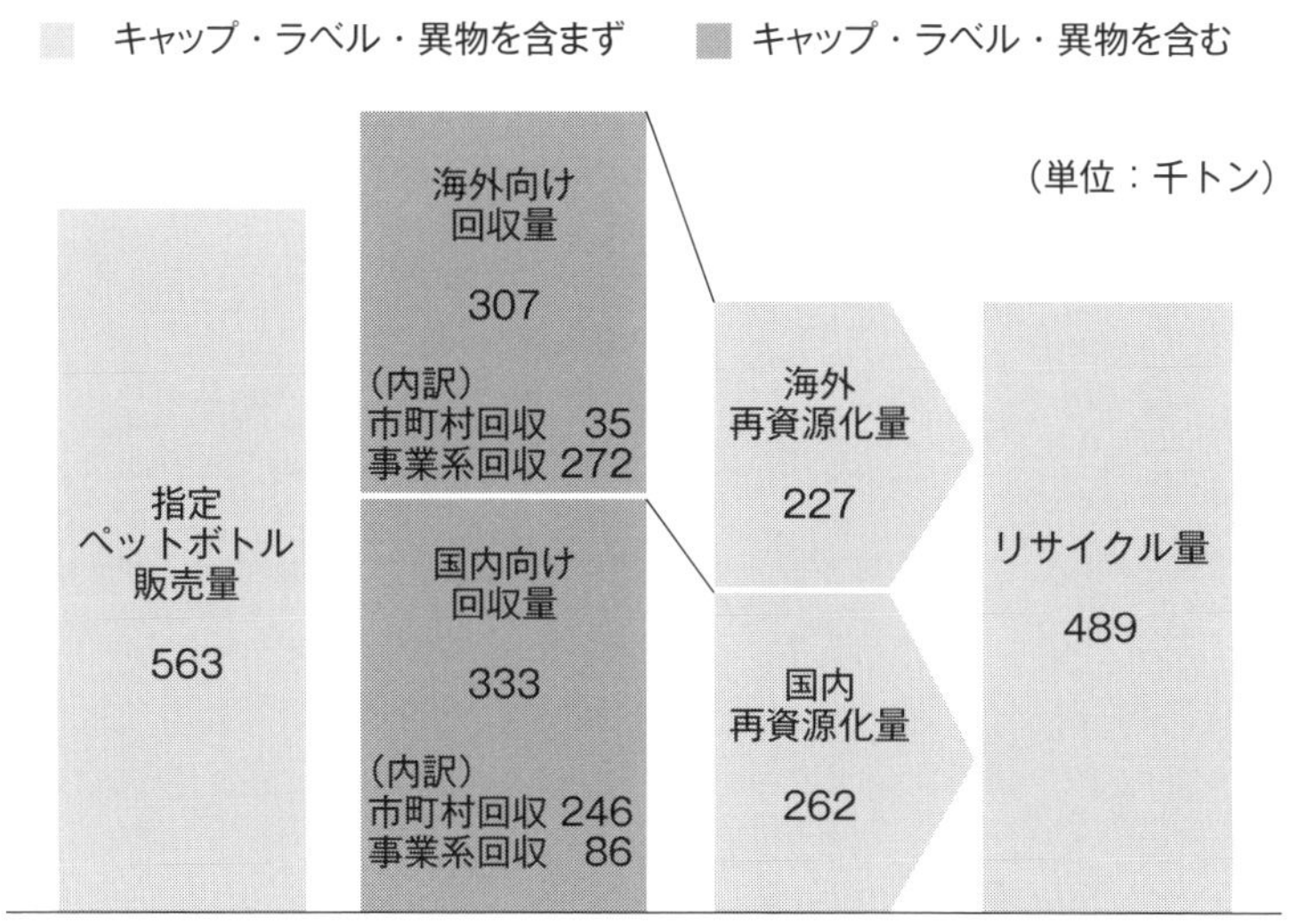

リサイクル率：（リサイクル量）÷（ボトル販売量）＝86.9%

提供：ペットボトルリサイクル推進協議会

ケミカルリサイクルとメカニカルリサイクル

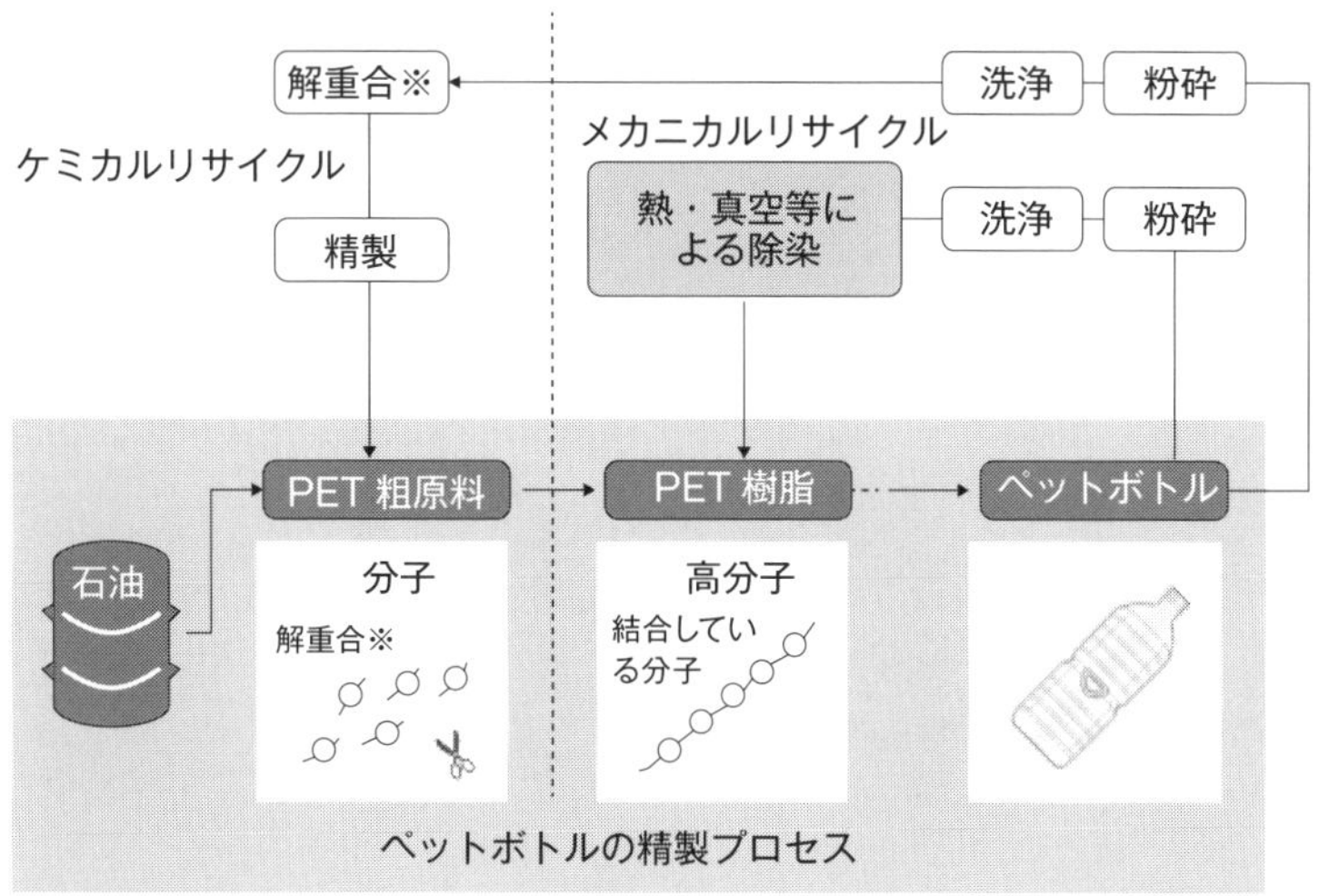

※結合した分子の鎖を切ってバラバラにすること

提供：サントリー食品インターナショナル株式会社

全委員会の承認1号を帝人社が取得し、その後、Bto Bの商品化で承認されたのは、アイエス法（承認2号）によるペットリバース社の再生樹脂でした。アイエス法では、ペットボトルを粉砕・洗浄した後、化学プラントでPETをもう一度、その構成要素であるエチレングリコールとテレフタル酸誘導体のBHTにまで分解した後、再度、重合させてPET樹脂を再生するものです。この方法の場合、PET樹脂をその構成要素である物質まで分解することで、回収されたペットボトルに混入する可能性のある物質はほぼ完全に除去できる利点があります。

2015年にはこの方法で再生したPET樹脂を100%用いて、ホット充填用のペットボトルに初めて採用されました。この方法は非常に高い品質の再生PET樹脂を得られる一方、PETの分解、再重合に専用のプラントとエネルギーを要します。そのため、一度、参入した企業も撤退を余儀なくされており、また、原油価格の低下によるバージンPETの値下がり、回収PETの値段の変動によって、今後の継続は難しい状況になっています。

一方、この方法と対照的に、PET樹脂を化学分解するのではなく、加温洗浄や減圧により、ペットボトルに混入していた可能性のある有害物や異物を取り除くメカニカルリサイクル法が考案されました。この方法の特長は、比較的小さなプラントですみ、省エネルギーであることなどです。

メカニカルリサイクル法で製造されたrPETもペットボトルに再使用された場合、ケミカルリサイクル法と同様に、飲料に直接触れる容器となるため、安全性が課題になります。そのため、世界的な衛生機関であるアメリカのFDAとEUのEFSAにより、メカニカルリサイクル法を行う設備の安全基準が定められました。この基準は代理汚染試験法と呼ばれ、回収されてきたペットボトルの粉砕物にわざと指標となる物質（FDA指定の8種類の物質）を接触させ、その物質がメカニカルリサイクル法で十分に除去された後、最終的にはそのrPETを用いてペットボトルを作り、水充填をして保存した場合でも、その水中に指標物質が溶出していないことを確認する方法です。

また、リサイクル工程を経ることにより、PETの

PET 樹脂の IV 値

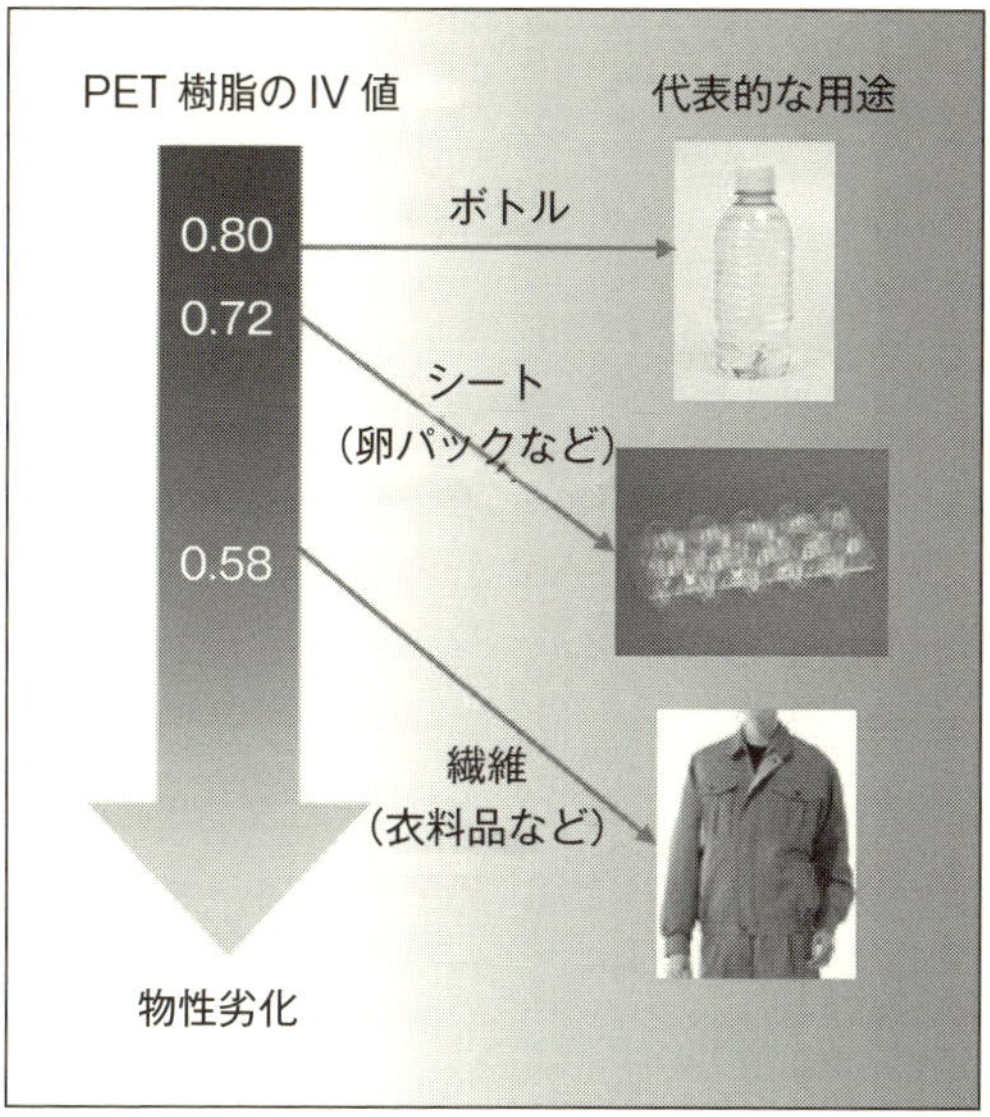

提供：株式会社コスモ化成

高分子鎖などが劣化を受け、ｒＰＥＴのＩＶ値（Intrinsic Viscosity、固有粘度）という数値が下がってきます。一般に繊維ではＩＶ値＝０・58に対して、ボトルでは０・８程度の高いＩＶ値のｒＰＥＴが必要です。そのため、Ｂ to Ｂに使用するｒＰＥＴ樹脂ではメカニカルリサイクル工程の後半でＩＶ値を上げるための設備、固相重合装置が必要になります。

このメカニカルリサイクル法によってボトルグレードのｒＰＥＴ１００％樹脂を、サントリー食品インターナショナル社（以下、サントリー社）の指導のもと、協栄産業社がオーストリアのエレマー社の設備を使用してはじめて製造しました。サントリー社は自社のウーロン茶などの製品にこれをはじめて採用しました（２０１２年５月）。続いてキリンビバレッジ社も、２０１３年にキリン午後の紅茶（無糖）でｒＰＥＴ１００％のボトル（Ｒ１００）を採用しました。

39 リサイクル先進国オーストリア
―100％にこだわらないリサイクルPET利用―

2016年10月に筆者がウィーンから南55㎞の場所に位置するペットボトルのリサイクル工場、PET TO PETリサイクルオーストリア会社（以降、PET TO PET社）に見学に訪れた際の内容を中心に説明します。オーストリアは内陸に位置し、周りに海がなく、もともと廃棄物の埋立処分場などが極めて少ない国です。そのため国民のリサイクル意識は高く、ドイツと並んで、オーストリアでは容器の分別回収が行き届いており、リサイクル先進国として有名です。特にプラスチックの3Rについては意識が高いように思います。一方、ヨーロッパでは着色ペットボトルが流通しており、無色透明の他、青、緑、その他（黒）の4種類に分別されてリサイクルされています。日本では、ペットボトルリサイクル協議会の指導もあり、色素や顔料を添加したペットボトルの製造は自粛されています。環境面での関心の高いオーストリアですが、他国と地続きであることもあり、カラーペットボトルの再生はやむを得ないことのようです。PETベール（回収されたペットボトルの束）はオーストリア国内で回収・収集されたものがこの工場に搬入されます。この工場はメカニカルリサイクル処理法による再生PETを年間2万2000トン製造し、その80～90％をオーストリアの5大飲料メーカーが買い上げるしくみになっています。EUでは、法律で飲料メーカーが自社のペットボトル製品にリサイクルペットを一部使用することが義務づけられています。

選別・粉砕・アルカリ洗浄はURRCという会社が担当し、アメリカのヴェオリア社のシステムが導入されています。ここで色や透明性、食品グレード相当品か、などの基準で6種類のPETフレークに分別して

着色ペットボトルの分別

4種類（白、黒、緑、青）の色でPETボトルを分別回収

います。その後、フレークは下流のメカニカルリサイクル工程（PET TO PET社）へ送られます。ここではスターリンガー社のRecoStar 125というメカニカルリサイクルシステムが導入されていました（FDA認証済）。システムの能力は１０００kg／hです。また、PET TO PET社資本の10％がコカ・コーラ社の所有です。PET TO PET社製造部長の説明では、オーストリア国内の飲料会社では平均で20～30％のメカニカルリサイクルPET樹脂を自社のPETボトルに混ぜて使用しており、中にはその割合が70％リサイクルの会社が１社あるそうですが、これはスタンダードではないそうです。このようにウィーンでは、大手飲料メーカーが比較的低い割合でリサイクルPETをバージンPETに混合して使い、リサイクルPETの生産量が増えてくれば、飲料会社のペットボトルにもその使用割合が自然に増えていくしくみのようです。日本では現在、飲料会社とリサイクル会社の資本上の関係はほとんどみられませんが、EUやその他、海外ではペットボトルの産出元である飲料会社とリサイクル会社が資本上、関係のある場合が多いようです。

40 多層ペットボトルの功罪
―安価で便利だがリサイクルには障害―

バリアペットボトルの種類はさまざまですが、コストと品質を考慮した場合、現在は多層のナイロン（MXD6）というものが多用されています。このMXD6、たいへん薄い層でバリア性が高いため、冬季のホット売り用に酸化防止の可能なボトルとして使用されています。また、炭酸ガスバリア性にも優れているため、使用するPETレジンの量を少なくすることができます。これらはMXD6の功の部分といえます。

一方、このMXD6、もともと透明でPETレジンとは見分けがつかず、ペットボトル断面で見ると外側の層と内側の層にあるPETにサンドイッチされた形で存在していますので、ペットボトルが回収されてリサイクルされるときには、当然、回収されたペットボトルの中に紛れ込んでいます。実際のリサイクルの際には、回収ペットボトルは粉砕して水洗いやアルカリ洗浄、乾燥後、フレークと呼ばれる状態にまで処理された後、メカニカルリサイクル工程に送られます。ボトルの状態から粉砕する前、工場によっては、人がペットボトルを選別し、または自動でペットボトルとそれ以外の缶やガラスびんを光学的に選別する機械もあります。リサイクル工場ではホット販売用を示すオレンジ色のキャップやTEバンドを識別し、これらペットボトルを除去します。しかしながら、MXD6は肉眼ではその色や透明度ではPETとは識別できないため、粉砕後もPETに紛れ込んで後の工程まで進んでしまうこともあります。メカニカルリサイクル工程では粉砕されたPETフレークはタンクの中で加温されて、融点以上に温度を上げた後、減圧して沸点の低い物質をバキューム除去します。その後、ストランドカットという機械で糸状に射出された後、巻き取り回収

ナイロンMXD6

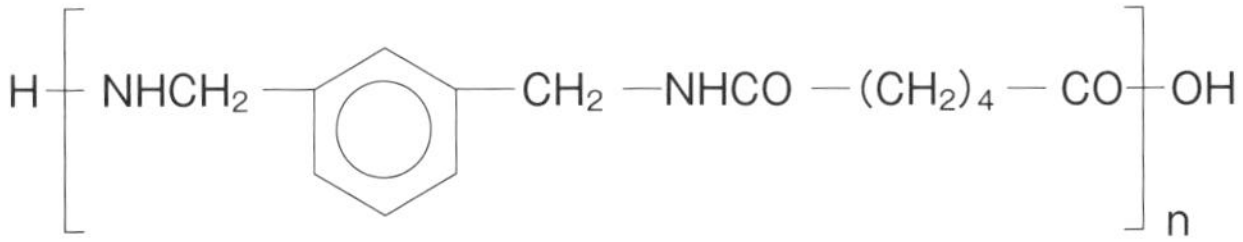

ストランドカット機

ストランドカット方式

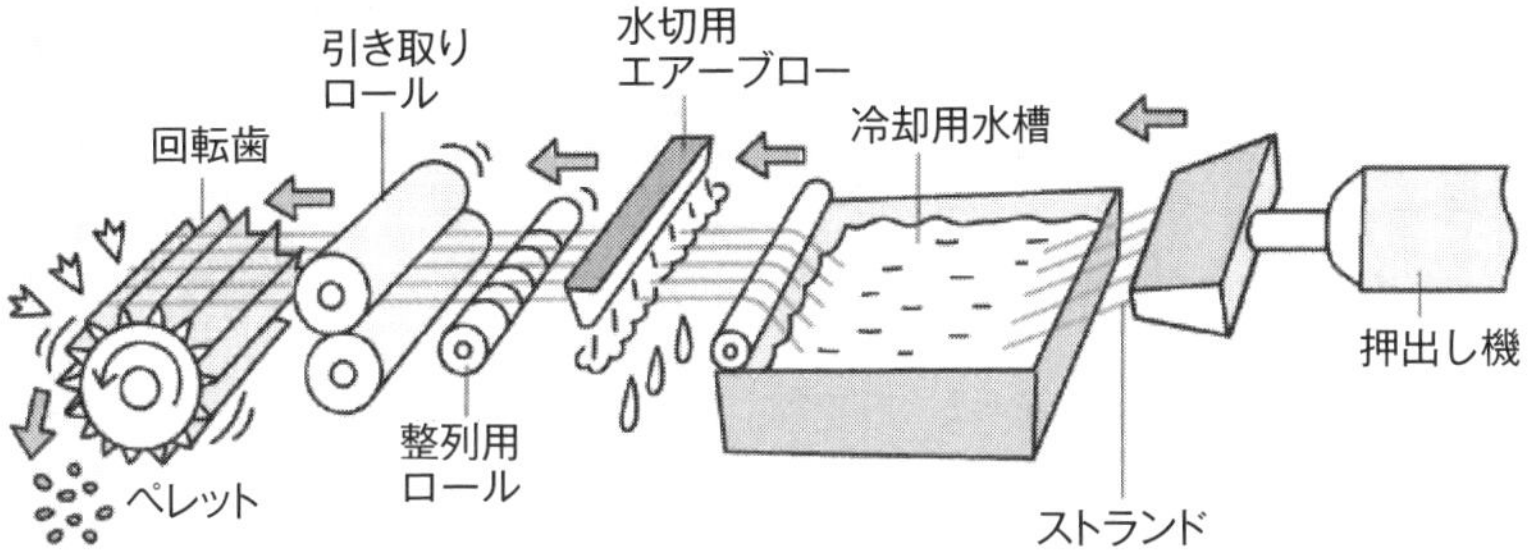

出所：「トコトンやさしいプラスチック成形の本」横田明　日刊工業新聞社

されて数㎜径のペレットとなり、結晶化装置に送られます。

もし、ＭＸＤ６がある一定以上、含まれているとＭＸＤ６はＰＥＴのポリマーとして重合しにくいため、ストランドカットでＰＥＴ糸が分断されたり、ＭＸＤ６は熱で黄変して着色しやすいため、最終製品であるリサイクルＰＥＴが着色したものになり、商品価値が著しく低下します。また、ナイロンは最終的にプリフォームまで混入した場合、ＰＥＴレジンとは延伸の状況が異なり、ブロー成型時にトラブルを起こす可能性があります。一部、これを高出力のレーザーで分別する装置もありますが、現在までのところあまり普及していません。これがＭＸＤ６の罪の部分です。そのため、ペットボトルリサイクル推進協議会ではＭＸＤ６の使用をなるべく控えるように容器サプライヤーや飲料会社に要求しています。

41 飲料容器の環境評価
―社会への影響と環境への配慮―

毎日大量に使用されている飲料容器ですが、環境に対する影響を考慮することもたいへん重要です。3Rの推進による環境負荷低減は重要な考え方であり、持続可能性の高い（サステナブル）社会の実現に向け、飲料業界もかねてより、懸命に取り組んできました。

飲料容器が原料から製造されて消費され、最終的にリサイクルや廃棄処分されるまで、トータルで環境に与えた負荷を数値化して、環境負荷を低減するための活動に結びつけようとする取り組みがあり、その1つがLCA（Life Cycle Assessment）という指標です。本書では環境負荷評価の一例として各飲料容器の二酸化炭素の排出量でみてみたいと思います。

データは「平成16年度（2004年）容器包装ライフ・サイクル・アセスメントに係る調査事業報告書」から引用します。近年の飲料容器の形態となってから飲料容器について横断的に環境負荷を調査した事例はこの例しかなく、大学教授、環境省、一般企業などが多数参加して網羅的に採取されたデータです。この資料から各飲料容器ごとの各工程における二酸化炭素の排出量をみてみると、紙容器が最も少なくなっています。毎年とまではいいませんが、3年か5年おきにこういったデータがあるといいと思います。例えば、アルミ缶はこの当時のアルミ缶のリサイクル率、81・8%で計算した結果であり、2016年のアルミ缶リサイクル率は92・4%まで上がっています。また、アルミ缶やペットボトルの軽量化も相当レベルで進んでいます。このようにわずか数年で飲料容器をとりまく環境は大きく変化し続けています。

飲料容器の選択は消費者の側の視点（利便性・価格・処分のしやすさ・環境に対する意識など）で選ばれ

各飲料容器の環境負荷（二酸化炭素排出量kg）

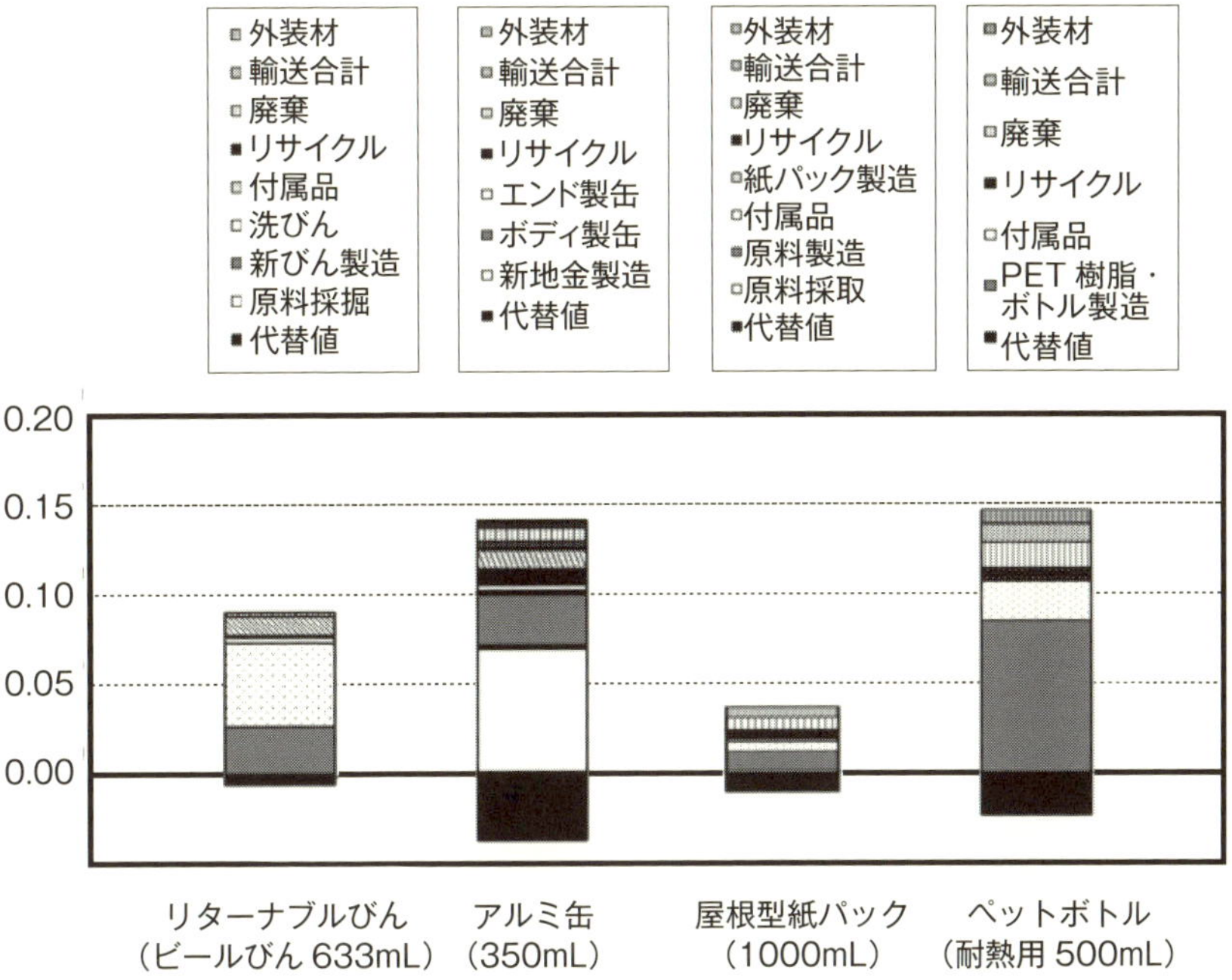

出所：財団法人 政策科学研究所
「平成16年度　容器包装ライフ・サイクル・アセスメントに係る調査事業報告書」をベースに筆者がデータを抽出して作成

ることが多く、環境への配慮のみを強調しても難しい側面もあります。リサイクル以外の方法も含め、3R推進による環境負荷低減を容器サプライヤー・飲料メーカー・輸送業者・消費者などがバリューチェーンを横断して取り組むことが必要ではないでしょうか。日本は容器回収率や回収した再利用飲料容器の品質などでも世界でもトップレベルの実績を誇ります。しかし、名目GDP540兆円の経済大国が環境に与える影響は大きく、次世代に今の地球環境をなるべく損傷なく引き渡していく上においては、基本である3R推進の立場はもちろんのこと、さらに環境負荷低減効果に期待できる施策や技術開発を世界に先駆けて取り組んでいく必要があると思います。

42 環境中に放出されるペットボトル
―PET樹脂を分解する微生物の存在―

容器が廃棄などで環境に放出された場合、時間の経過とともに物理化学的、生物学的に分解されます。その過程で問題となるのは、有害物質を生成しないことや環境に長く滞留しないことです。プラスチックであるPET樹脂は、物理化学的にも生物学的にも安定であるがために多用されてきた一面がある一方、この難分解性、特に難生物学的分解性が原因で、環境中に長期間とどまると考えられています。世界のPET樹脂総生産量は、約5600万トン（2013年）で、容器包装用、フィルム、繊維などに使用されています。それリサイクルされているのはペットボトルのみで、それはペットボトル生産量（613万トン）の37%、PET樹脂総生産量の4・1%に過ぎません。ペットボトルだけみても残りの約386万トンは環境に放出されていることになります。

比重が水よりも小さいポリエチレン（比重約0・92）やポリプロピレン（比重約0・90）は最終的には海洋に到達した後、砂浜や岩盤で石や砂表面でこすれたりして、細かい断片になってしまうとみられています。微細化したプラスチック（マイクロプラスチック）の生物学的な分解経路は、食物連鎖により小動物から大型の魚類や哺乳類に移行し、蓄積します。ある報告では微細化したマイクロプラスチックが魚の臓器に蓄積して、中には化学的生物学的に分解を受けて有害物質を生成するという報告もあります。それでは、PETのように水よりも比重の大きい（比重約1・3）プラスチックは、環境中に放出されるとどうなるのでしょうか？　これについてはまだ、不明な部分も多く、一部では海洋域を沈降しながら、最終的には深海に蓄積していると報告している研究者もいます。

微生物によるPETの分解

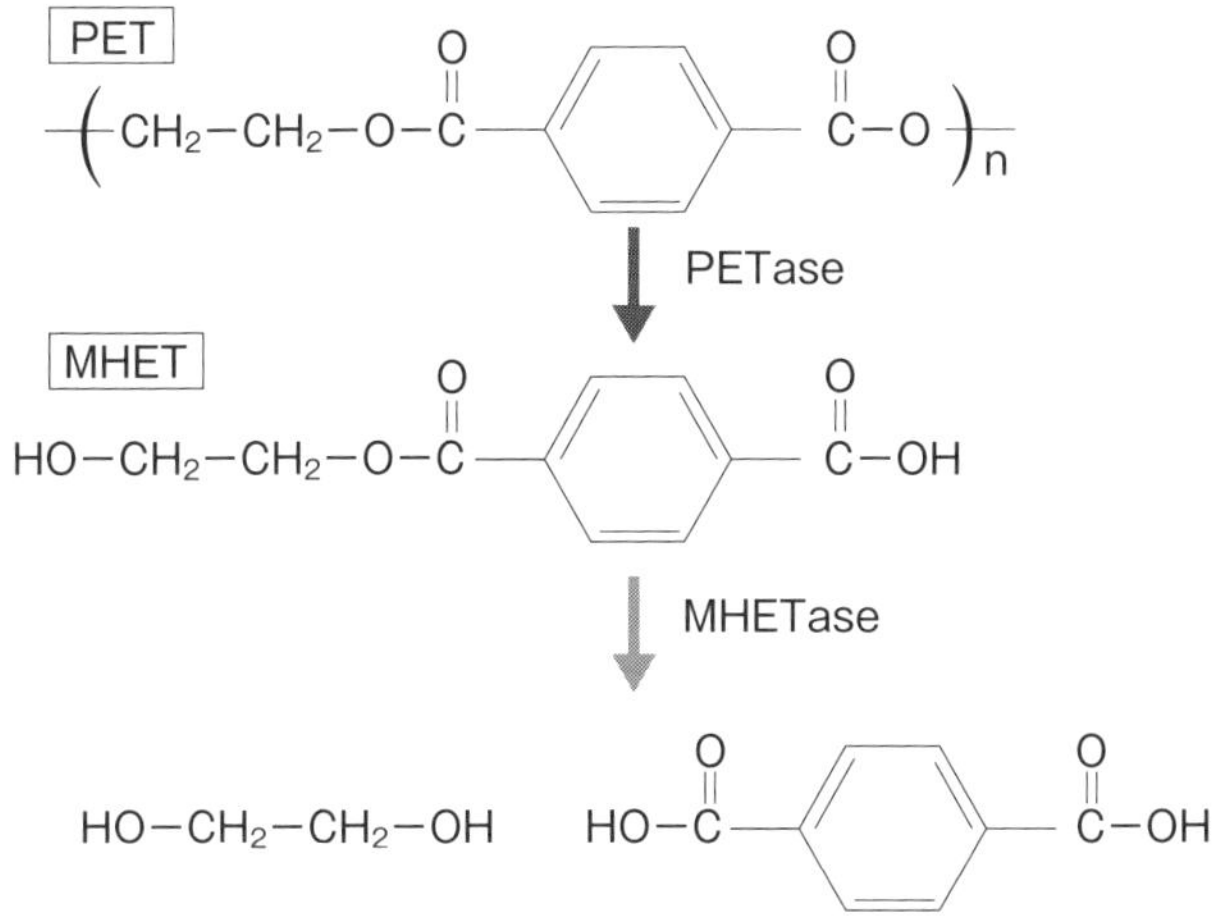

エチレングリコール　　テレフタル酸

こういった環境汚染を防ぐための1つの打開策としてPETを食べる微生物の研究も行われています。PETのような難分解性のプラスチックを食べる微生物の発見が報告されています。例えば、京都工芸繊維大学ではさまざまな環境サンプルから得られた微生物をスクリーニングにかけ、その中から強力にPETを分解する微生物を単離し、これをイデオネラ・サカイエンシス201-F6株と命名しました。この菌株は、PETを加水分解し、MHET（テレフタル酸1分子とエチレングリコール1分子が脱水縮合した化合物）を主に生成させる酵素（PETase）と、さらにこのMHETを単量体であるテレフタル酸とエチレングリコールに分解する酵素（MHETase）の両方をもつことがわかりました。

生成されたテレフタル酸とエチレングリコールは、さらに分解され、最終的に二酸化炭素と水になります。この段階からは、この菌株のみならず、多くの微生物が分解することが報告されています。PETを物質循環に組み込む生物学的なルートが存在することが明らかとなりました。

43 次世代への技術伝承と技術革新 ―よりサステナブルな社会の実現に向けて―

日本産業の空洞化、つまり多くの企業が人件費やエネルギーコストの低い中国や東南アジアに移転、または現地生産に切り替えるなどしていった中でも、食品や飲料業界に関係するメーカーは国内にとどまり続けてきました。一時期、中国などから100円ビールなどの超低価格商品が輸入されたこともありましたが、やはり香味や鮮度の問題で普及しませんでした。容器の変遷や中味の多様化といった変化はあったものの、食品や飲料メーカーは国内にとどまりつづけながらも成長してきました。人口減少社会にもかかわらず、結果的に清涼飲料業界は幸いにして量の拡大がずっと続いてきました。しかし、こういった量の拡大がいつまで続くのか、誰も予測はできません。

飲料容器にもさまざまな変遷がありました。ちょうど、筆者が33年ほど前にこの業界で仕事を始めたときは、ビールのほとんどがリターナブルのガラスびんで、その仕事が大半でした。びんの製造技術、洗浄技術、空びん検査技術、充塡技術、中味入りびんの検査技術など、多数の検討項目がありました。その後、リターナブルびんの製造量は激減しました。今度は缶ビールの需要の急拡大を受け、アルミ缶の薄肉化技術、缶蓋の縮径化技術が主要な検討課題となりました。そして今、30年以上のときを経て、その技術開発の中心はペットボトルになっています。こういったさまざまな技術は今の飲料容器に反映され継承され、驚くほど進化してきたと感じています。

一方でびんビールからアルミ缶へのシフト、飲料缶からペットボトルへのシフトなど、ときには利便性と環境負荷が対立すると考えられたこともありました。商業社会の中、より便利で安価なものが求められるのは当然のことと思います。であれば、その利便性を維持またはさらに発展させる中、飲料容器もよりサステナブルなものを追求・開発していくことが重要ではないでしょうか？ そのために、多くの企業、特に大手飲料容器サプライヤーや大手飲料メーカーで、会社方針の中で環境問題が重要な位置づけとされてきたことはたいへん望ましいことです。

飲料容器、特にプラスチックを人類が利用し始めてからまだ１００年程度しか経過していません。長期的な視点でみればその挙動、特に環境に放出されてしまったプラスチックやＰＥＴについては、現時点ではほとんど情報がないといった状況です。人類は過去、便利であるがために短期間で大量に消費したものが、後になって有害であること（例えばＰＣＢ）、環境に悪影響を及ぼすこと（例えばフロンガス）が判明し、そのリカバリーに膨大な労力と苦労を強いられてきたこともあります。飲料容器として３Ｒ推進やバイオ原料化といったアプローチの一方で、環境に放出されたプラスチックやＰＥＴの挙動をより広い範囲、より長い時間で調査、探求していく姿勢も必要と思います。筆者も容器開発の過程で常に品質、コストそして環境に配慮してきたつもりですが、環境に放出されたプラスチックやＰＥＴの挙動については正直、一企業人としてあまり意識したことがありませんでした。

新たにものを製造する領域を動脈領域、そしてこれに付随して使用、廃棄されたものをもとに戻す領域を静脈領域とたとえるならば、どういったビジネスにおいても常に両方、頭に入れながらビジネスを展開していく必要があると思います。一部の大学や研究機関で環境に放出されたプラスチックやＰＥＴの研究が行われていますが、他と比較して、多量のプラスチック容器を生産使用している業界として、飲料業界も、動脈部分の研究のみならず、静脈部分の研究にも、もっと注力して取り組むべきではないでしょうか。我々の次の世代、さらに次の世代に対して、各業界各分野の企業の人々がこういった課題をさらに深く認識し、継承して取り組んでいくことを望みます。

Column

微生物の分解能を利用するバイオレメディエーション

バイオレメディエーションとは、微生物や植物などの生物がもつ化学物質の分解能力、蓄積能力などを利用して、土壌や地下水などの汚染浄化を図る技術のことをいいます。もともと自然界には汚染物質を分解できる微生物が存在するので、それらを活性化することで、浄化を促進する手法です。もとから自然界に存在する微生物に空気や栄養分を送り込み、分解を促進する方法をバイオスティミュレーション（バイオ（生物）＋スティミュレーション（刺激））と呼び、また、人為的に優先的に増やした微生物を投入することにより分解を促進する方法をバイオオーギュメンテーション（バイオ（生物）＋オーギュメンテーション（添加））といいます。PETのように難生分解性のプラスチックは、これを優先的に分解する微生物を外部から添加する方法も有力かもしれません。

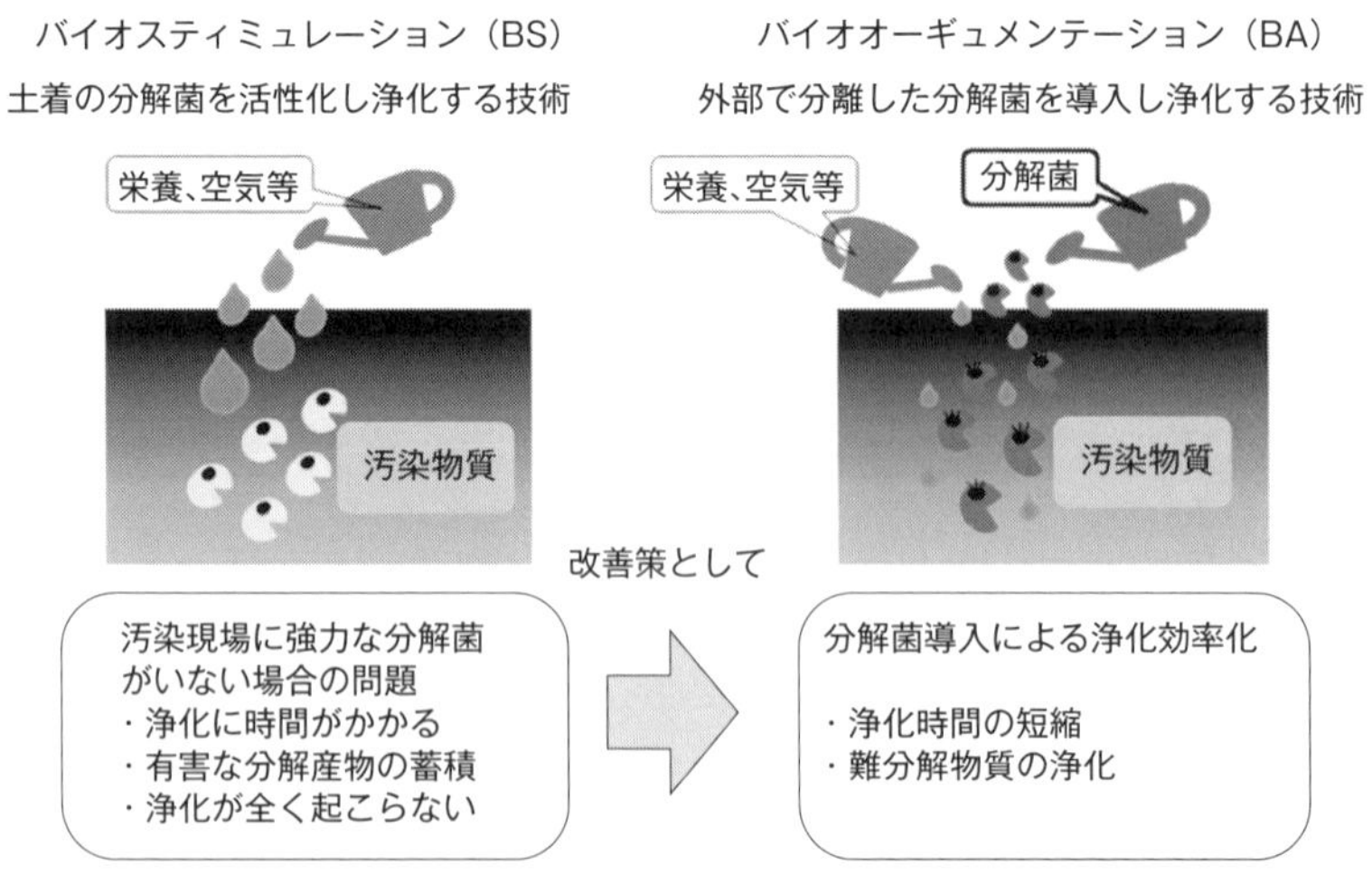
バイオスティミュレーション（BS）
土着の分解菌を活性化し浄化する技術
栄養、空気等
汚染物質
バイオオーギュメンテーション（BA）
外部で分離した分解菌を導入し浄化する技術
栄養、空気等
分解菌
汚染物質
改善策として
汚染現場に強力な分解菌がいない場合の問題
・浄化に時間がかかる
・有害な分解産物の蓄積
・浄化が全く起こらない
分解菌導入による浄化効率化
・浄化時間の短縮
・難分解物質の浄化

提供：製品評価技術基盤機構（NITE）

【参考文献】

「日本防菌防黴学会誌」、微生物制御に関わる基礎的な背景と最新の話題8　清涼飲料分野における微生物制御、中西弘一、43（2）、p81～86（2015年）

「ビバリッジジャパン」、成長か?・停滞か?・揺れる2017年飲料市場、埴義彦、429、p34～38（2017年）

「三菱重工技報」、細管内における泡まつ流動抵抗の研究、安部貞宏・藤掛浩伸・田宮世紀、28（1）、p49～53（1991年）

「三菱重工技報」、充てん飲料の溶存酸素の低減、古賀昭彦・安部貞宏・山口幸男・田宮世紀、27（3）、p224～227（1990年）

「日本醸造協会誌」、日本におけるビール科学の進歩、橋本直樹、92（7）、p499～508（1997年）

「Furukawa-Sky Review」、飲料用アルミニウム缶材料の開発、鈴木覚・松本英幹・田尻彰・村松俊樹、1、p3～8（2005年4月）

「住友軽金属技報」、アルミニウムDI缶におけるスムーズダイネック成型、菊田良成・土田信・ジェームス E プリチャード、41（1）、p45～50（2000年）

「三菱重工技報」、飲料缶蓋の巻締加工解析技術、太田高裕・田浦良治・大塚実・田宮世紀、35（1）、p64～67（1998年）

「次世代無菌包装のテクノロジー　品質と安心を極める」、第1部　第1章　紙容器の無菌充填包装システム、大塚雄三、サイエンスフォーラム（2004年）

「2017年版　清涼飲料水関係統計資料」、一般財団法人　全国清涼飲料工業会、p18～31（2017年）

「三菱重工技報」、飲料充てんラインにおける搬送容器挙動の予測技術、平林正志・越智真弓・水野直人、37（4）、p174～177（2000年）

「ビバリッジジャパン」、北海道の受託充填工場が狙う未来市場、埴義彦、393、p64～68（2014年）

「機械工学事典」、日本機械学会、丸善（1997年）

「三菱重工技報」、ペットボトル用高速・高バリアDLCコーティング装置、上田敦士・中地正明・後藤征司・山越英男・白倉昌、42（1）、p42～43（2005年）

「食品化学学会誌」、物理的再生法によるペットボトルリサイクルにおける汚染物質除去効果、上新原十和・但馬良一・齊藤義弘・原田雅己・古澤栄一・金丸敦、19（1）、p7～13（2012年）

「平成16年度　容器包装ライフ・サイクル・アセスメントに係る調査事業報告書　飲料容器を対象としたLCA調査」、財団法人政策科学研究所（2005年）

「高圧処理の利点と活用」、H・P未来産業創造研究会ホームページ

索　引

●著者紹介
松田　晃一（まつだ　こういち）
1960年生まれ。1984年京都大学農学部食品工学科微生物生産学研究室を卒業、キリンビール入社。以後、退職するまでの30年間、キリン社に在籍。うち23年間、6か所のビール&飲料工場で製造・品質管理・工場建設・排水処理・人財育成に従事。特に1993年～2001年、キリンビール名古屋工場のリニューアル工事を担当。当時、はじめての建設工事で多くの困難に直面したが、社内はもとよりさまざまな企業の手助けで合計6列のパッケージング列の工事を無事、乗り切る。その後、パッケージング研究所で4年間、飲料容器開発、ペットボトルのバリアなどの開発業務を担当。2011年4月キリンビバレッジ生産本部技術部長。2015年3月キリン社を早期退職後、直ちに自身の飲料ビジネスコンサルタント会社（株式会社ティーベイインターナショナル、東京都港区、www.t-bayinter.co.jp）を設立。現在は広く国内外の食品&飲料企業のコンサル業を主としている。技術士（生物工学）、エネルギー管理士、公害防止管理者（大気・水質・騒音）、経営学修士（MBA）、通訳案内士（英語）。

NDC 588

おもしろサイエンス**飲料容器の科学**

2018年3月16日　初版1刷発行　　定価はカバーに表示してあります。

ⓒ著者　松田晃一
発行者　井水治博
発行所　日刊工業新聞社　〒103-8548 東京都中央区日本橋小網町14番1号
書籍編集部　電話 03-5644-7490
販売・管理部　電話 03-5644-7410　FAX 03-5644-7400
URL　http://pub.nikkan.co.jp/
e-mail　info@media.nikkan.co.jp
振替口座　00190-2-186076

印刷・製本　新日本印刷㈱

2018 Printed in Japan　落丁・乱丁本はお取り替えいたします。
ISBN　978-4-526-07837-8